夏杰长　徐金海　张雅俊　等◎著

甘肃文旅产业高质量发展研究

经济管理出版社
ECONOMY & MANAGEMENT PUBLISHING HOUSE

图书在版编目（CIP）数据

甘肃文旅产业高质量发展研究 ／ 夏杰长等著.

北京：经济管理出版社，2024. -- ISBN 978-7-5096
-9849-5

Ⅰ．F592.742

中国国家版本馆 CIP 数据核字第 2024FA1690 号

组稿编辑：申桂萍
责任编辑：申桂萍
责任印制：张莉琼
责任校对：蔡晓臻

出版发行：经济管理出版社
　　　　　（北京市海淀区北蜂窝 8 号中雅大厦 A 座 11 层　100038）
网　　　址：www.E-mp.com.cn
电　　　话：(010) 51915602
印　　　刷：唐山玺诚印务有限公司
经　　　销：新华书店
开　　　本：720mm×1000mm/16
印　　　张：15.75
字　　　数：247 千字
版　　　次：2024 年 7 月第 1 版　　2024 年 7 月第 1 次印刷
书　　　号：ISBN 978-7-5096-9849-5
定　　　价：88.00 元

序 言

党的二十大报告提出："从现在起，中国共产党的中心任务就是团结带领全国各族人民全面建成社会主义现代化强国、实现第二个百年奋斗目标，以中国式现代化全面推进中华民族伟大复兴。"高质量发展是全面建设社会主义现代化国家的首要任务。文旅产业是综合性产业，具有产业链条长、关联度高、资源消耗少、综合效益好的特征，在现代化经济体系中具有十分重要的地位，推动文旅产业高质量发展意义重大。在中华民族实现伟大复兴的关键时期，推动文旅产业高质量发展，既是全面建成社会主义现代化强国的内在要求，又是推进中国式现代化的重要基础和有力支撑。

那么，在中国式现代化的伟大进程中，甘肃如何结合省情实际，找准定位、明确方向，奋力谱写中国式现代化甘肃实践的崭新篇章是摆在甘肃面前亟待解决的重大理论和现实问题。我们认为，甘肃作为华夏文明的重要发祥地，是历史文化悠久和文化资源富集的大省，新时代推进中国式现代化的甘肃实践，要充分发挥甘肃的文化特色和比较优势，牢牢抓住高质量发展这条主线，以文旅产业为突破口，全力推进甘肃文旅产业高质量发展。

本书瞄准甘肃亟待解决的重大理论和现实问题，聚焦甘肃文旅产业高质量发展研究，旨在为推进中国式现代化的甘肃实践提供智力支撑，回答好推动甘肃跨越式发展的时代之问。围绕这个目标，我们依托中国社会科学院甘肃国情调研基地进行了大量调研，在此基础上完成了这本书。重视调查研究，是本书的鲜明特色。我们深知，作为科研工作者，要想解决实践中的难题，仅仅端坐在书斋读文献无济于事，还必须要深入实践，多到工厂车间和田间地头走访。

习近平总书记强调："广大科技工作者要把论文写在祖国的大地上，把科技成果应用在实现现代化的伟大事业中。"把论文写在祖国的大地上，不能闭门造车、刻舟求剑，必须坚持深入调查研究，求真务实，才能使理论和政策创新符合中国实际，才能提出前瞻性、针对性的政策建议。调查研究是谋事之基、成事之道，是获得真知灼见的源头活水，是做好各项工作的基本功。

1999 年 7 月，我从中国社会科学院研究生院博士毕业后留在本院财贸经济研究所（2011 年底更名为"中国社会科学院财经战略研究院"）工作，屈指一算25 年了。这期间，我不仅感受到中国社会科学院研究团队浓厚的学术氛围和对学术前沿的孜孜追求，还被他们理论联系实际的优良传统和高度重视调查研究的务实学风折服。在前辈专家的感染下，我也尽可能利用一切机会多参加调研，多撰写调研报告。2022 年，我开始负责中国社会科学院甘肃国情调研基地工作，从而有了更加系统、更加深入的调研机会，并把系统的调研成果整理出来，接受委托方（中国社会科学院科研局）和广大读者的检阅。呈现在读者面前的这本书，就是中国社会科学院甘肃国情调研基地的阶段成果。

本书围绕新时代如何推进中国式现代化的甘肃实践，聚焦甘肃文旅产业高质量发展，做了比较深入系统的研究。全书共有 11 章内容。

第一章是文旅产业高质量发展的内涵与要求。本章从全面建成社会主义现代化强国、推进中国式现代化和实现经济高质量发展的角度，阐明了推动文旅产业高质量发展的战略价值；并深刻阐述了文旅产业高质量发展的理论内涵、时代价值、内在要求与主要任务。

第二章是甘肃文旅产业的发展现状与趋势。本章从产业地位不断提升、扎实推动高质量发展以及经济发展贡献凸显等宏观层面阐述了甘肃省文旅产业的总体发展特征，刻画了当前甘肃文旅产业发展的基本格局，前瞻性地提出了甘肃文旅产业发展的新趋势。

第三章是甘肃文旅资源产业化分析。推动文旅产业实现高质量发展，亟待加快文旅资源产业化进程。本章分析了甘肃省文旅资源产业化的发展现状，剖析了甘肃文旅资源产业化的现实困境，并提出了破解甘肃文旅资源产业化现实困境的路径。

第四章是甘肃现代文化产业体系建设。建设现代文化产业体系，是推动文旅产业高质量发展的重要内容。本章重点剖析了甘肃现代文化产业体系建设现状，厘清了甘肃现代文化产业体系建设存在的主要问题，并提出了加快甘肃现代文化产业体系建设的关键举措。

第五章是甘肃文化遗产保护与传承。甘肃是华夏文明的重要发祥地，传承与保护好甘肃文化遗产是推动甘肃文旅产业高质量发展的内在要求。本章梳理了甘肃文化遗产资源，总结了甘肃文化遗产保护与传承发展取得的工作成效与面临的挑战，在借鉴国际经验的基础上，提出了保护与传承甘肃文化遗产的具体思路。

第六章是甘肃现代旅游产业体系建设。建设现代旅游产业体系，是推动文旅产业高质量发展的重要内容。本章从产业链体系、生产要素体系、业态与产品体系、市场体系、治理体系等方面探讨了现代旅游产业体系的构成要素，并在此基础上深入探讨了甘肃如何建设现代旅游产业链体系、现代旅游产业生产要素体系、现代旅游产业业态与产品体系、现代旅游产业市场体系、现代旅游产业治理体系。

第七章是推进甘肃文化和旅游深度融合发展。推进文化和旅游深度融合发展，是实现文旅产业高质量发展的重要抓手。本章详细阐述了甘肃文化和旅游实现深度融合发展面临的难题，并从强化政策引导和组织领导，促进资源整合，形成共享、创新发展模式，加强人才培养，以数字技术推动文化和旅游升级，积极推广文旅市场，打造独特的品牌形象和 IP 七个方面构建了甘肃文旅产业深度融合发展战略框架。

第八章是促进甘肃"文旅+"融合发展。全球产业发展呈现出融合化、智能化、低碳化的趋势，正在重塑产业结构和产业形态，文旅产业与创意、康养、体育等领域的交叉与融合，是产业演进的必然趋势。本章阐释了甘肃"文旅+"融合发展驱动因素、主要业态、现状和关键举措。

第九章是全力推进甘肃文旅品牌建设。文旅品牌是推动文旅高质量发展的有效途径。本章着重梳理了甘肃文旅品牌的发展基础及取得的成效，剖析了甘肃文旅品牌建设面临的突出挑战，并从六个方面提出了推进甘肃文化旅游品牌建设的实现路径。

第十章是数字技术赋能甘肃文旅产业高质量发展。数字技术为文旅产业高质量发展提供了技术支撑。本章剖析了甘肃文旅产业数字化的发展现状，深刻阐释了甘肃文旅产业数字化发展面临的线上优质文旅产品供给不足、数字文旅资源与数据要素利用程度不足、数字文旅产业人才依然匮乏、文旅产业数字治理水平较低等问题，并提出了数字技术赋能甘肃文旅产业高质量发展的着力点。

第十一章是甘肃文旅产业积极融入"一带一路"建设。推动文旅产业高质量发展，要积极抓住"一带一路"建设的机遇。积极融入"一带一路"建设是新时代甘肃文旅高质量发展的主要抓手和重要出路。本章分析了甘肃文旅产业融入"一带一路"建设的现状，剖析了甘肃文旅产业融入"一带一路"建设面临的挑战，提出了针对性的践行路径。

我们相信，本书的研究成果，无论是对深化文旅产业理论研究，还是为甘肃文旅产业高质量发展、为新时代推进中国式现代化的甘肃实践提供政策参考，都有重要的理论意义和实践价值。我们将在这一领域继续深耕细挖，力求取得更加丰富、更加厚重的研究成果。

夏杰长

2024 年 5 月 18 日于北京

目　录

第一章　文旅产业高质量发展的内涵与要求 ……………………… 1

　第一节　文旅产业高质量发展的理论内涵 ………………………… 2

　第二节　文旅产业高质量发展的时代价值 ………………………… 8

　第三节　文旅产业高质量发展的内在要求与主要任务 ………… 19

第二章　甘肃文旅产业的发展现状与趋势 ……………………… 24

　第一节　甘肃文旅产业的发展现状 ……………………………… 24

　第二节　甘肃文旅产业的发展趋势 ……………………………… 33

第三章　甘肃文旅资源产业化分析 ……………………………… 39

　第一节　文旅资源产业化的理论逻辑 …………………………… 39

　第二节　甘肃文旅资源产业化的发展现状 ……………………… 42

　第三节　甘肃文旅资源产业化的突破路径 ……………………… 47

第四章　甘肃现代文化产业体系建设 …………………………… 56

　第一节　现代文化产业体系概述 ………………………………… 56

第二节　甘肃文化消费市场分析 ⋯⋯⋯⋯⋯⋯⋯⋯⋯⋯⋯ 60

第三节　甘肃现代文化产业体系建设现状 ⋯⋯⋯⋯⋯⋯⋯ 63

第四节　甘肃现代文化产业体系建设存在的主要问题 ⋯⋯ 66

第五节　产业数字化引领现代文化产业体系建设 ⋯⋯⋯⋯ 70

第六节　加快甘肃现代文化产业体系建设 ⋯⋯⋯⋯⋯⋯⋯ 74

第五章　甘肃文化遗产保护与传承 ⋯⋯⋯⋯⋯⋯⋯⋯⋯⋯ 81

第一节　甘肃文化遗产资源基础概况 ⋯⋯⋯⋯⋯⋯⋯⋯⋯ 81

第二节　甘肃文化遗产保护与传承成效显著 ⋯⋯⋯⋯⋯⋯ 83

第三节　数字技术赋能甘肃石窟寺文化遗产保护与传承 ⋯ 92

第四节　甘肃文化遗产保护与传承面临的挑战 ⋯⋯⋯⋯⋯ 99

第五节　文化遗产保护与传承的国际经验及政策启示 ⋯⋯ 101

第六章　甘肃现代旅游产业体系建设 ⋯⋯⋯⋯⋯⋯⋯⋯⋯ 114

第一节　现代旅游产业体系的构成要素 ⋯⋯⋯⋯⋯⋯⋯⋯ 114

第二节　甘肃现代旅游产业链体系建设 ⋯⋯⋯⋯⋯⋯⋯⋯ 118

第三节　甘肃现代旅游产业生产要素体系建设 ⋯⋯⋯⋯⋯ 127

第四节　甘肃现代旅游产业业态与产品体系建设 ⋯⋯⋯⋯ 132

第五节　甘肃现代旅游产业市场体系建设 ⋯⋯⋯⋯⋯⋯⋯ 138

第六节　甘肃现代旅游产业治理体系建设 ⋯⋯⋯⋯⋯⋯⋯ 142

第七章　推进甘肃文化和旅游深度融合发展 ⋯⋯⋯⋯⋯⋯ 146

第一节　文化和旅游融合发展的内在逻辑 ⋯⋯⋯⋯⋯⋯⋯ 146

第二节　甘肃文化和旅游深度融合发展的 SWOT 分析 ⋯⋯ 150

第三节　推进甘肃文化和旅游深度融合发展的政策建议 ⋯⋯⋯ 157

第八章　促进甘肃"文旅+"融合发展 ································· 166

第一节　"文旅+"融合发展的内涵与模式 ······················ 166

第二节　"文旅+"融合发展的驱动因素 ························· 168

第三节　"文旅+"融合发展的主要业态 ························· 171

第四节　甘肃"文旅+"融合发展的现状 ························· 174

第五节　甘肃"文旅+"融合发展的关键举措 ···················· 176

第九章　全力推进甘肃文旅品牌建设 ··························· 180

第一节　甘肃文旅品牌建设成效显著 ·························· 180

第二节　甘肃文旅品牌建设面临的挑战 ························ 188

第三节　全力推进甘肃文旅品牌建设的路径选择 ················· 192

第十章　数字技术赋能甘肃文旅产业高质量发展 ··············· 199

第一节　甘肃文旅产业数字化成效初显 ························ 199

第二节　甘肃文旅产业数字化面临的挑战 ······················ 206

第三节　数字技术助力甘肃文旅产业高质量发展 ················· 212

第十一章　甘肃文旅产业积极融入"一带一路"建设 ··········· 222

第一节　甘肃文旅产业融入"一带一路"建设的现实逻辑 ········· 223

第二节　甘肃文旅产业融入"一带一路"建设成效初显 ··········· 226

第三节　甘肃文旅产业融入"一带一路"建设面临的挑战 ········· 231

第四节　甘肃文旅产业融入"一带一路"建设的践行路径 ········· 234

后　记 ·· 239

第一章　文旅产业高质量
发展的内涵与要求

党的十八大以来，以习近平同志为核心的党中央立足新发展阶段、贯彻新发展理念、构建新发展格局、推动高质量发展。党的二十大报告指出，发展是党执政兴国的第一要务，高质量发展是全面建设社会主义现代化国家的首要任务，进一步凸显了发展质量的全局和长远意义。2023 年 12 月召开的中央经济工作会议，深入总结了新时代做好经济工作的规律性认识，明确提出"必须把坚持高质量发展作为新时代的硬道理"。[①] 文旅产业作为经济社会发展的重要组成部分，在发展过程中的关键领域和重点环节中均体现着坚定不移贯彻新发展理念、推动高质量发展的主题和要求。随着我国社会主要矛盾发生变化，人民对美好生活的需求日益增长，文旅需求、文旅市场、文旅融合进入了高质量发展的新时代，文旅产业的发展空间更加广阔。在新发展阶段，需要立足于新的历史方位，深入系统地探索文旅产业高质量发展的理论和实践问题，厘清文旅产业高质量发展的理论内涵和时代价值，把握文旅产业高质量发展的主要任务。

---

① 任理轩．必须把坚持高质量发展作为新时代的硬道理［N］．人民日报，2024-01-08（009）．

第一节 文旅产业高质量发展的理论内涵

一、相关文献述评

文旅产业综合性强、融合度高、涉及面广，在经济社会发展中发挥着至关重要的作用。党的十九大报告中首次提出了"高质量发展"，在国家引导、产业需求的推拉作用下，文旅产业高质量发展的研究不断深入，学者们针对文旅产业高质量发展的研究主要从理论体系构建、影响因素分析，以及文旅产业高质量发展的路径等方面展开，较好回答了政策制定与产业发展所关切的现实问题。

在理论体系构建方面，学者们普遍认为文旅产业高质量发展是涉及经济、社会、文化、生态等多个维度的协调发展，不仅意味着旅游业规模和效益的提升，还强调旅游资源的合理利用、旅游环境的保护以及旅游文化的传承与创新。于法稳等运用生态经济协调发展理论凝练了乡村旅游高质量发展的概念和内涵特征，并从发展规划的整体性与科学性、资源可持续、产业融合、人才队伍建设、旅游产品和服务、保障措施六个方面甄别出实现乡村旅游高质量发展的关键问题。[1] 伍向阳等以文旅融合发展观为视角，探索了新时代旅游产业利用文化资源禀赋塑造品牌形象实现高质量发展的科学机制，研究发现文化赋能和供给侧模式能正向影响旅游产业的品牌塑造，并通过品牌塑造的中介作用正向影响旅游产业的高质量发展。[2] 历新建和宋昌耀从文旅融合的角度出发，阐述了文化和旅游融合高质量发展的逻辑框架，认为文旅融合是促进文旅产业高质量发展的核心所

---

[1] 于法稳，黄鑫，岳会. 乡村旅游高质量发展：内涵特征、关键问题及对策建议 [J]. 中国农村经济，2020（8）：27-39.

[2] 伍向阳，易魁，谢远健. 新时代旅游审视：文化赋能、品牌塑造与高质量发展 [J]. 企业经济，2021（3）：114-122.

在，进一步提出文化和旅游融合高质量发展的资源观、市场观、产品观、空间观和创新观。[①]

文旅产业高质量发展的影响因素也是学者们关注的重点，这些因素包括政策环境、市场需求、资源禀赋等多个方面。许海龙利用灰色评价模型来评估欧盟文化旅游业观光成果，探讨研究欧洲国家的旅游发展趋势和竞争力优势，结果显示文化资源和自然资源成为影响文旅产业的关键性因素。[②] 同时，如何结合当地特色文化资源对旅游业进行开发，也成为五国竞争力的核心因素。孙剑锋等运用BP 神经网络模型对山东省文化资源禀赋与旅游发展水平进行定量评价，构建多元回归模型对数据进行定量检验并探究驱动机制，研究表明文化资源与旅游耦合协调发展驱动机制涉及文化资源本底条件、政府宏观措施、旅游市场需求及经济发展基础等多种因素。[③] 刘安乐等从产业融合视角构建了文化与旅游产业发展综合评价指标体系，测算了我国省域文化旅游产业综合发展水平，提出消费需求、市场供给、科技创新、政策环境、基础设施和人力资源是文化旅游业协调发展的重要因素。[④] 陈雪阳等运用波特钻石模型，构建了武陵山片区文化旅游竞争力评价体系。研究发现影响武陵山片区文化旅游竞争力的最重要因素是市场距离和接待设施，需要从提升文化旅游服务水平、改善文化旅游接待设施、改善当地旅游教育环境和交通区位条件、增强区域联动、做好分类调控等方面增强该地区文化旅游竞争力。[⑤] 张新成等基于创新、协调、绿色、开放、共享新发展理念构建了红色旅游高质量发展评价体系，并运用多案例的定性比较法和典型案例的网络文本分析提出了全方位扩大红色旅游的正外部性效应、优化数字经济格局下的红色

① 厉新建，宋昌耀. 文化和旅游融合高质量发展：逻辑框架与战略重点 [J]. 华中师范大学学报（自然科学版），2022（1）：35-42.

② 许海龙. 基于灰色评价模型的欧盟文化旅游业竞争力评价与启示 [J]. 统计与决策，2015（14）：49-52.

③ 孙剑锋，李世泰，纪晓萌，等. 山东省文化资源与旅游产业协调发展评价与优化 [J]. 经济地理，2019（8）：207-215.

④ 刘安乐，杨承玥，明庆忠，等. 中国文化产业与旅游产业协调态势及其驱动力 [J]. 经济地理，2020（6）：203-213.

⑤ 陈雪阳，黄大勇，Noor Hazlina Ahmad. 文化旅游竞争力评价及提升：以武陵山片区 34 个民族自治县（市）截面数据为样本 [J]. 社会科学家，2021（8）：69-74.

旅游共生环境、激发红色研学的大众旅游市场需求三大文化旅游业高质量发展的关键培育路径。①

在文旅产业高质量发展策略路径方面，祁述裕和邓雨龙认为新质生产力推动了文旅产业提质增效，与文旅消费新需求相得益彰。② 为适应新质生产力发展，文旅产业要创新治理理念和治理方式，不断加强治理的灵活性、适应性和及时性，善于运用数据提升治理的精细化、智能化水平，对出现的新业态、新模式、新现象实施包容审慎监管，构建政府、企业和社会等多主体协同的治理模式，推动文旅产业从分业管理向综合治理转型。郭强和王晓燕梳理了海南旅游产业发展面临的主要瓶颈问题及其原因，挖掘了海南特色文化资源，最后从品牌建设、产品开发、业态融合等方面提出了促进海南旅游业高质量发展的对策建议。③ 刘一凡提出，在中国式现代化视域下，我国旅游业高质量发展应当涵盖激活发展动力、满足多样需求、促进共同富裕、推进人与自然和谐共生、发挥和平纽带的深刻意涵，强化民生导向、产业路径、融合共进三个定位，提升文旅产业理念与韧性，实现文旅惠民、文旅为民。④

文旅产业高质量发展是一个持续演进的过程，对相关文献进行回溯和分析，能够更好地把握文化旅游业高质量发展的内涵、路径和影响因素，为推动文旅高质量发展提供理论支持和实践指导。

二、文旅产业高质量发展的理论内涵

（一）文旅高质量融合是文化旅游高质量发展的题中之义

党的十八大以来，习近平总书记高度重视文化与旅游融合发展，提出了"文

---

① 张新成，高楠，王琳艳，等 . 红色旅游高质量发展评价指标体系与培育路径研究：以红色旅游城市为例 [J]. 干旱区地理，2022（6）：1927-1937.
② 祁述裕，邓雨龙 . 论新质生产力推动文旅产业高质量发展 [J]. 治理现代化研究，2024（3）：62-69.
③ 郭强，王晓燕 . 文旅融合助推海南旅游业高质量发展研究 [J]. 海南大学学报（人文社会科学版），2023（3）：130-140.
④ 刘一凡 . 文旅高质量发展的逻辑、问题与路径 [J]. 社会科学家，2024（1）：96-101.

化产业和旅游产业密不可分，要坚持以文塑旅、以旅彰文，推动文化和旅游融合发展，让人们在领略自然之美中感悟文化之美、陶冶心灵之美"等一系列重要论述，深刻揭示出文化和旅游的深刻联系和内在规律，为新时期文旅产业高质量发展指明了方向。首先，文旅高质量融合体现了文化与旅游的内在发展的逻辑。文化与旅游业相互关联、相互促进，文化为旅游提供了丰富的内涵和灵魂，旅游则为文化的传播和弘扬提供了广阔的场景。文旅深度融合能够打破传统的文化和旅游产业的界限，实现资源共享、优势互补，以及产业间的协同创新，提升文化旅游产业的整体竞争力，推动文化旅游产业的转型升级。其次，文旅高质量融合是市场需求的必然回应。随着人们生活水平的提高和消费观念的转变，人们对文化旅游的需求不再局限于单一的观光游览，而是更加注重文化体验和精神享受。文旅高质量融合既是满足游客对多元化、个性化旅游产品的需求，提升游客的满意度和忠诚度，促进文化旅游市场繁荣发展的必然选择，也是推动区域经济发展的重要手段。充分挖掘和利用地区的文化旅游资源，积极推进文化和旅游业态、产品、市场融合，打造具有地方特色的文化旅游品牌，提升地区的知名度和美誉度，吸引更多的游客和民间投资，促进优势互补，形成发展合力。

（二）发展新质生产力是文旅产业高质量发展的重要着力点

新质生产力代表了先进生产力的具体体现形式，是科技创新交叉融合突破所产生的根本性成果。随着技术的不断进步和创新环境的不断优化，文旅消费需求从景点观光转变为休闲度假和深度体验，为满足人民群众高品质的精神文化需求，需要进一步丰富优质文旅产品供给，形成高质量的新质生产力。

在文化旅游领域，新质生产力赋能消费新场景、新模式持续涌现，营造出了便捷高效的消费环境。新质生产力引领文化、旅游、体育、健康、养老、教育等领域消费基础设施的完善、变革与升级，强化新型数智技术与消费场景的交互渗透，打造更多沉浸式、体验式、互动式的消费新场景、新业态、新模式，切实提高消费活动的体验感和便捷度。线上教育、在线医疗、数字文娱等消费新内容，智慧超市、本地即时电商、智慧餐厅、智慧停车、"泛共享服务"等消费新业态，以及文旅、餐饮等行业与数字技术交融形成的消费新场景，营造了便捷高效、多元融合的高质量消费环境。元宇宙、大数据以及混合现实等技术的落地实践改变了文旅资源保护、开发利用的方式，催生了业态间的交互融合，扩展了"文旅+"的范畴。智能场景生成和内容生产技术、动态云渲染技术、数字孪生技术等的综合运用将丰富的文旅 IP 和民族文化资源转化为数字化体验，实现了产业链、技术链和创新链的深度融合。新质生产力赋能消费边界的延伸扩张，牵引拉动需求侧的扩容升级。传统的文化旅游发展模式往往依赖于自然和文化资源的简单开发，而新质生产力的发展和应用能够推动产业创新，推动产业向更高层次发展。

依托数字技术和数据要素对供给侧产出的优化调整，新质生产力能够有效提高各行业供给侧商品和服务的柔性化、定制化水平，促使企业主动追求生活服务和商品供给的精准性、适配性、均衡性和普惠性，及时优化调整各类要素的配置和使用模式，拉动更大规模的高品质、深层次、多样化需求，极大拓展国内居民的边际消费。通过产业链的整合和协同，可以实现文化旅游产业的集约化、高效化发展，提升文化旅游产业的附加值和竞争力，为文化旅游产业带来新的增长点和发展空间，推动产业不断向前发展。

（三）可持续发展是我国文旅产业新发展阶段的现实要求

习近平总书记指出，"原生态是旅游的资本，发展旅游不能牺牲生态环境""发展旅游要以保护为前提，不能过度商业化""要抓住乡村旅游兴起的时机，把资源变资产，实践好绿水青山就是金山银山的理念"。① 这些重要论述科学回答了新时代文旅产业高质量发展的根本性、方向性问题。新时期文旅产业高质量发展是实现经济、生态、社会三大效益的统一，既能对当地的经济发展起到推动作用，又能对生态环境起到保护作用，促进我国旅游业与生态文明建设同步前进。文化旅游资源是旅游经济运行的核心要素，文化旅游资源的有效利用对于旅

---

① 人民网. 不断推动文化和旅游发展迈上新台阶（人民要论·回顾"十三五"·展望"十四五"）［EB/OL］.（2021-02-08）［2024-05-10］. http：//travel. people. cn/n1/2021/0208/.

游业的健康发展至关重要。

由于旅游需求的多样性，不同的需求要求文化旅游资源所呈现的空间形态与之相匹配，以确保其效用的最大化。只有当文化旅游空间与需求类型形成和谐的结构时，旅游经济的运行才能更加高效、可持续。然而，旅游经济涉及的行业众多，产业关联性强，既涵盖业态和产业，又涉及空间和地区，与社会消费和生产都息息相关。因此，要牢固树立和践行绿水青山就是金山银山的理念，避免短视行为和盲目扩张带来的风险，健全旅游行业"双碳"标准，补齐基础制度短板，完善能源消耗总量和强度调控，逐步转向碳排放总量和强度"双控"制度，将绿色资源变为绿色资本，要强化旅游的溢出效应，深度普及旅游经营的本地化、节能增效、降碳减排等绿色经营理念，促使旅游经营主体逐步形成具有绿色经营理念的经营模式，倡导绿色消费，推动形成绿色转型的社会环境，将生态环境保护、产业发展与缩小贫富差距、经济发展有机结合，实现经济效益、社会效益和环境效益的共赢。

（四）构建新发展格局是推进文旅产业高质量发展的时代目标

这主要表现在两个方面：第一，文旅产业高质量发展要培育形成强大的国内市场。要落实好扩大内需战略，提升国内文化和旅游供给质量，通过深入挖掘和整合本土文化旅游资源，打造具有地方特色和文化内涵的文旅产品，满足消费者多样化的需求，加强旅游基础设施建设，完善旅游服务体系，提高旅游接待能力，注重提升服务质量和水平、规范市场秩序，提供舒适、便捷、安全的旅游环境。要适应消费结构升级趋势，创新文旅消费场景、发展模式，培育新型消费形态，推动文旅与科技、教育、体育等产业融合发展，开发新业态、新产品、新服务，拓展文旅市场的广度和深度，持续形成新的消费增长点、增长极。第二，文旅产业高质量发展要积极统筹国内国际两个市场。坚持高水平走出去和高质量引进来并重，加强与国际文旅市场的交流与合作，引进先进经验和技术，提高国内文旅产业的国际竞争力，统筹推进入境旅游和出境旅游发展。借鉴入境旅游发达国家的有益经验，加强文旅品牌的宣传和推广，推出更多国际化程度高、中国特色鲜明、符合境外游客需求的优质旅游产品，通过举办各类文旅节庆活动、参加国内外旅游展会、开展线上线下营销等方式，提高文旅品牌的知名度和美誉度。统筹政府和市场力量，优化出入境旅游政策，提高旅游便利化程度和涉外旅游接待服务水平，加强国际旅游合作，通过共同举办旅游活动、互推旅游线路等方式，促进国际旅游市场的繁荣发展。

第二节 文旅产业高质量发展的时代价值

一、文旅产业高质量发展是全面建成社会主义现代化强国的内在要求

党的十九大报告提出"全面建成社会主义现代化强国"的发展目标，这一战略安排立足中国实际国情、适应于未来发展趋势，为我国经济社会高质量发展指明了方向。[①] 全面建成社会主义现代化强国的战略目标具有综合性、全面性，本质上是实现国家发展从数量向质量的提升、从效率向公平的提升、从注重硬实力向硬实力和软实力并重的提升。文旅产业作为现代服务业的重要组成部分，不仅承载着传承与弘扬中华优秀传统文化的使命，还是推动经济转型升级、实现高质量发展的重要引擎。在全面建成社会主义现代化强国的伟大征程中，推动文旅产业高质量发展显得尤为关键。

（一）经济实力是社会主义现代化强国的基础要素

从经济价值来看，文旅产业高质量发展是经济现代化的重要体现，游客在旅游过程中的门票、餐饮、住宿、交通、购物等消费为地方财政提供了稳定的收入来源，以及用于改善基础设施、提升公共服务水平、推动社会事业发展的财政资

---

① 习近平．决胜全面建成小康社会 夺取新时代中国特色社会主义伟大胜利：在中国共产党第十九次全国代表大会上的报告［M］．北京：人民出版社，2017.

源，有助于满足人民群众日益增长的精神文化需求，进一步实现更高的经济效率和更好的经济效益。文旅产业高质量发展带动了相关产业的繁荣，带来了更多的就业机会。从导游、酒店服务人员等直接的旅游从业人员，到文旅产品开发、市场营销、文旅创意赋能等领域间接的从业人员，文旅产业为各个层次、各种技能背景的人提供了广泛的就业渠道，促进了人力资源的优化配置和劳动力市场的活跃。同时，文旅产业作为现代服务业的重要组成部分，其发展有助于通过促进产业融合与创新，推动经济结构优化和产业升级。随着文旅产业在国民经济中的比重逐渐提高，其与各产业的融合度也在不断提升，通过与文化、教育、科技等相关产业的融合，推动旅游从传统的观光型向休闲度假型、文化体验型等多元化、高品质方向发展，形成多元化、协同化的产业发展新格局，不仅促进了资源的共享和优势互补，还进一步提升了目的地的整体竞争力和经济效益。

（二）国际影响力是社会主义现代化强国的世界要素

进入新时代以来，各国之间的经济文化合作与交流更加频繁和深入，我国积极推进构建人类命运共同体，促进"一带一路"国际合作，为文旅产业高质量发展提供了新的机遇和平台。文化赋予旅游更深刻的内涵，旅游带动文化向更远处传播，在"一带一路"倡议框架下，中国与共建"一带一路"国家和地区在文化旅游方面的合作推动了文化资源的共享与互利，带动了酒店、餐饮、交通等相关产业的国际化进程与创新性发展。

截至 2022 年，中国和共建"一带一路"国家和地区的 142 个国家签署了文旅领域的协定或备忘录，成立了丝绸之路国际剧院、博物馆、艺术节、图书馆、美术馆等联盟，促进单个旅游目的地向城市带、经济群升级，形成了资源共享、市场共拓、品牌共建的良好局面，为文旅产业的国际合作奠定了坚实的基础。文旅产业高质量发展还意味着深入展示和传播国家或地区的独特文化魅力，更加聚焦于民心相通、文化相融，注重品质和创新，提升旅游目的地的吸引力、服务质量和品牌形象，注重特色文旅产品的开发和推广，通过精心打造文化遗产游、民俗体验游等文化旅游产品和服务，深化数字化、智能化等现代科技在文旅产业中的应用，向国际社会展示丰富的历史、艺术、传统和生活方式。游客在旅行过程中，通过亲身感受当地的自然风光、人文景观和社会风貌，不仅有助于增强对旅游地文化的认知和理解，加深对该国或地区的印象和好感，进而转化为积极的口碑，进一步提升国际知名度和美誉度，提升国家文化软实力。

（三）文化兴盛是社会主义现代化强国的应然表征

文化软实力是现代化强国建设中强大的精神动力、思想保障和智力支撑。[①] 中国式现代化道路始终高度重视和坚持发展繁荣中国特色社会主义文化，植根于中国特色社会主义伟大实践，结合时代要求传承创新中华优秀传统文化，发展面向现代化、面向世界、面向未来的，民族的科学的大众的社会主义文化。文旅产业是传承和弘扬中华优秀传统文化的重要载体，文旅产业高质量发展注重深入挖掘和传承当地的文化特色和历史底蕴，使之与经济建设、政治建设、社会建设、生态文明建设相互促进，与我国深厚的文化底蕴和丰富的文化资源相得益彰。传统文化与现代元素相结合能够创造出更具吸引力和时代感的文化产品，不仅能够满足游客的多样化需求，还能够推动文化产业的升级和发展，形成文化产业集群，提升整个文化产业的竞争力。此外，文旅产业的高质量发展有助于提升国家形象和国际影响力。通过展示和传播本国的优秀文化，文旅产业能够增强国家在国际舞台上的文化竞争力。同时，吸引更多的国际游客前来体验也能够促进国际文化交流与合作，进一步提升国家的国际地位。

二、文旅产业高质量发展是推进中国式现代化的重要基础和有力支撑

党的二十大报告明确提出，高质量发展是全面建设社会主义现代化国家的首要任务，实现高质量发展是中国式现代化的九个本质要求之一，并从人口规模巨大、全体人民共同富裕、物质文明和精神文明相协调、人与自然和谐共生、走和平发展道路五个方面提炼总结出了中国式现代化的重要特征，整体性反映了中国

---

① 沈壮海．文化图强的世界图景［J］．武汉大学学报（哲学社会科学版），2022（3）：5-20.

式现代化与新时期我国实际国情高度贯通的价值追求。① 中国式现代化视域下的文旅产业高质量发展反映着新征程上文旅产业鲜明的特色，关联着人们的物质生活和精神世界，涵盖了激活经济动力、满足多样需求、促进共同富裕、推进生态和谐、发挥和平纽带等深刻内涵，既为中国式现代化提供实践载体，又在中国式现代化的方向指引和价值引领中不断深化，成为助力国内大循环、促进双循环的重要依托，实现中国式现代化的重要基础和有力支撑。② 将文旅产业高质量发展融入中国式现代化新实践既是服务于质量强国战略、文化强国建设和旅游强国发展的历史选择与重要途径，又是推动国家文化软实力建设、满足人民对美好生活的需求以及在世界舞台展示大国形象的重点工程。

（一）文旅产业高质量发展立足于巨大的人口规模，赋能于人民日益增长的美好生活需要

我国是世界上最大的发展中国家，人口规模巨大既是中国式现代化的基本国情，又是释放人口红利、推进中国式现代化的巨大优势。③ 我国庞大的消费市场规模和强劲的消费动力为文旅产业提供了广阔的发展空间，国家统计局发布的《中华人民共和国2023年国民经济和社会发展统计公报》显示，2023年，国内出游48.9亿人次，同比增长93.3%。其中，城镇居民国内出游37.6亿人次，增长94.9%；农村居民国内出游11.3亿人次，增长88.5%。国内居民出境人数1.01亿，入境游客人数0.82亿。在人口老龄化加剧的背景下，健康养老与休闲康养等需求也在持续增长，文化旅游越来越成为各年龄层人群追求美好生活的刚性需求。

巨大的人口规模意味着需求的不断升级，在中国式现代化的场域中，文旅产业高质量发展意味着更加重视提高产品与服务内涵，着力满足全民更高层次、更

①　习近平.高举中国特色社会主义伟大旗帜　为全面建设社会主义现代化国家而团结奋斗：在中国共产党第二十次全国代表大会上的报告［N］.人民日报，2022-10-26（001）.
②　石建勋，杨璐柳婷.中国式现代化的演变历程、深刻内涵及推进路径［J］.新疆师范大学学报（哲学社会科学版），2023（1）：73-82.
③　王金营.中国式现代化新征程中的人口发展和人口发展战略［J］.人口与经济，2023（1）：7-13+25.

广领域、更强品质的需求，提升文旅市场预期效应，是赋能居民日益增长的美好生活需要、确保全体人民能够共享旅游发展成果的发展。人口规模巨大还意味着文旅产业高质量发展要将人的现代化作为重中之重，发挥中国式现代化的制度优势，使资本要素、技术要素、人口资源、生态资源得到科学化的优化配置，以更加完善、便捷、高效的公共服务和市场供给，让人民群众充分享受更美好的文化生活和旅游体验。

（二）文旅产业高质量发展助力于实现共同富裕，聚焦于共创共富创新发展

中国式现代化将实现共同富裕明确为社会主义的本质要求，① 而共同富裕的宗旨在于缩小区域、城乡、群体差异。文旅产业能够促进资金、信息、技术等要素的流动，推动区域基础设施升级、构建生态宜居环境、吸纳就业、拉动经济增长，以及缩小城乡、地区、群体间的发展差距，② 是展现共同富裕、美好生活的重要标识。首先，文旅产业高质量发展能够缩小区域差距，文旅发展能激活偏远地区的文化旅游资源，把资源优势转化为产业优势，带动人口跨区域流动，带动产业发展。其次，文旅产业高质量发展能够缩小城乡差距，文旅产业能够拓展乡村文旅单一化格局，借助差异化资源禀赋及特色，满足县域独特消费需求及场景，实现城乡一体化发展。最后，文旅产业高质量发展能够有效缩小群体差距。文旅产业具有门槛低、容量大的特征，是促进就业的"蓄水池"，能够增强收入韧性，地区和市场主体通过发展文化旅游业增加财产性收入、经营性收入，进而产生更多领域、更大规模的中等收入群体。以文旅产业高质量发展为依托，能极大释放市场主体活力和资源要素潜力，在一定程度上为全民富裕奠定坚实的物质基础。

（三）文旅产业高质量发展是实现物质文明和精神文明相协调的发展

物质文明和精神文明相协调是社会主义现代化的根本要求。在全球化、信息技术革命浪潮背景之下，③ 中国式现代化不是以物质生产为单一目标的失衡性发

---

① 习近平. 习近平谈治国理政：第 4 卷 ［M］. 北京：外文出版社，2022.

② 郑自立. 文旅融合促进共同富裕的作用机理与政策优化研究 ［J］. 广西社会科学，2022（9）：121–128.

③ 约瑟夫·奈. 软实力 ［M］. 马娟娟，译. 北京：中信出版社，2013.

展道路，而是根植于中华文化沃土、实现物质文明与精神文明相协调的现代化①。文旅产业发展需要实现人民物质富足、精神富有。② 文旅产业兼具经济功能、审美功能、文化认知功能，既推动了物质文明的有效夯实，又关联着人们对于诗与远方的美好想象。③ 文旅产业高质量发展能够促进物质文明进步，通过吸引大量游客带动相关产业的发展，创造就业机会，增加居民收入。提高游客流入地、旅游目的地经济社会水平，这种经济增长和物质生活的改善，是物质文明提升的直接体现。与此同时，文旅产业的发展也促进了精神文明的丰富和提升。旅游业不仅是经济活动，还是文化交流和传播的重要平台，能够强化游客理性视域下的自我认同与认知，提升公众的审美情趣和文化素养，有助于实现"人的自由而全面发展"。在中国式现代化发展的场域下，人民日益增长的美好生活需要得到最大程度的满足，文旅产业高质量发展需要从"增强实现中华民族伟大复兴的精神力量"的战略高度展开，实现物质文明和精神文明协同并进发展。一方面，通过深入挖掘和整合地方文化资源，打造具有地域特色的旅游产品，可以将文化元素融入旅游活动，使游客在得到物质满足的同时，也能获得精神层面的愉悦。另一方面，通过加强旅游服务和管理，提升旅游品质和体验，让游客在旅游过程中感受到更多的人文关怀和精神关怀。

（四）文旅产业高质量发展是实现文化旅游资源的科学合理利用，推动人与自然和谐共生的发展

生态兴则文明兴。中国式现代化是实现人与自然和谐共生的现代化。④ 在面临经济发展困境与生态环境保护的双重压力下，高质量发展需要深入践行"两山"理念，彰显中国式现代化建设的绿色底蕴。文旅产业是资源友好型产业，实现人与自然和谐共生是文化旅游业高质量发展的根本目标。首先，文化旅游业具有良

① 洪银兴. 促进人的现代化是中国式现代化的重要内容［J］. 教学与研究，2023（6）：5-11.
② 李楠. 以丰富人民精神世界推进中国式现代化探赜［J］. 马克思主义研究，2023（1）：64-75.
③ 陈广胜. 坚持守正创新 奋力推进中国式现代化省域文旅实践［J］. 政策瞭望，2022（11）：23-26.
④ 骆郁廷. 中国式现代化：共同特征与中国特色［J］. 马克思主义研究，2023（1）：56-63，159-160.

好的生态效应。"绿水青山就是金山银山",① 文旅产业大多依托于山、水、林、田、湖、草、沙等生态服务系统和自然生态系统,具有鲜明的绿色性、生态性和可持续性,契合"转化动力、提高效益、增强质量"的低碳发展要求,② 在生态保护和文明建设中发挥着巨大的作用。③ 其次,文旅产业高质量发展注重平衡经济利益与生态保护之间的关系。文旅产业供给领域广泛、品类多样、效果显著,文旅产业高质量发展意味着通过科学规划和管理,在基础设施、场景设置、发展理念等方面高度渗透绿色发展理念,在追求经济效益的同时,充分考虑生态系统承载力,确保文化旅游资源的合理开发和利用。再次,文旅产业高质量发展注重培育公众对文化和旅游资源的保护意识。文旅产业高质量发展意味着不断探寻红色旅游、研学旅游、生态康养旅游等可持续发展模式,④ 游客在感受自然和文化魅力的过程中不断增强环境保护意识。最后,文旅产业的发展可为当地居民提供就业机会,进一步激发居民保护环境和资源的积极性,促进文化旅游业与生态环境的和谐共生。

(五) 文旅产业高质量发展是推崇文明交流互鉴,走和平发展道路的发展

中国式现代化是以文明型、和平型发展为价值诉求的现代化,致力于维护世界和平、构建人类命运共同体,实现共建共享共赢的发展。⑤ 文旅产业是文化交流、文明互鉴、友谊传递的纽带,中国文旅产业高质量发展是中国文旅发挥强大资源优势和市场优势、融入世界文化和经济、传递和平,让中华文化更好地走向世界的过程。首先,文旅产业高质量发展强调和平发展的理念。在旅游开发过程中,注重保护文化资源和自然环境的可持续性,避免过度开发和破坏。同时,通过

① 谢延洵.习近平生态民生观的生成逻辑、理论内涵与实现路径 [J].哈尔滨工业大学学报(社会科学版),2022(2):137-143.
② 顾江.党的十八大以来我国文化产业发展的成就、经验与展望 [J].管理世界,2022(7):49-60.
③ 林森,赵周瑞.推进旅游业高质量发展 助力实现中国式现代化 [J].中国发展观察,2023(2):116-118.
④ 张朝枝,郑艳芬.文化遗产保护与利用关系的国际规则演变 [J].旅游学刊,2011(1):81-88.
⑤ 习近平.高举中国特色社会主义伟大旗帜 为全面建设社会主义现代化国家而团结奋斗:在中国共产党第二十次全国代表大会上的报告 [N].人民日报,2022-10-26(001).

推广绿色旅游、生态旅游等可持续发展模式，促进旅游业与生态环境的和谐共生，既体现了对文化多样性的尊重和包容，又符合人类社会发展的共同利益。其次，文旅产业高质量发展有力推动了不同文明之间的和谐共处。文化旅游是文明交流互鉴的重要载体，不同国家的文化基础不同、文化底蕴各异，文旅产业高质量发展是通过旅游活动促进不同文化之间的对话与交流的过程，通过高质量文化旅游活动建构起多样化、立体式、全方位的目的地形象联想空间，让游客亲身体验和感知不同地域、不同民族的文化特色，从而增进对异质文化的了解和认同，能够夯实民族文化振兴与国家形象塑造的基础，有助于打破文化隔阂，缓解文化冲突，推动不同文明之间的和谐共处。最后，文旅产业高质量发展能够推动构建人类命运共同体。通过加强国际旅游合作与交流，推动不同文化之间的相互融合与共享，能够增进各国人民之间的友谊和相互理解。在"构建人类命运共同体"理念和"一带一路"倡议的指引下，能够有效加强与世界各国之间的联系，扩大文化交流与商贸往来，推动建设开放、包容、普惠、平衡、共赢的新型国际关系，推动构建人类命运共同体。

三、文旅产业高质量发展是推进中国经济高质量发展的重要力量

我国正处于全面建设社会主义现代化国家阶段，经济高质量发展是当前的首要任务。进入新发展阶段，我国经济发展模式已由"高速增长"转变为"高质量发展"，经济高质量发展既是现代化经济体系的本质特征，又是供给侧结构性改革的根本目标。

产业兴旺，则经济繁荣。近年来，面对人民多样化的消费需求和日益增长的美好生活需要，文旅融合、文化强国、全域旅游等重要战略在我国得到了全面的响应与实施，文化旅游业发展势头强劲，经济效益明显。以文化和旅游资源为依托引入外来需求，实现产业更迭和升级，成为激活地区发展动能、提振区域经济的重要途径。根据国务院新闻办公室的统计数据，2023 年前三个季度，国内旅

游收入 3.7 万亿元，同比增长 114%。① 居民旅游需求得到集中释放，居民出行大幅度增加，在带动相关消费扩大的同时，文旅产业的规模报酬递增优势日益凸显，成为经济高质量发展的新动能。

（一）经济高质量发展是要保持经济韧性的稳定发展，文旅产业高质量发展对提升经济韧性具有重要意义

在外部环境仍具有极高不确定性和风险的情况下，经济稳定发展将愈发成为各国在经济发展中注重的问题，也是衡量国家经济高质量发展的关键指标，关乎国家经济能否实现可持续发展的基本内涵尚未统一，大体是指经济体遭受外部冲击后维持自身稳定并恢复原有状态的能力，即使经济体在受到巨大外部冲击的情况下，也能够具备足够强大的抵抗能力，保证经济体能够快速吸收冲击力回到正常的经济运行状态。② 经济运行平稳，即经济发展的稳定性，是经济健康发展的基础，只有经济运行平稳，在经济稳定的基础上才能谈绿色、共享、高效等高质量发展的其他方面。因此，文旅产业高质量发展对提升经济韧性具有重要意义。

首先，文旅产业高质量发展注重文旅资源深度融合，在旅游场景中融入文化资源、在文化场域内创造旅游吸引物，释放新产品和新业态的旅游消费乘数效应，使经济更加多元化，减少对单一产业的依赖，从而增强经济的稳定性。③ 其次，文旅产业作为劳动密集型产业，其发展能够带动相关产业的就业增长，稳定的就业和收入能够减轻社会的压力，有助于经济快速恢复。再次，文旅产业高质量发展还有助于提升国家或地区的文化软实力和国际影响力。最后，数字化、智能化等技术的广泛应用推动着文化旅游不断创新升级，不仅打破了文化传播的时空限制，还为新的文旅消费热点的出现创造了可能，进而实现产业链向中高端迈进。

---

① 王珂. 文旅新供给激发消费新动能 [N]. 人民日报，2024-01-17（019）.
② 孙久文，孙翔宇. 区域经济韧性研究进展和在中国应用的探索 [J]. 经济地理，2017（10）：1-9.
③ 宋昌耀，顾嘉倩，厉新建. 华人移民网络对中国出境旅游的影响 [J]. 华侨大学学报（哲学社会科学版），2024（1）：28-40.

（二）经济高质量发展是要优化产业结构的转型升级，文化旅游业高质量发展有助于推动产业结构优化

产业结构合理与否对经济高质量发展过程起到制约作用，如存在产业结构不合理、现代制造业和现代服务业比重较低、高新技术产业较弱等问题。据此，实现经济高质量发展可以理解为产业结构的高质量或高水平，继而使经济结构实现平衡。① 随着技术进步和经济增长模式的改变，劳动密集型、资源密集型产业在支持经济高质量发展上显得"吃力"，并且实现"双碳"目标对我国产业结构优化升级提出了更高、更紧迫的要求。文化旅游业高质量发展能够深化推动产业结构优化。② 随着经济社会的发展进步，人们的生活水平不断提升，大众旅游从传统的观光旅游阶段转变为文化和精神消费阶段，倒逼文化旅游企业转型升级以更好地满足人民日益增长的文旅消费需求，不断提高产业发展效益。同时，文化旅游业具有强大的产业带动性，不断催生新业态、新模式，延伸旅游产业链条，促进人口、消费、服务和相关产业在区域内形成规模经济和范围经济，提升产业附加值，促进产业布局优化，推动形成地区经济增长极。

（三）经济高质量发展是要实现成果普惠的共享发展，文化旅游业高质量发展能够更好地满足新时代人民的多元美好生活需要

高质量发展表现为经济增长成果由全体人民共享。经济高质量发展必须以提高人民生活质量、满足人民美好生活需要、实现共享发展为主要目标，同样也是我国经济发展的最终目的。党的十八届五中全会深刻阐释了共享发展的内涵和条件，指出"坚持共享发展，必须坚持发展为了人民、发展依靠人民、发展成果由人民共享，作出更有效的制度安排，使全体人民在共建共享发展中有更多获得感，增强发展动力，增进人民团结，朝着共同富裕方向稳步前进"。共享发展理念是我国在推动经济高质量发展过程中必须秉持并践行的理念。

---

① 钞小静，薛志欣. 新时代中国经济高质量发展的理论逻辑与实践机制［J］. 西北大学学报（哲学社会科学版），2018（6）：12-22.
② 张新成，高楠，王琳艳，等. 文化和旅游产业融合发展成效评估研究综述：关系辨识、理论发展与体系重构［J］. 旅游科学，2023（4）：19-36.

　　旅游业作为最具发展潜力的幸福产业，能够带动地区交通、餐饮、住宿等相关产业的快速发展，实现公共服务、基础设施、教育资源、就业、社会保障、宜居环境、精神文化等多维度成果的普惠性不断提升，其带来的社会、经济和环境效益以及自身具有的产业消费、休闲和社会属性促进了人民生活幸福感的极大提升，进一步满足人民日益增长的美好生活需要。文化旅游业高质量发展意味着发挥数字技术在推动成果普惠共享发展方面的重要作用。数字化技术的运用不仅提升了文化旅游业的效率和质量，更使文化旅游资源得到了更广泛、更深入的共享，让更多人能够享受到文化旅游业带来的益处。无论是城市还是乡村，无论是发达地区还是欠发达地区，都能通过数字化平台便捷地接触到丰富的文化旅游资源。借助大数据、人工智能等先进技术，可以精准分析游客需求，提供个性化的旅游推荐和定制化服务，提升服务的便捷性和普惠性。

　　（四）经济高质量发展是坚持生态优先的绿色发展，文化旅游业高质量发展有助于推动经济增长方式向绿色、低碳化转变

　　高质量发展表现为绿色增长、人与自然和谐共生。改革开放以来，我国经济飞速发展并保持了40多年的中高速增长，但发展初期投入大规模生产要素的粗放式发展模式也导致了过度消耗资源等一系列破坏生态环境的问题，继而导致经济发展质量过低、人民生活质量下降等。为平衡生态保护和经济增长之间的矛盾，并为努力实现碳达峰、碳中和的建设目标，绿色、低碳发展已成为推动中国经济高质量发展的必由之路。文化旅游业本身就具有低碳、环保的特性。文化旅游业高质量发展注重生态环境的保护和可持续利用，强调对当地文化的传承和保护，保持文化的多样性和生态平衡，随着文化旅游业的发展，人们更加关注旅游活动对环境的影响，并倾向于选择那些符合环保标准、注重可持续发展的旅游产品，促进了旅游交通、住宿、餐饮等配套产业形成联动效应，形成绿色、低碳的产业链，实现绿色转型。

第三节　文旅产业高质量发展的内在要求与主要任务

一、文旅产业高质量发展的内在要求

(一) 以科技创新引领文旅产业高质量发展

当前，全球科技创新进入空前密集活跃的时期，新一轮科技革命蓬勃发展，以科技创新塑造文旅产业新的核心竞争力和发展新动能，已成为实现文旅产业高质量发展的关键内容。首先，要加快科技创新，加强数据中心、云平台等新型基础设施建设，积极采用大数据、云计算、人工智能、虚拟现实、增强现实等现代科学技术增强文旅产业链的竞争力，打造一批智慧文旅新业态。文旅企业必须不断创新以适应市场的变化，利用大数据、人工智能等先进技术打造智慧景区，提升服务的智能化水平。积极发展沉浸式旅游等演艺精品，打造一批智慧文旅体验新空间，运用全媒体技术开拓具有文化创意的营销渠道，构建线上线下良性互动的文旅消费圈。支撑各类文旅市场主体数字化转型，培育一批具有较强核心竞争力的大型在线文旅企业，通过优化管理模式、提升管理效率，推动文旅企业向现代化、专业化方向发展。其次，要注重科技创新与产业融合创新相互成就，协同推动文旅产业高质量发展。科技创新为产业融合提供了技术支持和动力源泉，为旅游业的发展提供了更多的可能性，产业融合创新则为科技创新提供了广阔的应用场景和市场空间。旅游业与其他产业的深度融合，形成具有地方特色的文化旅游产业集群，促进科技成果转化为现实生产力。文旅产业具有天然的产业融合属性，可以与多个产业实现深度融合而形成新的业态和商业模式，从而激活文旅产业发展潜力，壮大文旅产业体系。例如，与农业融合，可以开发乡村旅游、农耕文化体验等旅游产品；与工业融合，可以推出工业旅游、文化创意产品等；与体育、教育、健康等产业融合，可以创造多元化、综合性的旅游体验。

（二）以城乡融合推动文旅产业高质量发展

文旅产业可以发挥连接城乡发展的纽带作用，推动城乡之间的文化交流、人员流动和资本流动，实现城乡资源的优化配置和高效利用。这就要求文化旅游业在发展过程中要通过统筹规划、政策引导和市场机制，坚持城乡协调联动，统筹城乡公共文化服务网络建设，扶持一批资源禀赋好、发展潜力大的特色文化旅游企业，建设一批文化旅游特色小镇、乡村，推动文化旅游区域统筹协调发展。此外，文旅产业高质量发展还强调以文促旅、以旅彰文，带动相关产业的协同发展，形成产业链和产业集群效应。文化旅游业可以与其他产业（如农业、工业、服务业等）进行深度融合，形成吃、住、行、游、购、娱、研、学等旅游要素均衡发展的多元化产业体系，促进当地经济的繁荣和发展。

（三）以绿色导向推进文旅产业高质量发展

牢固树立和践行绿水青山就是金山银山的理念是实现中华民族永续发展的客观需要，也是实现文旅产业高质量发展的内在要求。首先，文旅产业高质量发展强调在文化旅游开发过程中应充分考虑生态环境的承载能力和保护要求，通过科学规划、合理利用资源，避免过度开发和破坏自然环境，实现旅游业与生态环境的和谐共生。其次，文旅产业高质量发展注重提升文化旅游的品质和吸引力。优美的自然环境是文化旅游的重要资源，也是吸引游客的重要因素。保护好生态环境，能够保持自然风光的原始魅力，为游客提供更加真实、舒适的旅游体验，使文化旅游业更具特色和竞争力。最后，文旅产业发展注重推动产业绿色化转型升级，践行低碳环保和循环利用的理念，通过技术创新和模式创新建立健全绿色低碳循环发展的旅游经济体系，落实景区流量控制制度，提升文化旅游服务水平和精准度，实现文旅产业的可持续发展。

（四）以开放共赢赋能文旅产业高质量发展

文旅产业高质量发展应秉持开放包容的态度，既要加快推动国内文化旅游资源跨地区、跨领域、跨行业的有效聚集与整合，以及文化旅游市场主体的合作共赢和战略互惠互利，又要积极与世界各个国家及地区开展交流与合作。通过引进国外先进的文化旅游资源、管理经验和技术手段，推动文化旅游业创新发展和品质提升，拓展国际旅游市场，提升国家文化旅游形象和国际影响力。在文旅产业的发展过程中，还要注重促进文化交流互鉴。不同国家和地区的文化元素相互交融、碰撞能够形成丰富多样的文化旅游产品。例如，通过与各个国家和地区共同开发旅游线路和产品、举办国际文化旅游节、文化年等活动；通过制度推进文化旅游贸易市场的开放和便利化，吸引更多的境外投资等。这些文旅合作不仅能够为游客提供更加多元、精彩的文化旅游体验，还能推动文旅产业在全球范围内的协同发展，增进不同国家和地区人民的友谊，促进世界和平发展。

（五）以共享普惠促进文旅产业高质量发展

共享发展理念体现了以人民为中心的发展思想。文旅产业发展的根本目的是为了满足人民群众日益增长的精神文化需求。因此，推动文旅产业高质量发展，必须始终坚持以人民为中心的发展导向，注重社会公平和民生福祉，缩小城乡、区域之间的差距，推动文旅产业的均衡发展，创造更多的就业机会，全面提高人民群众的收入水平和生活质量。共享发展要求文旅产业实现资源共享和利益共享，发展成果惠及广大人民群众。为此，要加强公共文化服务体系建设，推动文化资源向基层、农村延伸，让更多人享受到优质的文化产品和服务，也要注重旅游资源的公平分配和合理利用，避免旅游资源的过度开发和浪费，确保旅游业的发展成果惠及更多人群。

二、文旅产业高质量发展的主要任务

（一）科技引领出圈，以科技创新赋能文旅产业高质量发展

数字化技术在科技型文旅娱乐项目的深度应用体现了新质生产力与文旅产业的紧密关联，因此，要加快培育和形成文旅新质生产力。一方面，要以新质生产力赋能提升文旅创新能力，形成高质量的生产力。加大科研投入，推动文旅领域科技成果转化应用，完善文旅领域创新体系，鼓励文旅产业围绕实施旅游景区转

型提质行动，积极采用大数据、云计算、人工智能、虚拟现实、增强现实等现代科学技术打造一批智慧旅游新业态，以数字赋能营造文旅新场景，大力实施智慧文旅工程，以"互联网+""大数据+"创新服务供给、拓展文旅消费，运用大数据和云计算技术研判客源市场，开展精准营销，提升文化旅游业服务质量和效率，以项目建设塑造文旅新引擎。支持景区、文博场馆等迭代升级，发展沉浸式旅游等演艺精品，打造一批智慧文旅体验新空间，推动构建线上线下良性互动的文旅消费圈。另一方面，在发展文旅产业的过程中，要充分考虑环境保护和资源可持续利用，制定严格的环保标准和监管措施，鼓励旅游企业采用绿色科技、推广绿色旅游理念、推动绿色旅游发展，促进旅游业与地方文化、经济、环境的和谐共生。

（二）文明互鉴融圈，担负文旅产业高质量发展的时代使命

顺应数字产业化和产业数字化发展趋势，开展文化资源的数据关联和分类标识，提高文化旅游资源数字化保护、展示和利用水平，推动中华优秀传统文化创造性转化、创新性发展。大力培育数字创意、线上演播、沉浸式体验等新业态，实施数字赋能文旅场景建设行动，发展旅游演艺、线上演播、数字艺术、品牌授权、沉浸式体验等新型业态，持续拓展乡村、城市、夜晚、数字、国际消费空间，创新文旅消费场景。充分发挥文化培根铸魂作用。坚定文化自信，始终坚持开放包容，推动文化和旅游工作更好地服务"一带一路"建议、乡村振兴、京津冀协同发展、长江经济带发展、黄河流域生态保护和高质量发展等，建好用好国家对外文化贸易基地，践行全球文明倡议，加强国际人文交流合作，丰富拓展文化和旅游贸易促进活动，着力推动入境旅游发展，加强国家旅游形象的海外传播。

（三）民生导向破圈，创新文旅产品供给体系，推动服务提质升级

随着时代的发展，群众对文旅活动、文旅产品、文旅服务提出了更高的要求。要坚持民生导向，更加注重文旅体制机制的改革创新，不断创新文旅产品和服务形式，深化文旅供给侧结构性改革，将传统文化、革命文化、社会主义先进文化、生态文化等方面的内容有机融合到文旅活动之中，培育冰雪旅游、工业旅

游、体育旅游、邮轮旅游等新业态，建设一批富有文化底蕴的世界级旅游景区和度假区，打造文化特色鲜明的国家级旅游休闲城市和街区。开展乡村旅游提质增效行动，推出一批精品线路、精品课程和优质研学旅游基地和营地，促进文化和旅游产业同美食、运动、康养等更多领域融合发展，使文化旅游过程成为寓教于乐、促进身心健康和提升人文素质的过程。要深化公共文化服务体制机制改革，推动优质公共文化服务向基层延伸。统筹用好基层各类设施资源，实施公共文化新空间行动计划，加强全国智慧图书馆体系建设和公共文化云建设，创造更加宜居、宜业的城市环境。

第二章 甘肃文旅产业的发展现状与趋势

甘肃拥有厚重的优秀历史文化资源和丰富多样的自然风光，文旅产业在中国文旅板块占有重要的位置，在甘肃经济社会发展中有着极为重要的地位，是甘肃经济社会高质量发展的关键支撑。改革开放以来，甘肃文旅产业发展取得了长足进步，但也面临许多挑战，有不少短板亟待弥补，需要奋起直追，放大文旅产业的综合效应，实现文旅资源大省向文旅产业强省的华丽转身。

第一节 甘肃文旅产业的发展现状

一、甘肃文旅产业依托的资源底色十分雄厚

甘肃文旅产业的基本发展格局是以丝路文化带核心区域为基础，兼顾自然风光、民族文化、历史遗迹等多元资源，通过会展节庆和特色活动的推动，形成全方位、多层次的文旅产业发展模式。这一格局对于促进甘肃经济发展、提升地区形象和旅游业竞争力具有重要意义。

（一）甘肃是丝路文化带核心区域

甘肃是中国西北地区重要的丝绸之路节点，具有丰富的丝路文化资源。兰州、敦煌、嘉峪关、天水等地是丝路文化的代表性城市，拥有敦煌莫高窟、嘉峪关长城、兰州白塔山等知名景点。甘肃在丝路文化保护和传承方面积极发展，通过举办丝绸之路国际旅游节、丝路文物展览等活动，极大地推动了文旅产业的发展，提升了甘肃文旅声誉与品牌。

（二）甘肃拥有丰富的自然资源和优美的风景名胜

祁连山、大漠戈壁、月牙泉等自然景观吸引了大量游客前往观赏，酒泉、张掖等地的丹霞地貌、雅丹地貌等独特景观也受到游客的青睐。甘肃通过开展生态旅游，保护和利用好自然资源，推动了甘肃文旅产业的发展。

（三）民族文化与民俗旅游资源十分丰富

甘肃是中国少数民族聚集地之一，拥有丰富的民族文化和民俗资源。甘南藏族自治州、定西市、庆阳市等地保存着丰富的藏族、回族、土族等民族文化，各地的民俗活动也具有独特的魅力。民族文化和民俗旅游成为甘肃文旅产业的重要组成部分，吸引了大量游客前往甘肃体验和欣赏。

（四）文化名城与历史遗迹众多

甘肃有许多历史悠久的文化名城和重要的历史遗迹。兰州、敦煌、嘉峪关等城市保留着丰富的历史建筑和文物，吸引了大批文化爱好者前来参观考察。张掖临泽火山群、武威魏晋王陵等历史遗迹也成为文旅产业的重要资源。

（五）会展节庆与特色活动丰富多彩

甘肃通过举办各类会展、节庆和特色活动，推动了文旅产业的发展。例如，丝绸之路（敦煌）国际文化博览会、敦煌月牙泉音乐节等，吸引了大量企业和游客参与，促进了旅游消费和文化交流。

二、"一个核心、两大枢纽"的基本格局已经形成

以"敦煌文化"为建设核心，以敦煌、兰州为两大旅游枢纽城市的发展格局基本形成。一方面，努力打造以敦煌文化为核心的世界旅游目的地。从人类文明史的角度看，敦煌文化是希腊文化、埃及文化、印度文化和中国文化交会的产物。国学大师季羡林曾说："这四个文化体系汇流的地方只有一个，就是中国的敦煌和新疆地区，再没有第二个了。"为此，以建设"世界的敦煌"为目标，举全省之力，将敦煌打造成为国际文化旅游名城和国家一流世界旅游目的地成为全省旅游领域的核心工作。另一方面，加快建设敦煌、兰州两大旅游枢纽城市。甘肃地域狭长，东西横跨1600多千米。受地理地形的制约，景区分散、点多线长，"旅长游短"的问题日益凸显。为此，甘肃持续推进航旅融合发展，利用兰州作为省会城市、中国西北综合交通枢纽、敦煌国际旅游集散中心的优势，把敦煌和兰州建设成为甘肃"快进慢游、南来北往、寒来暑往"的两大旅游枢纽城市。

三、四大文化旅游经济片区初具雏形

"十三五"期间，甘肃四大文化旅游经济区的建设效果较为明显。一是"敦煌—张掖"文化旅游经济片区。敦煌莫高窟作为世界文化遗产和重要的旅游景点，吸引了大量国内外游客。张掖丹霞地貌等自然景观也成为游客关注的热点，推动了当地旅游业的增长。例如，举办丹霞文化旅游节等活动，吸引了更多游客的参与，"敦煌—张掖"文化旅游经济片区已经成为甘肃的第一张旅游名片。二是"兰州"文化旅游经济片区。兰州作为甘肃省的省会城市，拥有丰富的历史和文化遗产，如白塔山、黄河风情线等，吸引了大量游客。同时，兰州的交通枢纽地位，方便了游客前往周边的旅游目的地。三是"天水—庆阳—陇南"文化旅游经济片区。庆阳以北石窟寺和周边的自然风光为特色，成为重要的文化旅游目的地，通过加强旅游基础设施建设和推广，吸引了更多游客到庆阳旅游消费。天水的麦积山石窟等景点也吸引了许多游客。同时，结合陇南的生态旅游特色，推出特色旅游产品和体验项目，如祁连山生态旅游线路等，促进了当地旅游业的增长。四是"临夏—甘南"文化旅游经济片区。以临夏回族自治州和甘南藏族自治州的回族和藏族民俗文化、土司城、岷县草原马术文化等吸引了大量游客，成为甘肃少数民族风情旅游体验区。

四、对内积极融入"三区三州"大旅游线路

"三区三州"指西藏自治区、青川滇甘四省藏区、南疆四地州和四川凉山州、云南怒江州、甘肃临夏州，这些地区都具有旅游资源独特和经济发展滞后的典型特征。为了进一步落实《中共中央　国务院关于打赢脱贫攻坚战三年行动的指导意见》《关于支持深度贫困地区脱贫攻坚的实施意见》，深度挖掘"三区三州"文化和自然旅游资源潜力，推动"三区三州"旅游业快速发展，加快这些地区推进旅游扶贫工作，文化和旅游部联合中国科学院制定了《"三区三州"旅游大环线设计宣传推广方案》。2019 年 1 月 5 日，"三区三州"旅游大环线推介活动在甘肃省临夏州永靖县举行，同时"三区三州"旅游大环线宣传推广联盟也在甘肃永靖县成立。① 根据该方案，甘肃省兰州市是"三区三州"6 个中心城市之一，敦煌市是 4 个次级中转城市之一，横贯甘肃的"丝路文化经典线"是 4 条支线线路之一，丝路风沙沙漠探险线是 6 条主题线路之一，在 56 条世界级徒步旅游线路中，甘肃占了 6 条。可见，甘肃具有融入"三区三州"旅游大环线的天然基础。

实际上，"三区三州"旅游大环线是扶贫攻坚线，也是乡村振兴线，更是边疆安全线和民族团结线。甘肃省委、省政府对此高度重视，列为 2019 年全省的重点工作，写入了《政府工作报告》，提出要积极融入"三区三州"旅游大环线，承办好全国"三区三州"旅游扶贫专项活动。为贯彻好文化和旅游部及甘肃省委、省政府的部署要求，甘肃省文化和旅游厅在官网专门开设了"三区三州"文化旅游扶贫专题专栏，设置新闻动态、线路产品、支持政策、各地举措和精美图片 5 个栏目，目前已发送政策宣传、信息发布、产品推介、线路推广、招商合作等各类信息 104 条，特别是"五一"小长假期间推出的"三区三州"经典旅游产品，赢得了各大网络媒体和游客的广泛关注，对宣传推广"三区三州"文化旅

---

① 金蓉．甘肃融入三区三州大旅游环线路径研究．甘肃旅游发展报告［M］．北京：社会科学文献出版社，2020.

游资源、产品、线路，增进文化旅游交流，促进文化旅游产业发展发挥了积极作用。据统计，"十三五"期间，有52万人通过文旅产业的发展，实现了脱贫。①

"环西部火车游"是在"三区三州"工作中打出的一个品牌。通过环西部火车将甘肃、新疆、四川、重庆、广西和贵州等地都连起来。2022年甘肃省文化和旅游厅公布的数据显示，两年多以来，"环西部火车游"大概发了140多趟列车，有12万游客通过"环西部火车游"来到甘肃旅游。"联通陆海丝·助推双循环"——甘肃文旅"环西部火车游"主题推广营销活动荣获"2020年度中国文旅营销创新典范"，入选全国24个旅游宣传推广典型案例。

五、对外主动融入"一带一路"建设

为了主动融入"一带一路"建设，2019年12月，甘肃省人民政府办公厅印发的《新时代甘肃融入"一带一路"建设打造文化制高点实施方案》提出，促进文化旅游产业从资源依赖型向创新开发型转变，从观光消费型向综合效益型转变，从高速发展向高质量发展转变。该实施方案明确提出，建设河西走廊国家遗产线路和"一带一路"文化生态景观带，将敦煌—嘉峪关—张掖—武威—兰州串联打造成国际文化旅游风景廊道。截至2023年，唯一以"一带一路"国际文化交流为主题的丝绸之路（敦煌）国际文化博览会永久落户敦煌并成功举办六届，成为促进各国文明对话和文化交流的重要平台。在敦煌文化国际传播上，甘肃充分发挥"丝绸之路（敦煌）国际文化博览会"的平台优势，积极推动中外学术界、民间团体交流互动，举行敦煌文化国际传播中心全球启幕暨敦煌城市品牌标识发布仪式，与8个国家10多个友好交流城市建立定期交流互动机制，组织"敦煌文化环球连线"活动11场次，使敦煌的知名度和影响力持续提升。

六、文旅融合发展持续有效推进

近年来，甘肃省非常重视文化和旅游产业的融合发展，积极推动文旅产业融

---

① 陈卫中．六个方面看甘肃文化旅游的家国情怀与使命担当［EB/OL］．（2022-01-05）．www.dxbei.com/news/gansuxinwen/20220105/343713.html.

合，为游客提供更多优质的文化旅游产品和体验。政府的推动、产业链条的延伸、文化旅游活动的丰富性，以及数字化技术的应用等方面的努力，为甘肃的文旅产业融合发展提供了良好的基础，具体表现在以下七个方面：一是赋能文旅产业链条延伸。甘肃省通过拓宽文旅产业链条，将文化产业与旅游业有效结合。例如，在旅游景区建设过程中，注重提升文化内涵和艺术价值，丰富旅游产品。二是促进文化旅游活动丰富多样。甘肃省举办了一系列具有地方特色的文化旅游活动，如敦煌石窟文化艺术展、兰州国际马拉松赛等，吸引了大量游客和文化爱好者。三是加强文化创意产品推广。甘肃省鼓励文化企业和旅游企业合作，开发推广具有地域特色和文化内涵的文创产品。这些产品包括手工艺品、文化衍生品等，为游客提供了更多选择。四是丰富地方特色文化体验。甘肃省在旅游景区推出了丰富多样的文化体验项目，如传统民俗表演、手工艺制作、传统美食品尝等，让游客更好地了解和体验当地的文化传统。五是推动"旅游+文化扶贫"。甘肃省将旅游与文化扶贫结合起来，通过发展特色农产品、推动乡村旅游等方式，帮助农村贫困地区脱贫致富，同时保护和传承当地的非物质文化遗产。六是推进旅游景区与文化场馆合作。甘肃省鼓励旅游景区与博物馆、图书馆等文化场馆进行合作，举办文化展览、文化讲座等活动，为游客提供全方位的文化旅游体验。七是深化数字化技术应用。甘肃省积极推进数字化技术在文旅融合中的应用，如智慧旅游、虚拟现实等，提升游客的参与感和体验感。

七、旅游营销推广方式不断创新

做好产品是文旅产业发展的基础环节，但也要在旅游营销方面下功夫。甘肃在这方面采取了多项举措，有效激发了旅游消费活力。一是举办文旅消费专项活动，推动文旅市场升温。2023 年，在甘肃省委、省政府的高度重视和各地、各部门的大力支持下，甘肃省文化和旅游厅联合相关部门组织赴省外开展"聆听交响丝路　走进如意甘肃"等主题推广活动，开展"跟着东方甄选看甘肃"网络宣传等线上活动 28 场（次），签订"引客入甘"合作协议 32 份，推动文旅产业全面复苏，促进文旅市场持续升温。二是持续开展营销活动。持续开展"十城联动"等全省文旅消费促进活动，支持各地提升夜间文旅产品供给品质，在全省推广兰州老街、黄河食渡、敦煌夜市、临夏八坊十三巷等模式，激发城市活力，提振文旅消费。三是推动跨省旅游合作联动。甘肃省将重点培育大敦煌文化旅游经济区、中国黄河之都文旅产业集聚区和始祖文化旅游经济区，打造丝绸之路黄金段文化旅游示范带、黄河文化旅游示范带、长城文化旅游示范带和红色文化旅游示范带。推动丝绸之路旅游推广联盟等抱团发展，策划举办黄河流域非物质文化遗产高峰论坛等活动。四是完善信用体系建设，优化信用消费环境。甘肃将建立完善以信用监管为基础的新型监管机制，依法认定失信主体并实施信用惩戒。除此之外，还将建设文化和旅游领域诚信体系，不断完善文旅市场主体和从业人员信用档案，推进信用品牌建设，优化信用消费环境。

八、文旅新业态不断涌现

近年来，甘肃省积极实施"文旅+"和"+文旅"战略，文旅产业不断融合，孵化了一批新产业新业态，开发了一批符合市场需求的好项目好产品。这既增加了有效供给、优质供给、弹性供给，又切实提升了游客的体验度和满意度，促进了本省的消费、投资、就业等发展，进一步加快构筑甘肃省旅游产业新的生产力和竞争力。

一是文化创意旅游引领。甘肃省通过挖掘本土文化资源，推出一系列富有创意和文化内涵的旅游产品。例如，将传统民俗与现代艺术相结合，推出独特的文化体验项目，吸引游客参与。2023年10月12日，由甘肃省文化和旅游厅主办，酒泉市文体广电和旅游局、金塔县和肃州区政府承办的甘肃文旅网红创意大会在酒泉市金塔县胡杨林景区举办。经典舞剧《丝路花雨》《大梦敦煌》美轮美奂，享誉国内外。甘肃创新推动的"博物馆热""非遗热""古籍热""研学热""户外运动热"持续升温，石窟艺术探访研学、鸣沙山万人星空音乐会、边关古城出关仪式、七彩丹霞深度旅游、中山桥边万人云集、洛克之路秘境穿越、陇东南康养度假、戈壁滩户外徒步等，都已成为全国旅游的爆点。

二是凸显生态旅游。甘肃省拥有得天独厚的自然生态资源，通过开发生态旅游，推出一系列生态旅游线路和产品。例如，甘南草原、祁连山自然保护区等地，成为吸引游客的热门目的地。由甘南、临夏、兰州和白银组成的甘肃黄河上游生态之旅线路，成为畅游"九曲黄河十八弯"和"百里黄河风情线"的必选精品线路。

三是乡村旅游市场持续升温。甘肃省积极发展农业观光旅游，推动城乡融合发展。游客可以参观农田、体验农耕活动、采摘水果等，亲近自然、了解农业文化。甘肃省文化和旅游厅与新华社中国经济信息社共同编制的《中国·甘肃乡村旅游发展指数报告（2023）》显示，2023 年，甘肃全年接待乡村游客约 1.53 亿人次，较 2022 年增长 70.74%，较 2019 年增长 19.84%，在"增量"中见活力，甘肃乡村吸引力在不断增强。同时，2023 年，甘肃实现乡村旅游收入 481.93 亿元，美丽乡景带动"美丽经济"活力迸发，成为共同富裕道路上的幸福产业。[①] 在花桥村、山根村、李官湾村等特色村落，露营、音乐节、乡村研学等消费新场景的出现，吸引游客们"留下来、住下来"，推动"体验式"短时游向"沉浸式"多日游转变，乐享乡村"潮"生活。

四是打造四季常态化旅游精品。甘肃省各地通过打造精品文旅活动、开通旅游专线、实施奖补措施等方式，让旅游"淡季不淡""如意甘肃"热度不减。2023 年 11 月，兰州 116 项精彩纷呈的特色文化旅游活动轮番登场，形成吃、住、行、游、购、娱全要素覆盖的秋冬季文旅产品供给。[②] 活动涵盖阅读推广、名家讲座、艺术展演、民族服饰展览、书画展览、亲子 DIY 活动、文化赛事、冰雪旅游等各种类型。此外，兰州市"心动之城·兰州"秋冬促消费主题活动也正式启动。当地政府、商家、服务商三方联动，形成合力，拉动市民游客进行消费。在敦煌，大型洞窟式沉浸体验剧《乐动敦煌》实现了全年常态化演出，填补了

---

① 薛晓霞. 2023 年我省接待乡村游客约 1.53 亿人次［N］. 兰州日报，2024-04-01（R01）.
② 李超. 兰州文旅推出 116 项秋冬季特色活动［N］. 兰州日报，2023-11-01（R04）.

敦煌冬季无驻场旅游演艺项目的空白，为敦煌市冬春旅游注入新活力。

五是打造户外体育旅游精品项目。甘肃省通过举办体育赛事和推广户外运动等方式，将旅游与体育相结合。例如，兰州国际马拉松赛、环青海湖国际公路自行车赛等，吸引了大量的参赛选手和观众。张掖户外运动特色体育旅游消费活力旺，已经成为甘肃旅游新业态的名片。陆续推出了一批以祁连雪山、七彩丹霞、裕固风情、戈壁沙漠、丝路文化、长城文化、肃南草原、山丹马场等为代表的富有张掖特色的户外运动精品体育旅游线路、精品户外赛事活动线路，以品牌赛事、精品线路吸引游客，提升品质。2023年，张掖共举办各级各类体育赛事活动177项，其中全国性37项、全省性33项、全市性42项、县区性65项，较2022年全年增长233.9%，带动乡村、社区及机关企事业单位等基层单位开展全民健身活动1000余场次，全市经常参加体育锻炼人数比例达到38.8%，累计吸引34.3万游客参与其中。其中，张掖芦水湾旅游度假区、政县法台山景区精品旅游线路、玄奘之路商学院戈壁挑战赛入选精品赛事项目和国家体育总局"2023中国体育旅游精品项目"名单。

六是依托科技赋能文化旅游。甘肃省借助互联网技术，积极推动旅游电商和在线旅游服务发展。通过线上平台，游客可以方便地预订门票、酒店、导游服务等，提升旅游体验的便捷性和个性化。在智慧旅游营销方面，甘肃省启动了"2024甘肃文旅第一缕阳光"创作拍摄活动，旨在进一步讲述甘肃好故事、传播甘肃好声音、树立甘肃好形象。活动将依托抖音、快手、微信视频号、微信公众号等网络平台，面向全社会征集短视频和摄影作品，并通过线上投票和线下专业评审，筛选优秀作品，予以奖励支持。同时，通过人民网、新华网、新甘肃、抖音、快手、微信视频号等主流媒体和短视频平台，以及"微游甘肃"新媒体矩阵，对优秀作品进行展播推广。

甘肃文旅产业发展也存在不少问题，面临许多挑战，如旅游产品竞争力不强、旅游产业融合度低、旅游创新不足、旅行者成本较高、客源地比较单一和基础设施短板长期得不到有效解决。未来，甘肃要奋起直追，巩固文旅产业的战略支柱产业地位，放大文旅产业的综合效应，实现文旅资源大省向文旅产业强省的华丽转身。

第二节　甘肃文旅产业的发展趋势

一、产业规模有望持续扩大，战略性支柱产业地位将不断加强

"十四五"期间，甘肃省文旅产业规模将持续扩大，其战略性支柱产业地位也将不断加强。从经济贡献角度来看，甘肃省文旅产业对当地经济的贡献持续增长。甘肃省文化和旅游厅的数据显示，甘肃省文旅产业发展呈现强劲复苏态势。2023 年甘肃省共接待游客 3.88 亿人次，实现旅游收入 2745.8 亿元，分别较上年同期增长 187.8% 和 312.9%，分别恢复到 2019 年同期的 104% 和 102.4%。甘肃文旅消费的增加和相关产业的发展，为甘肃省的 GDP 增长、就业创造和财政收入提供了重要支持。从就业机会的视角来看，文旅产业的快速发展为甘肃省提供了大量的就业机会。从酒店、旅行社到导游和服务人员，文旅产业的发展带动了就业增长，尤其为农村地区提供了增加收入的机会。文旅产业很可能成为就业的主渠道之一。

此外，文旅产业的战略性支柱地位将得以更加巩固。甘肃省将文旅产业作为支柱产业来发展，并且积极推动文旅与其他产业的融合发展，如农业、制造业等。在《甘肃省国民经济和社会发展第十四个五年规划和二○三五年远景目标纲要》中，将文旅康养产业列为六大产业集群之一重点发展。除此之外，旅游基础设施建设的加强也将进一步提升文旅产业的战略地位。甘肃省将持续加大对旅游基础设施的投资，包括交通、酒店、景区设施等方面的建设和改善，这些基础设施的提升为甘肃省的旅游发展和产业地位的提高提供了坚实支撑。

二、融入"一带一路"建设和促进中华优秀传统文化走出去的力度将不断增强

融入"一带一路"建设和促进中华优秀传统文化走出去的力度将不断增强，这主要通过如下四个方面展现：第一，甘肃文旅产业深度融入"一带一路"建设，通过丝绸之路经济带建设的推动来深化国际文化旅游交流。特别是，随着国家对丝绸之路经济带建设的关注和推动，甘肃将进一步加大对丝绸之路文化资源的保护、研究和开发，将丝绸之路文化与旅游相结合，打造更具吸引力的旅游产品。通过举办相关的旅游活动，推动文化交流与合作，吸引海内外游客前来感受丝绸之路的魅力。第二，进一步加强敦煌文化的交流和互鉴。敦煌文化作为中华优秀传统文化的组成部分，具有中华文明的突出特性，在新的历史条件下展现出现代化的表达形式。敦煌将立足丝绸之路节点城市的区位优势，以大敦煌文化旅游经济圈建设为抓手，牵头打造丝绸之路旅游城市联盟，推动文化资源和旅游客源在区域间互联互通。第三，积极开展国际文化交流与合作。甘肃可以积极组织参加国内外文化交流活动和展览，与其他共建"一带一路"国家和地区的文化机构、艺术团体建立合作关系。通过展示优秀传统文化表演、举办文化节庆活动等形式，让更多的人了解和体验甘肃的传统文化。在敦煌文化国际传播上，充分发挥丝绸之路（敦煌）国际文化博览会平台优势，积极推动中外学术界、民间团体交流互动。第四，创新营销推广方式，提升文化传播的能力。甘肃可以利用互联网和新媒体平台，创新营销方式，加强对传统文化的宣传和推广。通过制作精美的宣传视频、文化解说、图书出版等方式，将甘肃的传统文化故事传播给更广大的受众。同时，积极参与国际文化展览、文化交流活动，扩大甘肃传统文化的国际影响力。

三、以敦煌文化为核心建设世界一流旅游目的地的定位更加明确

以敦煌文化旅游经济圈为核心，建设大敦煌IP，并将其打造成为甘肃旅游的

名片和世界一流旅游目的地，是甘肃文旅产业"十四五"期间的核心工作。第一，加强敦煌文化保护和修复文化遗产。敦煌以莫高窟而闻名世界，因此保护和修复文化遗产是关键。加大对莫高窟的保护力度，同时注重修缮、提升展示效果，改善游客体验。此外，还要加强对其他文化遗产的保护与开发，如敦煌古城等。第二，提升旅游基础设施。加大对敦煌旅游基础设施建设的投入，包括交通、酒店、旅游设施等方面。加快交通网络建设，提供便捷的交通方式到达敦煌；提升酒店和住宿设施的质量，满足不同需求的游客；建设更多的旅游设施，如停车场、休息区等，提升游客的舒适度。第三，创新旅游产品与体验。推出创新、多元化的旅游产品和体验项目，丰富游客的选择和体验。例如，开展主题旅游线路如丝绸之路文化体验、沙漠探险等，提供独特的旅游体验；组织丰富多彩的文化活动如艺术展览、音乐会等，增加旅游的文化内涵。第四，提升旅游服务质量。加强旅游从业人员培训，提高导游、服务人员的专业素养和服务水平。完善服务设施和便民措施，提供优质的旅游服务，确保游客的满意度。第五，加强文化宣传与推广。开展全方位、多渠道的敦煌文化宣传与推广，提高敦煌的知名度和影响力。利用互联网和社交媒体平台进行线上宣传，发布敦煌旅游信息、景点介绍等；举办展览、文化活动等，吸引更多的游客。第六，加强国际合作与交流。对接"一带一路"建设，积极与国际旅游机构、文化机构进行合作与交流，推广敦煌的国际影响力。与其他国家或地区开展旅游交流，促进敦煌在国际旅游市场上的知名度和竞争力。

四、兰州和敦煌两大旅游枢纽城市有望取得实质性突破

甘肃省正在积极推进兰州和敦煌两大旅游枢纽城市建设，旨在打造两个具有国际影响力的旅游目的地，这两个地区在建设旅游枢纽城市方面有望取得实质性突破。第一，加快推进兰州旅游枢纽城市建设。兰州作为甘肃省的省会，正在加快建设成为国际化的旅游枢纽城市。兰州以其独特的地理位置和丰富的历史文化资源吸引着大量游客。近年来，兰州大力发展旅游业，提升旅游设施和服务质

量，推动旅游产业的融合发展。兰州将进一步加强基础设施建设，提升旅游设施和配套服务水平，完善旅游交通网络，增加直飞航班和高铁线路，进一步提升兰州的旅游吸引力和便利性。第二，进一步强化敦煌旅游枢纽城市建设。敦煌是中国乃至世界著名的旅游目的地之一，因壮丽的莫高窟、丹霞地貌等景点而闻名。敦煌正努力打造成为世界级的旅游枢纽城市，政府加大投资力度，推动基础设施建设和旅游资源开发，改善旅游服务质量，提升旅游体验。敦煌将进一步完善交通网络，提升公共设施和旅游接待能力，增加旅游业态，培育特色文化旅游产品，吸引更多的国内外游客到敦煌旅游。通过建设兰州和敦煌两大旅游枢纽城市，将进一步提升甘肃省旅游产业的区域平衡发展水平。同时，通过建设兰州和敦煌两个旅游增长极也将带动周边地区的旅游业发展，形成整体的旅游产业链，促进省内经济和就业协调发展。

五、文旅项目投资力度日益增强，文旅产业发展基础更加夯实

要优化文旅发展环境，丰富文旅供给，改善文旅产业基础设施，就必须保持一定的投资强度。第一，加大文旅项目投资力度。甘肃省人民政府通过设立旅游发展专项资金，提供财政补助和扶持资金，用于支持文旅项目的建设和发展。这些资金主要用于景区基础设施建设、旅游公共服务设施建设、旅游产品创新开发等方面。例如，围绕文旅项目建设，甘肃省推动甘南州临潭县冶力关旅游区和临夏州和政县古生物化石旅游区加快创建 5A 级旅游景区，以及永靖刘家峡加快创建国家级旅游度假区。甘肃省文化和旅游厅数据显示，2023 年全年洽谈引进 500 强企业 5 家，累计签约项目 141 个，签约金额 383.4 亿元，开工率 51.77%。完成文化和旅游各类资金投入 207.76 亿元，同比增长 11%。实施文旅项目 609 个，完成投资 152.2 亿元。为企业协调融资贷款 4625 亿元，同比增加 106.8 亿元。① 第二，增加信用贷款，加强金融支持文旅项目。甘肃制定了《金融支持甘肃文化和旅游产业高质量发展若干措施》，联合国家金融监督管理总局甘肃监管

---

① 参见甘肃省文化和旅游厅网站 2024 年 1 月 30 日发布的《2023 年文化旅游工作发展综述》。

局举办现场推进会、政银企工作座谈会，建立金融支持文旅发展协调机制。第三，加大招商引资规模。坚持引大引强引头部，建立招商任务分配、产业链条等责任清单，开设招商引资专栏，举办甘肃文旅产业招商引资推介大会。除此之外，还将完善项目建设推进机制，通过对续建项目盯进度、新建项目赶工期、前期项目保服务等措施来保障文旅项目建设。四是筛选重大文旅项目，促进多元主体联合开发。一方面，甘肃省可以制定一批重点文旅项目名录，加大对这些项目的支持和投资。例如，加大对敦煌莫高窟保护修复和升级改造的投资，推动世界文化遗产的保护与利用。另一方面，积极与其他地区和企业进行联合开发，共同投资文旅项目。与中央企业、跨国公司、文化旅游企业等合作，通过整合资源和优势，共同打造具有国际竞争力的文旅项目。

六、数字技术在文旅产业的应用将更深更广

为了使甘肃文旅产业实现从资源驱动、低水平要素驱动向创新驱动和品质驱动转变，应该进一步深化数字技术在文旅产业的应用，丰富生产要素，创新生产方式和运营模式，培育新场景、新业态、新产品、新服务。第一，全面赋能互联网+文旅，完善"一部手机游甘肃"平台。通过电子商务、在线预订、在线导览等方式，提高旅游服务的便捷性和效率。同时还鼓励旅游企业与互联网平台合作，拓宽销售渠道，增加旅游产品的曝光度和市场影响力。也就是说，将"一部手机游甘肃"数字化体验产品的扩容增建与市场化运营有机结合，全面引进战略性投资主体，打通消费支付功能，带动线上线下效益显著提升。第二，提升甘肃文旅大数据中心融合归集能力，强化大数据分析和智能推荐功能。一方面，不断丰富甘肃文旅大数据资源，拓展数据采集维度。在横向上，融通公安、交通、气象、环境、商务、市场监管等部门数据，接入旅游景区、酒店、乡村民宿，以及在线旅游（OTA）等互联网数据资源；在纵向上，贯通国家级、省级、市级、县级文旅数据，实现文旅数据的交换与共享。另一方面，利用大数据分析技术，对游客的偏好、需求进行统计和分析，并通过智能推荐算法为游客提供个性化的旅

游信息和服务建议，帮助他们更好地规划行程和选择景点。第三，加强文化创意产业与科技融合。鼓励文化创意产业与科技企业进行合作，开展创新研发，推出结合科技元素的文化旅游产品。例如，利用人工智能技术开发智能解说设备、在演艺表演中融入数字技术等，丰富文化旅游的内容形式。在一些重要景区和文化遗址中推广智能导览系统和虚拟现实技术，通过手机 App、AR/VR 眼镜等方式，为游客提供更加丰富、沉浸式的参观体验。第四，完善甘肃智慧文旅公共服务体系建设。深入完善甘肃智慧文旅服务体系、智慧文旅管理体系和智慧文旅营销体系，建立起甘肃旅游综合服务平台、线上线下文旅融合营销新模式，以及覆盖全省景区景点、石窟寺、遗址、博物馆、图书馆、文化馆等机构的舆情监测与预警分析系统。

第三章　甘肃文旅资源产业化分析

文旅资源是文旅产业发展的基础要素，掌握文旅资源产业化的效益与开发潜力，才能高质高效地开发和利用文旅资源，明确区域文旅资源产业化开发的重心。文旅资源产业化兼具经济与社会效益，通过将文化和旅游资源转化为具有市场价值的产品和服务，可以创造就业机会、增加产业收入，并带动相关产业的发展。文旅产业的发展还可以吸引投资、促进消费和拉动地方经济，为地区经济发展注入新动力。文旅资源产业化有助于文化的保护和传承，将传统文化融入旅游产品和服务中，能够提高公众对传统文化的认知和理解，促进传统文化的传承和弘扬。文旅资源产业化是一项复杂的工程，关键是要确立文旅资源产业化的基础性地位，推动文化资源的研究阐释、创意转化和开发利用，创新生产文旅产品，提高文旅产品和服务的供给质量与供给效率，从根本上提高文旅融合的核心竞争力，促进文旅产业的繁荣和可持续发展。

第一节　文旅资源产业化的理论逻辑

文旅融合背景下，由粗放型的文旅产业模式转向集约型的文旅产业模式需要高质量的文化资本。文化资源与旅游资源在当下"场域"高度相交并产生叠加效应，从而为地区旅游产业带来高附加值和竞争力。微观层面上，文旅资源产业化可拉动内需，扩大当地的就业数量与质量，提高居民的收入水平，促进居民生活、消费水平的提高，增加地区资本积累，促进经济增长，实现"文化资本"向"经济资本"的转换。中观层面上，文旅资源产业化对于区域经济发展具有重要意义，改变或转变传统的地区旅游产业经济发展模式，开发并引入优质文旅资源，增加创新型技术产业，推动相关产业的升级和转型，提高地方在区域及旅游产业间的综合实力。宏观层面上，文旅产业充分吸收和利用优秀传统文化和民族文化等优质资源，扩大和释放国内文旅市场消费需求，促进国内生产总值（GDP）的增加。同时，丰富的文旅资源能够吸引大量的国际游客，增加旅游服务出口和旅游消费的收入。文旅资源产业化也能够提升中国在国际文化交流和旅游合作中的地位和影响力。

综上所述，文旅资源产业化在微观层面通过就业机会、创新创业和产业链带动促进经济增长；在中观层面通过区域经济发展和产业升级转型推动经济增长；在宏观层面通过经济增长和对外贸易增加提升整体经济实力和国际影响力。这些方面共同作用，推动了文旅资源产业化对经济增长的促进。

目前，我国文旅资源产业化仍存在地区发展不平衡、产业链短板、文化保护与商业化平衡以及可持续发展等问题。文旅资源产业化在不同地区之间存在明显的不平衡发展现象，发达地区和热门旅游城市已经形成了成熟的文旅产业链，吸引了大量游客和投资，而部分贫困地区和偏远地区的文旅产业发展相对滞后。这种不平衡发展导致资源利用不均衡、经济效益不平衡，也加剧了地区间的差距。在文旅资源产业化过程中，一些环节的产业链相对薄弱。例如，文化创意产品的研发和设计、文旅项目的策划和管理、文化遗产的保护与利用等方面存在短板。这些短板影响了文旅产业的创新能力和核心竞争力，限制了产业的可持续发展。在文旅资源产业化过程中，文化保护与商业化之间的平衡成为一个关键问题。一方面，商业化的推动可能导致文化资源的过度商业化，破坏其独特性和原真性；另一方面，过度注重文化保护可能导致资源无法有效利用，无法实现经济效益。

因此，如何在商业化和保护之间找到平衡点，既保护好文化资源，又实现经济效益，是一个亟待解决的问题。文旅资源产业化需要注重可持续发展，包括资源的可持续利用、环境的可持续保护和社会的可持续效益。然而，某些地区由于过度开发和不合理利用，文旅资源面临着过度消耗、环境破坏和社会扰动等问题。因此，要实现文旅产业的可持续发展，需要更加注重生态环境保护、文化传承和社会责任。

追溯文旅相关历史沿革发现，学界主要从产业创新系统理论、产业融合发展视角以及产业集群理论进行论述，将文旅产业创新视为动态演化系统，逐渐转向非线性的思维范式和采取系统科学的研究方法。融合、创新、集聚及其相互作用深刻揭示了文旅产业创新系统的时空演化概念、机制与规律。文旅资源产业通过集聚形成创新→创新推动融合→融合形成空间集群，从而形成良性互动循环，最终构建文化旅游空间。① 现有研究中有把民族文化资源的物质、精神和保护开发形式嵌入旅游产业发展，促进特色文化与旅游产业深度融合。② 有学者通过评估黄河三角洲区域文化资源产业化开发的潜在价值，提出运用数字技术和创意升华文化资源内涵、拓宽载体与渠道，从而提高文化资源开发利用质量，打造地区特色文化旅游品牌。③ 也有将地方特色文化视为一种旅游资源，研究区域旅游产业化问题，并且发现特色文化产业与旅游产业的融合创新度低、产业结构层次低、文旅产品开发水平低等问题。④ 既往研究多聚焦于区域文化资源的产业化，通过具体分析区域文化资源的种类、分布和特点，提出适合区域或民族文化资源开发的措施。⑤ 或是从旅游产业与文化产业融合发展进行论述，梳理其相关概念、发展模式和路径、动力机制、成效评估和影响效应，缺乏将文化和旅游视为一种资

---

① 杨春宇. 文化旅游产业创新系统理论研究：多理论视角下的研究进程、评述及展望 [J]. 技术经济与管理研究，2018（2）：105-108.

② 卢元昕. 民族文化资源嵌入旅游产业发展路径探索：以黑龙江省为例 [J]. 黑龙江民族丛刊，2022（2）：90-94.

③ 田红，沈维萍，闫中晓. 高质量发展视域下区域文化资源产业化开发潜力评价：以黄河三角洲区域为例 [J]. 重庆社会科学，2020（7）：131-144.

④ 马孟丽. 特色文化主题下的区域旅游产业化策略 [J]. 社会科学家，2020（3）：100-106.

⑤ 邢楠. 我国文化资源产业化开发研究 [J]. 求是学刊，2018，45（3）：82-88.

源，从产业协同与价值链重构层面探讨文旅资源产业化，并且结合数字革命探究产业化过程中的实践路径。①

文旅产业是《甘肃省国民经济和社会发展第十四个五年规划和二〇三五年远景目标纲要》中的支柱产业，其发展和壮大对当地经济的促进作用显著。发展具有低碳环保特点的文化旅游产业，可以科学合理地利用甘肃省内丰富的文化旅游资源和独特的地质地貌资源，这有利于不断优化甘肃省的产业结构。此外，通过对甘肃省各地文化旅游资源产业化的持续创新，还能够帮助和带动其他相关行业的发展，全面推动甘肃省的经济发展和旅游品牌知名度的提升，进一步增强甘肃省的整体实力。

第二节　甘肃文旅资源产业化的发展现状

一、甘肃文旅资源产业化的基础条件

甘肃历史悠久、文化底蕴丰厚，是中华民族和华夏文明的重要发祥地，文旅资源范围覆盖全省，产业发展势头强劲。甘肃先后出台《甘肃省"十四五"非物质文化遗产保护规划》和《甘肃省黄河流域非物质文化遗产保护规划》，让非物质文化遗产保护有法可依、有章可循。截至 2023 年 8 月，全省共有国家级历史文化名城 4 座（张掖、敦煌、武威、天水），国家级历史文化名镇 8 处，全国重点文物保护单位 162 处，国家级非物质文化遗产名录项目 83 项，累计建成博物馆 238 个，每万人拥有博物馆数量位居全国第一。② 2022 年 3 月 22 日，"甘肃非物质文化遗产大数据平台"正式上线，是首个以数字化方式记录、保存和展示

---

① 徐菲菲，刺利青，严星雨，等．中国文化产业与旅游产业融合研究述评［J］．旅游科学，2023，37（4）：1-18.

② 根据甘肃省文化和旅游厅及国家文物局网站信息整理。

非物质文化遗产的大数据平台。目前，该平台已实现 630 个非物质文化遗产代表性项目上线，可以按照所属区域、批次、类别、项目级别等进行查询，方便人们对非物质文化遗产进行充分了解。① 甘肃文化旅游资源富集度位居全国前列，丰厚的旅游资源为甘肃旅游业发展奠定了坚实基础。全省已有 44 个村、6 个镇被国家发展改革委、文化和旅游部评定为全国乡村旅游重点村镇。甘肃省共有 443 家 A 级旅游景区，其中 5A 级 7 家、4A 级 133 家，革命遗迹多达 682 处，全国红色旅游经典景区 16 个，已认定省级全域旅游示范区 28 家。国家级非遗项目 83 项，国家级全域旅游示范区 3 家，国家级旅游休闲街区 2 家，全国乡村旅游重点村（镇）50 个。②

二、甘肃推动文旅资源产业化初见成效

2019 年，习近平总书记在甘肃视察时强调，"要利用独特的文化遗产和自然遗产优势，统筹旅游资源保护和开发，完善旅游设施和基础服务，放大文化旅游业综合效应"。③ 甘肃省委、省政府坚决贯彻落实习近平总书记讲话精神，在推动文旅产业提质增效方面出台了许多政策举措，全力提升文旅产业发展质量和效益。

甘肃省委办公厅、省政府办公厅印发《关于推动文化和旅游深度融合实现高质量发展的实施意见》，重点部署了"推动全域文化旅游资源利用融合""全产业链促进文化旅游产业高质量发展"等 4 个方面 18 项任务，要求文旅资源融合共建，立足于甘肃省久远厚重的历史人文资源和丰富多元的自然景观资源，着力推动文化与旅游资源互相整合、要素互相融合，以达到优势互补和整体提升的目的。同时，要求文化与旅游产业融合兴业，推动"文化+旅游"模式创新，将传统与现代、山水与人文完美融合，打造能让游客慢下来、留下来、多消费的旅游目的地，推动构建"文旅+"全产业链发展新格局。尽可能放大文旅产业的综合

---

① 根据"甘肃省非物质文化遗产大数据平台"的统计数据整理。
② 根据甘肃省文化和旅游厅及《甘肃日报》信息整理。
③ 习近平. 在敦煌研究院座谈时的讲话［J］. 求是，2020（3）：6.

效应。2023 年，甘肃省在文化和旅游领域的资金投入实现了显著增长，总额达到 207.76 亿元人民币，较上年增长了 11 个百分点。这一增长不仅反映了甘肃省对文旅产业的重视，也体现了其在推动区域经济发展中的积极作用。在全年的文旅项目实施中，共启动了 609 个项目，累计投资额达到 152.2 亿元，这些项目的成功实施为甘肃省的文旅产业注入了新的活力。甘肃省在招商引资方面采取了积极策略，在外地共举办了 420 场（次）推介会，成功签约 141 个项目，涉及金额达到 383.4 亿元。此外，甘肃省还为企业协调了 4625 亿元的融资贷款，同比增长了 106.8 亿元，这一举措显著增强了企业的融资能力，为文旅产业的发展提供了坚实的资金支持。在 2023 年第一季度，甘肃省文旅行业进一步谋划并实施了 462 个项目，实际完成投资 16.08 亿元。同时，开展了 167 场招商引资活动，成功签约 25 个项目，涉及资金 27.9 亿元。[①] 这些活动的成功举办，不仅为甘肃省的文旅产业带来了新的投资机会，也为地方经济的增长提供了新的动力。甘肃省在文旅产业发展上坚持品牌建设、标杆树立、特色创新和业态培育，形成了以省会兰州为核心，敦煌为文化引领，河西地区为示范，河东地区为追赶的区域发展新格局。这种区域协调发展战略，有效地促进了文旅资源的优化配置和产业的均衡发展。

甘肃省成功培育了文化体验、自驾游、研学旅游、乡村旅游、文旅康养和酒店民宿等六条产业链，这些产业链的构建不仅丰富了文旅产品的种类，也提升了甘肃省文旅产业的核心竞争力和市场吸引力。通过产业链的延伸和完善，甘肃省的文旅产业在创新能力上得到了显著增强。总体来看，甘肃省通过资金投入、项目实施、招商引资、产业链建设及政策支持等多管齐下的策略，成功推动了文旅资源的产业化进程，并取得了初步成效。这些努力不仅促进了当地经济的发展，也为甘肃省未来的高质量发展奠定了坚实基础。甘肃省的这一发展模式为其他地区提供了宝贵的经验，也为文旅产业的可持续发展提供了新的视角。

---

① 数据来源：甘肃省人民政府网：https://www.gansu.gov.cn/gsszf/c100002/c100006/c100007/202401/173841342.shtml。

三、甘肃文旅资源产业化的现实困境

（一）文化资源发展为文旅产业不充分

第一，文化资源的开发利用不足。甘肃省，作为西北地区的一个内陆省份，其文化旅游产业的发展受到当地经济水平的限制。尽管该区域拥有丰富的历史文化资源，但这些资源的有效开发和利用并不充分。近年来，甘肃省推出的文化旅游产品类型相对单一，主要集中于文化观光，而对于文化休闲、娱乐、康养、度假和研学等更高层次的体验性产品开发力度不足。现有产品往往缺乏独特性和深度，与甘肃省深厚的文化底蕴不相匹配。此外，由于资金投入有限，许多文化旅游景区的基础设施，如餐饮、交通、娱乐、休闲和购物等，都不够完善，服务功能不全，难以适应现代旅游个性化、差异化及休闲旅游发展的需求和趋势。

第二，产业结构存在不合理性。主要表现在产业的单一性以及对传统文化产业和旅游业务的过度依赖，这导致了该区域的国家级文化产品和旅游品牌相对匮乏。尽管部分企业已经形成了一定的规模，但大多数文化旅游企业仍面临规模较小、经营分散化、服务水平有限、自我发展能力不足、产业链较短且与相关产业关联度低，以及竞争力薄弱等问题。这些问题限制了这些企业开发高端和高品位的文化旅游产品的能力，难以实现规模经济和构建强大的市场竞争力，从而在一定程度上限制了甘肃省文化旅游企业的整体发展。此外，这一现象也揭示了甘肃省文化旅游产业尚未成为区域经济的引领者与主导力量，其对经济发展的推动作用尚显不足。同时，景区的管理体制存在不顺畅之处，文化旅游人才的支持力度不足，而投融资体制亦有待进一步完善。

第三，文旅融合机制体制不完善。甘肃省在推动文化和旅游深度融合方面，机制体制尚不健全。尽管近年来已经实施了一系列措施，如启动文化遗产的"历史再现"工程，但整体而言，文旅融合发展的机制仍需进一步的优化和加强。在土地使用、城镇空间规划、产业布局、生态环境保护，以及自然和文化遗产资源的利用等方面，相关部门的统筹规划尚显不足，导致许多旅游目的地的游览和休

闲要素配套不够完善，建设工作多停留在产品和景观层面，缺乏深层次的产业发展。此外，文化产业规划与旅游规划之间的融合程度不够，且在与土地利用总体规划、城乡规划，以及道路交通规划等其他规划的衔接上存在一些问题。例如，在景区管理体制方面，存在条块分割、多头管理的问题，难以实现资源的优化配置和有效管理。这些问题需要通过进一步的协调和整合来解决。

第四，智慧文旅发展相对滞后。甘肃省的智慧文旅建设尚未充分利用现代科技手段来提升文旅产业的竞争力和吸引力。目前存在的问题主要表现为重智慧文旅硬件建设，而忽视了内容和数据库建设，面向不同目标客源市场设计的文旅产品较少。存在重展示、重管理、轻分析服务的现象，不同部门和行业间的文旅信息共享困难，产业开发人才缺乏，尚未形成成熟的运营模式。虽然在将传统景区和景点进行数字化、可视化、虚拟现实化方面已有所尝试，但在体验经济时代，文旅产业消费需求呈现圈层化和分众化趋势，甘肃省智慧文旅在顺应消费升级上仍存在滞后和创新不足的问题。

（二）文旅品牌知名度与影响力有限

长期以来，甘肃的文化旅游品牌建设与宣传一直被忽略，致使"交响丝路·如意甘肃"旅游品牌的竞争力与影响力不突出。此外，营销途径少、范围小、手段单一及缺乏整体协作等因素，致使国内外旅游者普遍对甘肃的关注度、认知度和亲和度处于较低水平。当前，甘肃旅游推广的经费投入和力度都不够大，整体形象不够清晰、生动、鲜活，对游客出游的刺激性不强，各种宣传标语、口号没有凸显出吸引广大游客务必要到甘肃来的概念和着力点，亟须向广大群众展示出一个清晰鲜明、有吸引力和说服力的旅游形象。甘肃文旅品牌定位不够清晰，旅游产品主题不够鲜明、辨识度不够高，同质化现象严重。旅游品牌缺少知名 IP 的加持，导致吸引力不够，市场竞争力不强。宣传推广依旧依靠传统的形象代言人、宣传片等渠道，而对于新兴平台和热门话题，往往不能抓住流量，忽略了对那些吸引年轻人的 IP、单品等的传播和推广。从 2023 年各省份五一假期旅游数据来看，整体上甘肃的旅游竞争力位于中下游水平，接待游客数量不少，但旅游总收入和人均花费较低，处于全国倒数。可见，游客的消费意愿不强烈。

（三）龙头企业带动作用不明显

甘肃旅游业起步较晚，旅游企业的整体实力相对薄弱，且大多是各自经营的散户，因此，旅游企业的竞争能力不强。文旅企业的带动作用较弱，缺乏一批有一定品牌影响力的文化产业园、旅游景区、酒店民宿、旅行社等。目前，甘肃省全域旅游市场热度高，消费水平低，旅游产品结构单一，缺乏休闲、体验类产品，参与型和体验型消费项目不多，旅游产业链的附加值不高，旅游市场上"留不住人""赚不到钱"等问题仍未得到解决。因为淡季较长，又导致酒店不愿过大投资，使得旺季接待能力不足。

由于文旅企业数量少、规模小，相关投资回收慢，许多企业过分追求经济效益，在开发旅游拳头产品和特色产品时，缺少统一的、整体的推广形象，持续时间短，难以产生深远影响。同时受到新冠疫情影响，入境旅游市场一直处在停滞状态，而在国内旅游市场中，缺乏竞争力，过夜游客的比重偏低。加上国际旅游形势严峻，企业投资意愿低、经营压力大，服务水平自然会下降。在省内旅游市场中，长线游的比重偏低，短线游的旅游消费不足，旅游收入规模低于人数增长规模。淡季时间较长，旅游期短，游客消费水平较低，游客逗留时间短。景区消费比重大，生活旅居消费比重偏低。"票务"经济仍占主导地位，缺少多元化经营主体。

第三节　甘肃文旅资源产业化的突破路径

一、挖掘历史文化价值

作为文化资源大省，甘肃的中华优秀传统文化资源极其丰厚。在旅游开发过程中应注重对旅游地文化内涵的挖掘，将文化的潜在价值转化为具有特色的旅游产品。

第一，要让文化遗产"活"起来，增加游客的互动体验。在景区"慢游"途中设置免费或收费较低的、活灵活现的可体验、可欣赏类文化消费项目，让游客在途中放慢脚步，主动探索文化内涵；可以通过增加具有地方特色的非遗产品或者非遗表演、文物虚拟数字游戏、甘肃戏剧作品经典片段的循环播放或者自乐班演出等方式增加游客体验。

第二，要用好红色资源，打开红色旅游新局面。对红色旅游资源丰富的地区给予财政支持和政策倾斜，使红色资源单一的地区保持其红色底色，避免"大而全、多而乱"。与机关事业单位、高校、中小学等建立紧密合作，发扬国学、历史学、传统文化的现代化，建立学习基地，组织目标群体定期观摩学习。打造红色精品演艺项目，与影视基地合作，拍摄如《大秦赋》《山海情》《白鹿原》等高质量影视作品。加大对《丝路花雨》《又见敦煌》《敦煌盛典》等经典戏剧、《天下第一桥》等话剧演出的宣传，增加冬季演出的项目类型及演出频次，吸引外地游客入"甘"体验。开发具备市场吸引力的红色文创产品、红色餐饮、红色商品、红色文化等项目，如进一步开拓蓝莲系列、彩陶系列、铜奔马系列等各种文创产品，以此牢牢抓住游客的消费心理。

第三，要加强文化资源的保护研究、传承弘扬与创新利用。尊重旅游发展规律和循环交换属性，实现可持续发展。在文旅资源的开发过程中，不局限于将文物存放在博物馆保护、展览，还要加强对遗址周边的旅游开发，如甘肃刘家峡以保存完整、立体感强的恐龙脚印为卖点打造了恐龙国家地质公园。加强黄河、长城、长征国家文化公园甘肃段的保护与开发，建设一个具有深厚文化底蕴和优美生态环境的文化旅游胜地；实施河西走廊文化保护工程，全力打造河西走廊国家文化遗产线路。

二、数字技术培育文旅新业态

习近平总书记在敦煌研究院座谈讨论时指出，"要通过数字化、信息化等高技术手段，推动流散海外的敦煌遗书等文物的数字化回归，实现敦煌文化艺术资源在全球范围内的数字化共享"。① 推动数字技术在文物、文化遗产中的应用，建立健全数字文化产业生态体系，从供给端、生产端、需求端培育文旅新业态。

第一，加强智慧景区建设，提升公共服务水平。制定智慧景区建设的技术规范，明确智慧景区的服务标准与要求。打造以智慧文旅为特色的样板景区，促进景区的线路选择、语音导览和电子地图的全覆盖，并加大数字化技术应用，开发数字展示厅和数字博物馆，从而提高游客的体验感。景区内增设酒店餐馆、特产售卖点、儿童乐园等，提高人均消费水平。

第二，丰富智慧旅游产品供给，开发数字化体验产品。通过数字技术，激发文旅资源活力，在旅游产品技术研发和应用示范方面，着重体现"强交互、深沉浸"的特点。加快推进非接触式、无人化的基础设施建设，加快推进旅游业中新场景、新技术的应用普及程度。对沉浸式主题公园、博物馆、旅游演艺等场景进行智慧旅游主题拓展，形成智慧旅游案例和项目的典范，培育数字文旅新业态。

第三，加强文旅数字营销，开展线上线下宣传。拓展"媒体+""直播+""网红+"等宣传渠道，推进线上线下有机融合，户外演出和网上直播双管齐下，实体店营销和直播带货并行不悖。充分发挥微博、微信、抖音、快手等新媒体作用，整合政府、文旅企业、文旅资源管理部门、社会媒体等多种资源，让"文旅形象大使"加入"文旅品牌"创建中来，树立甘肃文旅形象，讲好甘肃文旅故事。把数字乡村作为切入点，创建一批数字文旅示范点，从根本上改变传统乡村文旅的媒介、生产方式、传播手段和消费模式，将土地、资源、劳动力转变为数字化生产、数字化传播和数字化消费。②

第四，创建文旅新业态，发展夜间经济。全面建成小康社会后，人民群众旅游消费需求将从低层次向高品质和多样化转变，由注重观光向兼顾观光与休闲度

---

① 习近平. 在敦煌研究院座谈时的讲话［J］. 求是，2020（3）：6.
② 芦人静，余日季. 数字化助力乡村文旅产业融合创新发展的价值意蕴与实践路径［J］. 南京社会科学，2022（5）：152-158.

假转变。① 人民最迫切的美好生活需要集中在教育、健康、医疗、文化、旅游、信息等领域。因此，可以围绕这些领域探索发展"文化+""旅游+"等红色旅游创新融合业态，在生态康养、红色励志、文化演艺、节庆会展、田园休闲、户外运动、非遗体验、研学旅行、特色美食等新业态中持续焕发活力。丰富旅游路线，延长旺季时长；开发淡季产品，通过戈壁徒步、赛车等赛事吸引游客。发挥夏季白天长的优势，开发夜间经济等旅游附加值高的经济活动。深入开发"夜游"系列特色产品，以传统灯光秀、夜游船、夜场艺术表演为基础，创新发展夜游康体中心、夜游博物馆、夜游公园等，并从时间、空间、品质三个维度持续发力，创新夜游方式，刺激夜间消费。依靠酒泉国家级文化和旅游消费试点城市、敦煌夜市特色商业街的优势，打造甘肃文旅龙头品牌。对旅游景区实行门票减免、淡季免费开放、演出门票打折等补贴措施，并开展一系列的旅游惠民消费体验活动，如旅游消费月、消费季等。

三、补齐交通基础设施短板

交旅融合发展是实现交通功能旅游化、旅游交通便捷化、交旅产品共享化的重要方式，可以从基础设施、运输服务和管理服务三个方面促进交旅的深度融合。与《交通强国甘肃方案》相结合，推动甘肃 4A 级旅游景区、重要旅游节点和敦煌、兰州及其他重点旅游城市之间的高等级公路建设，保证航运、铁路、公路等运输方式与旅游景区交通衔接的高效性。通过交通工具传递甘肃之美，甘肃 2021 年"飞天号""如意号"两架彩色客机成功启航，打造了一张文化旅游新名片，促进了航空旅游的深度融合，加快了"引客入甘"的步伐。如今爆火的淄博通过打造"淄博烧烤专列"高铁线路吸引了大量游客前往淄博旅游。甘肃可以适时借鉴淄博之举，重塑甘肃旅游专线，持续打造"环西部火车游""三区三州旅游大环线""陆港通道"等火车游品牌。

---

① 参见国务院发布的《"十四五"旅游业发展规划》。

待开发的旅游景点多位于交通、文化、服务等相对落后的边远山区，因此，提升景区通达性、游客满意度尤为重要。树立全域旅游理念，加强旅游风景道的建设。推动景区内主干道和风景道的建设进度，对景点长廊、健身步道、观景平台等基础设施进行科学规划。在此基础上完善全省旅游公共服务系统，为游客提供更具个性化的服务，不断提高游客的参与度、舒适度和满意度，使"交响丝路·如意甘肃"文旅品牌驰名中外。

四、做好品牌宣传，培育市场主体

文化旅游要注重历史传承和现代价值的结合，深挖内涵，凝练主题，突出人文精神，从而形成一个旅游品牌。尤其是对于那些文化底蕴深厚，但本身景观级别不高的文旅资源，更要找准发力点，以文化为基础，讲好文化故事，打造文化品牌IP，提升其影响范围和程度。

第一，整合优势资源，把重点放在旅游品牌上。借鉴云南、贵州等省份的经验，集中项目、资金和政策，聚焦一点，选择最有潜力和最具爆点的旅游资源，重点打造热门旅游景点、景区、线路。借助其带动作用，再开发利用其他资源，形成打造一个景区景点、带动一个区域、带热一个城市的连锁效应。学习淄博烧烤经验，提高本地营商环境，保障餐饮质量，提供名实相符、质优价廉的餐饮环境，不宰客，为旅客提供一流的入住和餐饮环境。构建良好的社会信用体系，坚持诚信经营、热情待客。把住宿、餐饮等硬件设施的改造升级视为工作重点之一，用高质量的住宿环境来吸引更多的游客，让他们尽可能在景区过夜，以此来提高旅游消费水平。

第二，优先考虑对旅游核心区域的快速建设，以实现全年无淡季的旅游模式。将现有的大型旅游景点转型为具有高标准服务、高商业潜力和深厚文化底蕴的高端旅游目的地。利用河西走廊的自然景观，打造具有国际影响力的丝绸之路旅游品牌。通过提供独特的旅游服务，增强旅游地的品牌形象及其市场价值。例如，张掖市甘州区可以借助其独特的地理和文化优势，继续利用"塞上江南"

湿地绿洲城市景观和"丝路重镇"古城甘州历史文化资源，塑造"彩虹张掖·诗意甘州"旅游城市形象，同时大力推广甘肃独有的地质奇观，如丹霞地貌和雅丹地貌。通过这些措施，可以逐步构建一个具有地方特色、多方位促进的全季节、全地域的旅游发展模式。加强旅游区的交通、住宿和信息服务设施，确保游客的便捷性和舒适度。深入挖掘每个旅游地的历史文化故事，通过展览、演出等形式，让游客更深入地了解和体验地方文化。在旅游开发过程中，注重生态环境保护，实现旅游业的可持续发展。利用现代信息技术，如大数据、云计算等，提升旅游管理的智能化水平，优化游客体验。鼓励各地区根据自身特点，打造春季全域布局、夏季全域布局、秋季全域布局等不同主题的旅游产品满足不同游客的个性化需求。

第三，培育有竞争能力的运营主体，优化文旅营商环境。致力于成立融合发展的文旅产业集团，带动文旅产业和相关产业的发展。支持和发展地方企业，建立重点企业目录库，开展企业梯度培育计划。对于入规入统企业，要增强扶持力度，完善奖补政策。努力培育一批特色鲜明的文化创意企业，打造本地文旅发展的"主力军"。加强引进外来企业。以"引大引强引头"行动为抓手，制定文旅项目重点引资、招商类型、任务分配等清单，积极推动招商引资项目的签约和落地，将一批实力雄厚的骨干和龙头文旅企业引进来。要想打开市场，抓住机遇，除了要依靠文旅人的精诚合作和不懈奋斗，还需依靠政府的主动担当和积极作为。政府要加强审批、监管和金融服务，为企业发展提供全方位、全周期的服务保障，最大限度地为来甘、在甘的文旅企业提供支持。

五、推进生态产品价值的实现

实现生态产品价值是践行"两山"理念的重要途径，各地区在严格保护生态的前提下，科学合理推动生态产品价值实现，全面释放生态产品蕴含的生态、经济、社会等多重价值。

第一，明确生态产品确权与分类，摸清"家底"。各地区积极开展生态产品信息普查和确权登记，将各地所管辖区域内的水、森林、土地、农田等不同生态产品的数量、质量、周期列明清单、登记在册，并随生态产品价值形态的变化而更新。联合数据提供方和产品应用方构建"大型数据商圈"，推动数据资产登记专业平台及数据资产评估业务场景落地。[①]在生态资源使用权、碳排放权、水权交易、碳汇交易等方面明确生态产品确权，实现公众参与、市场化运作。

第二，建立生态产品价值核算评估应用体系。加强顶层设计，将其存量、增量、减少量与补偿资金分配相挂钩。综合考虑生态产品价值核算结果，确定补偿资金分配依据，推动补偿资金投向"质优价优"的生态产品，完善生态产品价值核算技术，通过数字化手段实现合理准确的核算。[②]

第三，探索黄河上游的生态补偿机制。甘肃是黄河上游重要的水源涵养区和补给区。加强制度建设，与邻省签订生态补偿协议，省内黄河干流和主要支流途经地级市、自治州之间依据水量、水质情况签订补偿协议；推进建立市场化、多元化的生态补偿机制，有效识别生态补偿对象，引入社会资本，在给予补偿后继续追踪改良情况，使黄河真正变成甘肃人民的"幸福河"。

第四，重点打造旅游、康养、生态农业等产业链。以保护为前提，以转化为关键，加快推进生态产业链发展。在保护生态的同时，加强不同领域的联动，如旅游+沙疗康养、旅游+生态农业。充分依托名人、村落、非遗、红色等特色文化，将传统的生态产品转化为产品和服务，增强游客的直观体验。在生产供给和消费方式方面落实绿色发展理念，提高资源使用效率，促进生态产品价值实现。

第五，鼓励资源枯竭型城市发展文旅产业。资源枯竭型城市可以与城镇化融合，融合发展都市游、遗产游、工业文明游和生态康养游等项目，以有限的自然资源和生态资源为基础，因地制宜发展特色产业，如生态旅游、特色种植、农产品加工等。与乡村旅游振兴相结合，如白银市可以借助黄河资源打造沿黄"金丝带"，兰州市红古区依托特色农业发展乡村旅游。放大已有的业态效应，大力发

---

① 刘诚.线上市场的数据机制及其基础制度体系［J］.经济学家，2022（12）：96-105.

② 党丽娟，刘峥延，高国力.高效推动主体功能区生态产品价值实现［J］.宏观经济管理，2023（8）：30-37.

展黄河上游荒漠、戈壁地区的大规模风能、光伏发电基地，结合当地文化历史，赋予工业文旅新的内涵，打造别具一格的旅游景点，如兰州油泵油嘴厂通过文化赋能打造成如今的兰州文创园区，被称为兰州微缩版的"北京798"，吸引游客慕名前往打卡。

六、推动文旅融合国际化发展水平

甘肃要建成文旅强省，必须在立足国内市场的基础上，积极培育国际文旅市场，不断提升文旅融合的国际化水平。

第一，打造丝绸之路国际旅游枢纽，推进国际旅游合作行动。强化在宏观发展框架下国际、区际的旅游合作。努力将甘肃建成世界一流的文化和旅游胜地，发挥"一带一路""丝绸之路"各类联盟组织和"国字号"传媒平台的作用，加强与友好国家、国际组织和主要客源国的交流，建设国际化的文化和旅游目的地。[1] 对重大的对外合作项目进行筛选，为其提供投资、融资、宣传、培训等方面的支持与服务，构建多元化、高质量的产业交流通道，实现市场互利共赢。

第二，做好入甘宣传推广，加强甘肃国际品牌宣传。充分利用文明古国论坛等国际平台，加强非物质文化遗产活态展示、主题旅游、特许文旅商品的国际推广。借助"交响丝路·如意甘肃"的品牌号召力与市场拓展力，为国内外游客讲述"甘肃"故事。做好中华文明探源工程，如对南佐遗址、吐谷浑大墓、悬泉置遗址、锁阳城遗址、马家窑遗址、大地湾遗址进行追本溯源，利用多种途径宣传考古成果，持续增强甘肃文旅强省建设对中国式现代化进程的贡献，让"交响丝路·如意甘肃"走出国门，名扬海外。

第三，推进入境旅游便利化，促进沿线国家交流。大力推动入境旅游业的发展，积极争取国家对甘肃省入境旅游业签证的扶持，可以优先在兰州和敦煌地区实行72小时落地签证试点，充分利用已有的免签和口岸签证等政策。加强与国

---

① 杨海龙，孙业红，崔莉."一带一路"区域旅游协同发展：生态文明视角 [J]. 旅游学刊，2023（5）：10-12.

外旅游组织的联系，开展国际交流与推广合作。做好入境旅游服务与安全保障工作，加大对国际旅游业的监督管理力度，促进国际旅游业的发展。在丝绸之路（敦煌）国际文化博览会和敦煌行·丝绸之路国际旅游节的基础上，进一步加强与丝绸之路沿线国家在文旅产业的合作，联合中亚地区国家开展文化艺术交流、旅游产业发展等国际活动。

第四章　甘肃现代文化产业体系建设

现代文化产业体系建设是指在现代社会中，通过建立完善的文化产业体系，推动文化产业的发展和繁荣。它包括了文化创意产业、文化传媒产业、文化旅游产业等多个领域。建设现代文化产业体系既是提升国家文化软实力、推动经济增长和促进就业的有效途径，又是丰富城乡居民精神生活、提高人们的文化素质和幸福感的内在要求。甘肃有悠久灿烂的历史和丰富多彩的文化，加强现代文化产业体系建设，挖掘文化的社会价值和经济效益，是甘肃迈向文化强省的重要举措。

第一节　现代文化产业体系概述

一、现代文化产业体系内涵与特征

党的十七届六中全会通过了《中共中央关于深化文化体制改革　推动社会主义文化大发展大繁荣若干重大问题的决定》，指出构建现代文化产业体系，必须构建结构合理、门类齐全、科技含量高、富有创意、竞争力强的现代文化产业体系。2019 年 10 月 31 日，中国共产党第十九届中央委员会第四次全体会议通过了《中共中央关于坚持和完善中国特色社会主义制度 推进国家治理体系和治理能力现代化若干重大问题的决定》，提出要"健全现代文化产业体系和市场体系，完善以高质量发展为导向的文化经济政策"。党的十九届五中全会则再次提到"健全现代文化产业体系"，并将其作为文化强国建设的三大重点任务之一。党的十九大报告关于现代化经济体系、现代化产业体系的相关论述为构建现代文化产业体系指明了方向。党的二十大报告进一步提出，要健全现代文化产业体系和市场体系。

文化产业是公认的"朝阳产业"。当前，全国各地都很重视发展文化产业。在文化与科技融合趋势日益凸显、文化消费需求和供给模式发生重大变化的新时代，面对新发展格局，现代文化产业体系的进一步发展也面临新挑战。例如，文化产品有效供给不足、文化产业要素区域错配、产业链条不通畅、协同发展机制不完善、国际化层次偏低等问题较为突出，严重制约了文化产业的高质量发展。要实现我国文化产业的高质量发展，离不开现代文化产业体系与市场体系的健全及其协同发展，这是建立文化产业新秩序、优化文化产业新格局的重要途径。①

现代文化产业体系的核心内涵包括两个方面：一是文化产业结构体系。现代文化产业体系由众多文化行业构成，这也组成了文化产业体系的基本结构。现代文化产业体系与传统文化产业体系不同，不仅包含图书出版业、演艺业、影视业等传统文化产业，还包括动漫业、网络游戏业、网络视听业、网络直播，以及现代沉浸式娱乐业等新兴产业，涵盖了传统文化产业与新兴文化产业融合部分。二是文化产业赋能体系。现代文化产业体系不局限于就文化领域来谈文化产业，而是更加侧重和强调把文化产业作为一种要素，发挥出推动国民经济与社会发展的功能和作用。作为现代产业体系的一部分，现代文化产业是以文化创意为核心，通过数字技术驱动、多元融合、空间协同服务于国家重大发展决策，包括数字中

---

① 潘爱玲，王雪．现代文化产业体系与市场体系协同发展的机制和路径研究［J］．华中师范大学学报（人文社会科学版），2021（1）：64-71.

国、城市转型、乡村振兴、扩大内需及区域发展等重大战略，从而赋能经济社会的发展。其中，技术驱动是指随着数字技术不断进步，文化产业数字化和数字文化产业化趋势日益突出，新的文化业态层出不穷，这些新的业态包括但不限于数字艺术、虚拟现实、增强现实、电子竞技、数字娱乐等，它们以其独特的互动性、创新性和包容性，正在重塑文化产业的生产、传播和消费方式。同时，技术驱动也带来了大数据、人工智能等新技术在文化产业中的广泛应用，使得文化产品的创作、分发和营销更加精细化、个性化。应用这些技术不仅提高了文化产业的生产效率，还丰富了文化产品的多样性，满足了消费者对于高质量文化体验的需求。在这种背景下，技术驱动已经成为文化产业发展的重要推动力，对于推动文化产业的高质量发展具有重要意义。产业融合是指随着消费市场结构不断优化升级，文化产业与旅游业、制造业、农业和服务业等产业融合发展，文化内容在赋予其他产业文化附加值上发挥独特作用。空间协同则是指现代文化产业在促进区域经济社会发展中的作用日趋显著，如文化产业有力促进了城市产业转型与乡村振兴。

二、现代文化产业的分类与发展趋势

现代文化产业可以被细分为传媒娱乐产业、艺术产业、文化服务产业、文化创意产业和数字文化产业。传媒娱乐产业涵盖了电影、电视、广播、出版、新闻、音乐、动漫和游戏等领域，通过多种媒介传递信息和娱乐内容，为广大受众提供丰富的文化体验。艺术产业包括绘画、雕塑、摄影、设计和表演艺术等领域，艺术产业的核心在于创新性和创造性，通过艺术形式表达人类的情感和思想。文化服务产业包括广告、市场研究、文化咨询和文化旅游等领域，为消费者提供专业的文化服务，满足其对文化消费的需求。文化创意产业包括创意设计、创意软件、创意广告和创意时尚等领域，通过创新的思维和方法，创造出新的文化产品和服务。数字文化产业包括数字艺术、虚拟现实、增强现实、电子竞技和数字娱乐等领域。随着数字技术的发展，数字文化产业成为文化产业的新趋势。

现代文化产业的发展趋势主要反映在数字化、全球化、个性化、体验化与融合化五个方面。随着信息技术的发展，文化产业的生产、传播和消费方式正在发生深刻的变化。数字化不仅提高了文化产业的生产效率，还丰富了文化产品的形式和内容。在全球化进程中，文化产业的市场范围正在不断扩大。全球化不仅带来了新的市场机遇，还带来了新的竞争压力。随着消费者需求的多样化和个性化，文化产业正在向个性化发展，这主要体现在文化产品和服务的设计、生产和销售过程，更加注重满足消费者的个性化需求。体验化趋势则是指随着消费者对于文化体验的需求增加，文化产业的发展也越来越注重提供丰富的文化体验。融合化是指随着科技的发展和产业界限的模糊，文化产业正在向融合化发展，主要体现在文化产业与其他产业的融合，以及不同文化形式和内容的融合。

三、甘肃现代文化产业发展现状

甘肃文化产业以其独特性和多样性在全国乃至全球范围内具有重要地位与影响力。甘肃文化产业包括文化艺术、文化旅游、文化创意、文化传媒、文化教育和文化遗产保护等多个领域。文化艺术领域，甘肃省有丰富的艺术资源，包括陇剧、贤孝、皮影等非物质文化遗产，以及敦煌艺术、壁画艺术等。文化创意领域，甘肃有一定的设计和创意产业基础，但发展水平还不够高。文化遗产保护领域，甘肃有一批世界文化遗产和国家级非物质文化遗产，但文化遗产的保护与活化利用仍存在问题。文化旅游领域，甘肃以丰富的自然景观和历史文化吸引了大量游客，如敦煌莫高窟、嘉峪关、张掖丹霞地貌等，这些景点吸引了大量的国内外游客，对当地的文化产业发展起到了推动作用，但旅游服务和产品的质量还有待提高。文化教育领域，甘肃省有许多文化教育机构，如甘肃省艺术学校、兰州大学等，这些机构在文化教育和人才培养方面做出了重要贡献。文化传媒领域，甘肃省的文化传媒产业包括新闻、出版、广播、电视和网络媒体等领域，《甘肃日报》《兰州晨报》等媒体在新闻报道和公共舆论引导方面发挥了重要作用。总的来说，甘肃省的文化产业在资源数量和市场潜力方面具有优势，但在产业结构、创新能力和市场开发方面还面临一些挑战。未来，甘肃省需要进一步发挥其文化资源优势，加强文化产业的创新和升级，提高文化产业的市场竞争力，以实现文化产业的可持续发展。

近年来，甘肃着眼于文化大省建设，不断创新观念，推进社会主义核心价值观建设，着力在基础项目建设、文化精品创作、公共文化服务体系完善、特色文化产业发展等方面下功夫，充分发挥文化资源优势，积极推进华夏文明传承创新区建设，甘肃省文化产业发展势头良好，呈现出积极、健康、向上的态势。从地区产业结构来看，2023 年，甘肃省第三产业增加值为 6141.8 亿元，同比增长6.4%，占全省 GDP 比重为 51.8%。[①] 可以看出，甘肃省的经济已经从传统农业经济向多元化发展的阶段迈进，第三产业的比重越来越大，成为经济增长的主要动力。然而，随着数字化转型与社会经济的快速发展和人民生活水平的提高，甘肃文化产业也面临着机遇与挑战。目前，甘肃的文化产业在经济中的比重较低，发展水平也相对较低，与甘肃丰富的文化资源和旅游资源相比存在一定的差距。此外，文化产业分布高度集中，存在区域间发展不平衡问题。

第二节　甘肃文化消费市场分析

一、甘肃文化资源与文旅产业融合现状

甘肃积极推动"文旅+"产业的融合发展。以"文旅+农业"打造田园文旅综合体，做深做实农田、林地等资源文章，建设乡村旅游示范县、乡村特色旅游村镇、农家乐、精品民宿，打造乡村旅游精品线路。以"文旅+体育"把体育品

---

① 甘肃省统计局，国家统计局甘肃调查总队.2023 年甘肃省国民经济和社会发展统计公报［N］.甘肃日报，2024-03-20（06）.

牌做大做强，促进赛事经济和户外休闲装备产业的发展。以"文旅+康养"打造养生保健等主题的康养基地，积极推动沙浴沙疗、温泉疗养、森林康养、中医药养生等旅游产品的开发，如甘肃平凉借助当地独有的人文和自然景观发展旅游养生，据了解，平凉市现已注册各类养生企业1900多家，养生产业总产值超过22亿元，并成功承办了第六届世界养生大会。以"文旅+教育"发展研学旅行，打造一批品牌研学基地，2023年甘肃天水市整合旅游资源，共推出10条精品研学旅游线路，涵盖了古韵文脉、红色足迹、自然风光等元素，能够满足广大游客寓教于乐、躬行实践的需求。以"文旅+老工业基地"打造一批工业遗产旅游项目，把一座座"老破旧"的老房子、老厂房和废弃矿山，变成城市和乡村的"新地标"，变成文旅打卡地。把旅游和文教体育、农业、康养等有机结合，把深厚的文化底蕴融入全域旅游的发展进程中，使全域旅游的特色产品逐渐丰富，增加文旅产业的"厚度"，不断推出文旅新产品，培育文旅新业态。

二、甘肃文化消费市场的规模与特点

甘肃省位于中国西北地区，拥有丰富的文化遗产和多样的民族文化，这些都为文化消费市场的发展提供了独特的资源。然而，由于经济发展水平和区域发展的不平衡，甘肃省的文化消费市场也展现出一些特定的规模与特点：一是规模较小但增长潜力大。相较于东部沿海的发达省份，甘肃的文化消费市场规模较小，但随着国家推进西部大开发战略和中西部地区崛起，甘肃省的文化消费市场正逐步扩大，增长潜力巨大。二是消费结构特点明显。在甘肃省文化消费市场的结构中，传统的文化消费如书籍、音乐、剧院表演等仍占有一定比例，但随着互联网的普及，数字化文化产品和服务，如在线视频、电子书籍、网络游戏等，消费比重逐渐增加。三是地域文化特色鲜明。甘肃省的文化消费市场深受当地民族文化和传统文化的影响，具有鲜明的地域特色。例如，以敦煌文化为特色的文化商品、以民族音乐和舞蹈为特色的表演艺术等，都是文化消费市场的重要组成部分。四是旅游文化消费显著。甘肃省拥有世界著名的文化旅游资源，如敦煌莫高窟、嘉峪关长城等，这些都是吸引国内外游客的重要文化景点。文化旅游已成为推动当地文化消费市场增长的重要力量。五是受众群体多样化。甘肃省文化消费市场面向的受众群体多样化，包括本地居民、国内外游客等，因此文化产品和服务的种类也更加丰富多样。六是政策支持力度增强。近年来，甘肃省人民政府加大了对文化产业的支持力度，推出了一系列政策措施来促进文化市场的发展，如文化产业发展基金、文化消费补贴等，这些都有助于提升文化消费市场的规模。

总之，甘肃省的文化消费市场虽然在整体规模上不及一些经济更发达的地区，但其独特的文化资源和不断增长的政策支持为市场的未来发展提供了积极的帮助。随着经济的发展和消费者需求的多样化，甘肃省文化消费市场有望实现更加快速和健康的增长。

三、甘肃文化消费市场的发展趋势

随着互联网和数字技术的发展，以及 5G、AI 等新技术的应用，甘肃的文化消费市场可能会进一步向数字化方向发展。这种变化可能带来消费模式和消费内容的重大改变。例如，虚拟现实和增强现实技术可能会提供更丰富、更沉浸式的文化体验，从而改变消费者的消费习惯和需求。因此，研究数字化和技术驱动的文化消费变化，以及其对甘肃文化消费市场的影响，具有极强的现实意义。甘肃省拥有丰富的历史文化资源和自然景观资源，这些资源对文化旅游消费具有重要的吸引力。

甘肃省的地方特色文化产业，如非物质文化遗产、地方戏曲、民间工艺等，也具有独特的文化价值和商业潜力。如今现代消费主体追求个性化与定制化、注重消费体验与互动、关注本土文化与多元文化、看重环保与可持续性，这些变化可能会对甘肃省文化消费市场产生影响，推动市场的发展和创新。根据甘肃省第七次全国人口普查数据，全省常住人口中，居住在城镇的人口为 13067332 人，占 52.23%；居住在乡村的人口为 11952499 人，占 47.77%。与 2010 年第六次全国人口普查相比，城镇人口增加 3830750 人，乡村人口减少 4386173 人，城镇人口比重上升 16.11 个百分点。① 加上居民收入水平不断提升，农村居民人均可支配收入由 2015 年的 6936 元增长到 2021 年的 11433 元，城镇居民人均可支配收入由 2015 年的 23767 元增长到 2021 年的 36187 元，② 城镇居民和农村居民人均可支配收入均连年增长，且收入增长速度连年上升，影响了文化消费模式、消费水平、消费需求，进而影响文化消费市场结构。随着物质生活水平的提高，人们的精神文化需求迅速增长，呈现出多层次、多形式、多样化的特点，文化消费能力大大增强，欣赏水平不断提高。在多元化、个性化、数字化、年轻化等趋势下，如何有效地利用这些资源，提升文化旅游的品质和吸引力，以及如何将这些文化资源转化为可持续的文化产品和服务，满足消费者的需求，进而通过文化旅游推动地方经济的发展，是甘肃省文化消费市场亟待深入研究的议题。

第三节　甘肃现代文化产业体系建设现状

一、文化产业结构调整，重点行业起主导作用

从第三产业和主要行业对地区生产总值增长的拉动情况看，甘肃省 2021 年第三产业占比最高（5.59%）。从文化产业组成的层面看，2021 年文化核心领域法人单位 143 个，文化相关领域法人单位 29 个。③ 2011 年核心层实现增加值 29.79 亿元，占甘肃省文化产业增加值的 56.20%；外围层实现增加值 12.69 亿元，占甘肃省文化产业增加值的 23.95%；相关层实现增加值 10.52 亿元，占甘肃省文化产业增加值的 19.84%。与 2010 年相比，核心层占文化产业增加值的比重提高了 4.11 个百分点；外围层占文化产业增加值的比重降低了 8.52 个百分

---

① 参见《甘肃省第七次全国人口普查公报》。
②③ 参见《甘肃发展年鉴 2022》。

点；相关层占文化产业增加值的比重提高了 4.41 个百分点，文化产业结构比重出现较为明显的变化，但核心层的主导地位仍未改变。[①]

从行业划分看，在 2011 年的文化及相关产业中，直接从事文化活动的"文化服务"各行业的机构有 2911 个，从业人员 6.78 万人，实现增加值 42.48 亿元。其中，广播、电视、电影服务、出版发行和版权服务实现的增加值分别占"文化服务"增加值的 25.90%、23.93%、19.31% 和 18.04%；提供文化用品、设备及相关文化产品的生产和销售活动的"相关文化服务"各行业有机构 976 个，从业人员 2.87 万人，实现增加值 10.52 亿元。其中提供文化用品、设备及相关文化产品的生产的"相关文化服务"实现增加值 4.67 亿元，占"相关文化服务"增加值的 44.4%，提供文化用品、设备及相关文化产品的销售的"相关文化服务"实现增加值 5.85 亿元，占"相关文化服务"增加值的 55.6%。[②] 上述发展情况表明在文化及相关产业中，直接从事文化活动的"文化服务"这个核心层占据了发展的主体地位，这符合文化及相关产业发展的长远趋势。同时也进一步表明甘肃省文化产业中的出版发行和版权服务、文化休闲娱乐服务及提供文化用品、设备及相关文化产品的销售的"相关文化服务"的发展实力日益增强，对甘肃省文化产业的支撑作用进一步显现，主导作用日益突出。

二、文化创意产业的基础和发展

随着社会经济的转型和创新驱动发展的要求，文化创意产业成为经济增长的新引擎，甘肃拥有丰富的文化资源和传统工艺，可以通过创意设计和文化产品开发创造更多的就业机会和经济价值。此外，文化创意产业能够加强文化保护与传承，推动现代文化产业的可持续发展。近年来，甘肃省人民政府高度重视文化创意产业的发展，出台了一系列政策措施。例如，设立文化产业发展专项资金，支持文化创意产业园区建设，推动文化产业与旅游、科技等产业的融合发展。甘肃

---

①② 参见甘肃经济信息网（甘肃省经济研究院）2013 年 5 月 9 日发布的《甘肃省文化产业发展现状分析》。

省文化创意产业已经形成了一定的规模和体系，涵盖了设计、影视、动漫、出版、艺术品等多个领域。例如，兰州创意文化产业园、敦煌文化创意产业园、天水66号文化创意园等，都是甘肃省文化创意产业的典型代表。2022年6月，甘肃省博物馆以铜奔马为原型打造的"绿马"玩偶迅速"破圈"，市场火爆、一度脱销。加快推进文创产品和旅游商品研发生产领域深度融合，把丰厚的文化资源转化为文化生产力，是甘肃省在文旅融合发展方面摸索出的一条成功路径。截至2022年，甘肃省共评选命名"甘肃文创旅游推荐商品"百余种，全省文化旅游商品达2000种以上，购物收入占文化旅游总收入比重达25%左右。① 随着消费升级和文化需求的多样化，甘肃省文化创意产业的市场需求逐渐扩大。消费者对于具有地方特色和文化内涵的创意产品、服务越来越感兴趣，为文化创意产业的发展提供了广阔的市场空间。

三、文化旅游产业的开发和推广

文旅产业是《甘肃省国民经济和社会发展第十四个五年规划和二〇三五年远景目标纲要》中的支柱产业，其发展和壮大对当地经济的促进作用显著。同时，文旅产业的发展也能推动经济结构的改善和优化。过去，甘肃省主要侧重于资源型重工业，导致产业结构相对滞后。然而，发展具有低碳环保特点的文化旅游产业，可以科学合理地利用甘肃省内丰富的文化旅游资源和独特的地质地貌资源，这将不断优化甘肃省的产业结构。一是甘肃省正积极推动文化和旅游产业的融合发展。例如，通过举办各类文化旅游活动、推广非物质文化遗产、发展文化创意产业等，丰富旅游产品，提高旅游业的附加值。二是甘肃省文化旅游产业正积极进行数字化转型。例如，通过开发旅游App、线上导览、虚拟旅游等方式，提升游客的旅游体验。此外，还利用大数据、人工智能等技术，提升旅游产业的管理和服务水平。"一部手机游甘肃"是借助数字科技解决游客多方面需求而建设的

---

① 郭人旗. 甘肃：以文化传承创新带动经济社会转型发展：写在华夏文明传承创新区建设10周年之际［N］. 中国文化报，2023-01-18（001）.

旅游智慧化平台，甘肃省文旅大数据监测指挥中心接入了电信、公安、公路、气象、景区等 13 类数据，使旅游统计方式转变为基于模型的大数据分析，建成客流分析、客源地分析、游客喜好分析等数据分析模型 60 个。①

目前，甘肃积极推动"文旅+"产业的融合发展。以"文旅+教育"发展研学旅行，打造一批品牌研学基地，2023 年甘肃天水市整合旅游资源，共推出 10 条精品研学旅游线路，涵盖了古韵文脉、红色足迹、自然风光等元素，能够满足广大游客寓教于乐、躬行实践的需求。② 以"文旅+老工业基地"打造一批工业遗产旅游项目，把一座座"老破旧"的老房子、老厂房和废弃矿山，变成城市和乡村的"新地标"，变成文旅打卡地。把深厚的文化底蕴融入全域旅游的发展进程中，使全域旅游的特色产品逐渐丰富，增加文旅产业的"厚度"，不断推出文旅新产品，培育文旅新业态。

第四节　甘肃现代文化产业体系建设存在的主要问题

一、文化资源的旅游化利用不足

甘肃拥有一流的文化旅游资源，但是规划水平、投资开发和运营管理未能与之匹配，导致其文旅资源的价值大打折扣，文旅资源的产业化程度不高，没有充分转化为产业和效益。

第一，简单初级的旅游观光类产品仍然占很大比重，没有深度、充分地挖掘具有高开发价值的旅游资源。2022 年 7 月，文化和旅游部正式公布官鹅沟景区为

---

① 参见《甘肃文旅强省建设的"科技之光"》。
② 参见兰州新闻网《甘肃天水打造研学路上的"诗与远方"》。

国家5A级旅游景区，这是甘肃的第七个国家5A级旅游景区。①虽然景区软硬件设施得到明显改善，游客接待能力有了较好的提升，但是和其他六个5A级旅游景区存在同质化经营，其旅游品牌的打造还需要进一步突破。

第二，甘肃旅游区域分布比较分散，资源整合较差。城市、景点及企业各自为政，不同地区之间的旅游线路层次不高，很难进行资源整合。甘肃有着以敦煌莫高窟、炳灵寺石窟、麦积山石窟为代表的众多石窟文化遗产，但是当地景区对文化的挖掘不深入，不同层次石窟寺之间的内在联系缺乏系统性，中小型石窟寺的展示方式单一、展示配套设施亟待完善，文创品牌和科研成果转化等途径拓展得不够，导致一些石窟寺出现了"无序"旅游现象，这已成为甘肃石窟寺整体性建设、个性展示模式建设的重要瓶颈，导致部分古文化遗址和古城"有说头没看头"，旅客的体验感不强。甘肃以大漠文化和马家窑文化为代表的彩陶艺术历史悠久，是甘肃具有代表性的历史文化资源，但是由于缺乏和其他相关旅游资源的有效整合与联动，未能形成更具吸引力的旅游线路和产品，难以实现由文化资源向文旅资源的有效转化。

第三，当地政府投资景区建设落地后，景区的运营管理相对滞后。甘肃旅游在统一规划和协调方面存在不足，各地旅游资源配合不强，整体优势发挥不明显，旅游业对其他产业的带动效果不强，综合作用不大，甘肃旅游的整体开发水平不高，尤其是跨省旅游项目的开发、推广和一体化服务网络仍未成形。鉴于对传统景区开发及管理认知的局限，政府普遍注重景区基础设施建设，而往往忽略对景区运营管理、宣传等方面的布局。例如，甘肃天水市投入超8亿元资金修缮的西关片区古城，在古城修缮后不到两年的时间内出现了乱搭乱建、经营不善的现象。②拥有特许经营权的公司及县文保部门管理条块分割、多头管理、权责不明、监管不力，既破坏了古建筑的原本风貌，又未能发挥旅游场景作用。

---

① 参见中华人民共和国文化和旅游部发布的《文化和旅游部关于确定12家旅游景区为国家5A级旅游景区的公告》。
② 参见光明网2023年8月21日发布的《8亿修缮的文保院落，如今"面目全非"》。

二、文化产业与其他产业的融合度有待提高

甘肃省在现代文化产业体系建设中，虽然已经取得了一些进展，但文化产业与旅游产业、科技产业、创意产业等其他产业的融合度有待提高。一是文化与旅游产业融合方面，旅游业是甘肃省的重要产业，但目前大多数旅游产品仍然以自然景观为主，对文化资源的开发和利用不够。例如，甘肃省拥有丰富的历史文化和民族文化资源，但这些资源在旅游产品中的展示并不充分，缺乏深度的文化解读和体验。此外，一些非物质文化遗产和地方特色文化也没有得到有效的旅游化利用。二是文化与科技产业融合方面，科技是推动文化产业发展的重要力量。然而，甘肃省在科技与文化的融合上还存在一定的差距。例如，虽然已经进行了一些数字化转型，但在大数据、人工智能、云计算等高新技术的应用上，仍有很大的提升空间。这些技术可以帮助文化产业提升管理效率，优化服务体验，开发新的文化产品和服务。三是文化与创意产业融合方面，创意产业是文化产业的重要组成部分，也是文化产业发展的新动力。然而，甘肃省的文化创意产业发展还处于初级阶段，文化与创意产业的融合程度有待提高。例如，创意设计、创意服务等领域的发展还不成熟，缺乏具有竞争力的创意产品和服务。同时，文化产品和服务的创新程度也不够，缺乏创新的文化内容和形式。四是文化与教育产业融合方面，教育是传承和发展文化的重要途径，但甘肃省对文化教育的重视程度还不够。例如，学校课程中缺乏对本地历史文化、民族文化的深入教学，也缺乏对文化产业知识和技能的教育。此外，文化产业中也缺乏教育元素，如文化展览、演出等活动的教育性不够，不能充分发挥其教育作用。

三、文化产业分布高度集中，区域间发展不平衡

甘肃省在经济发展和资源分布上存在差异，从而导致了文化产业发展在区域内有着很大差异。甘肃省文化服务和相关文化服务情况从区域发展方面看，存在着明显的区域差距和发展的不平衡性，其中兰州市、酒泉市、天水市、庆阳市、

平凉市、张掖市的发展情况较好，这也反映出文化及相关产业的发展与各地经济发展水平、当地的文化底蕴和发展理念等有着较高的依存关系。首先，甘肃省的经济发展水平在各地区之间存在显著差异。一些经济发达的地区，如兰州、天水等城市，由于经济基础雄厚，投入文化产业的资金更多，因此文化产业发展更为成熟。相反，在一些经济欠发达的地区，由于缺乏投资，文化产业的发展相对滞后。其次，甘肃省内部的文化资源分布也存在差异。例如，敦煌、嘉峪关等地拥有丰富的历史文化遗产，这些地方的文旅产业发展相对较好。然而，一些缺乏文化资源的地区，文化产业的发展就相对较弱。有些地方政府可能会出台优惠政策，支持文化产业的发展，如提供资金支持、减免税收、优化服务等，这些区域的文化产业发展可能会更为快速。然而，没有得到足够政策支持的地区，文化产业的发展就可能相对滞后。同时，人才是文化产业发展的重要资源，如兰州等地由于教育资源丰富，能够吸引和培养更多的文化产业人才，因此文化产业发展更为活跃，而一些缺乏人才的地区，文化产业的发展可能会受到限制。

四、文化产品双循环不畅，文化品牌知名度有限

文化产品是现代文化产业体系成熟度的重要标志，畅通的产业链条与高质量的文化产品供给是有序升级现代文化产业体系的必要条件。[①] 然而，在数字时代文化产业体系要素重构、市场竞争日益激烈的大背景下，甘肃省文化产品还存在头部数字文化品牌缺乏、双循环线路不畅等问题。

第一，文化品牌知名度低。甘肃省拥有丰富的历史文化遗产，如敦煌莫高窟、嘉峪关、张掖丹霞等，这些都是具有极高的文化价值和旅游价值的资源。尽管这些资源具有极高的文化价值，但在品牌化的过程中，由于缺乏有效的品牌推广策略，或是由于缺乏与现代消费者需求相适应的文化产品和服务，甘肃省并未充分发掘和利用这些资源，导致文化品牌的知名度不高。

---

① 潘爱玲，王雪. 现代文化产业体系与市场体系协同发展的机制和路径研究［J］. 华中师范大学学报（人文社会科学版），2021（1）：64-71.

第二，文化品牌影响力有限。影响力不仅取决于知名度，还取决于品牌的质量和价值。甘肃省的文化品牌存在质量和价值不高的问题，如文化产品与服务的品质不够高，或与消费者的需求不符，这都可能导致品牌的影响力有限。此外，由于缺乏有效的国际市场开发和推广策略，甘肃省的文化品牌在全国甚至全球范围内的影响力也较小。例如，甘肃的文化旅游品牌建设与宣传力度明显不够，致使"交响丝路·如意甘肃"旅游品牌的竞争力与影响力并不强。同时，营销途径少、范围小、手段单一及缺乏整体协作等因素，致使国内外旅游者对甘肃的关注度、认知度和亲和度处于较低水平。

第三，文化品牌建设的创新力度不足。甘肃省在文化品牌建设方面的投入不够充分，缺乏专门负责品牌建设的机构和人才，同时品牌建设策略和方法也不是很得当，严重影响了品牌建设质量，导致品牌建设创新力度严重不足。

第四，文化品牌国际化程度低。在全球化的趋势下，品牌的国际化是提升品牌知名度和影响力的重要途径，但甘肃省的文化品牌在国际上的知名度不够高，对国际市场的开发和推广不足，文化产品和服务的国际化竞争力不强。

第五节　产业数字化引领现代文化产业体系建设

一、甘肃省现代文化产业的数字化现状

为加快推进甘肃省文化产业数字化和公共文化服务发展，构建数字化文化产品和服务供给体系，满足人民日益增长的精神文化需要，推动文化强省建设，甘肃省委办公厅、省政府办公厅于 2022 年制定了《甘肃省推进国家文化数字化战略的实施方案》。该方案以习近平新时代中国特色社会主义思想为指导，以建设国家文化大数据体系为抓手，促进文化与科技深度融合，推进文化资源转化为生

产要素，推动中华民族最基本的文化基因与当代文化相适应、与现代社会相协调。该方案还明确提出，推动数字技术全面赋能文化发展，重组全省文化资源要素，重构全省公共文化服务格局，重塑全省文化产业结构，打造数字文化发展新高地。到2024年底，基本实现敦煌研究院、甘肃省博物馆、甘肃简牍博物馆、文溯阁《四库全书》等数字化可共享数据全部关联入库，在线展示甘肃文化标识，让人民普惠共享文化数字化成果。新闻信息服务、内容创作生产、创意设计服务、文化传播渠道和文化娱乐休闲服务等产业基本完成数字化改造。到"十四五"末期，建成与国家文化大数据体系相适应的甘肃省国家文化大数据体系，基本完成省内文化产业数字化布局，文化数字化生产力稳步提升，公共文化数字化建设迈上新台阶，形成线上线下融合互动、立体覆盖的文化产品和服务供给体系。到2035年，建成"物理分布、逻辑关联、快速链接、高效搜索、全面共享、重点集成"的甘肃省国家文化大数据体系，以期实现文化数字化生产力平稳健康发展，特色文化全景呈现，文化数字化成果全民共享、优秀创新成果精彩纷呈。

近些年，敦煌研究院在文物数字化领域的工作取得了显著的进展，在文化传承和科技创新的交叉点上寻找新的发展路径。2016年，敦煌研究院推出了"数字敦煌"资源库平台，该平台首次通过互联网向全球发布了敦煌石窟30个经典洞窟的高清数字化内容及全景漫游。[1] 2020年，敦煌研究院进一步拓展了其数字化工作的领域，推出了"云游敦煌"微信小程序。通过这个小程序，用户可以在手机上进行虚拟的敦煌游览，这无疑极大地提升了公众的参与度和互动性。2023年4月，结合敦煌学研究成果与游戏科技的"数字藏经洞"上线，通过开拓性地建立档案，莫高窟的文化遗产通过数字化的方式得以"永生"与"再生"。

中国人民大学数字人文研究院与中国社会科学评价研究院等联合发布的《文化新业态：与数字化共舞——2023中国文化数字化创新指数（CDI）研究报告》

---

[1]　参见敦煌研究院官网。

对全国 31 个省区市的文化数字化创新能力进行了综合评估,数据显示甘肃省文化数字化创新指数为 69.95,科研技术业城镇单位就业人员为 7.6 万人,高于江西、贵州、海南等省份,文化娱乐业城镇单位就业人员为 3 万人。① 包括甘肃省在内的西北地区的文化数字化技术创新能力及相关产业发展依旧具备较为广阔的进步空间,应在基础技术、服务和产业上全面发力,焕活源头的技术研发并实现文化产业的有效转化,关注就业问题。

二、产业数字化引领现代文化产业体系建设的主要策略

(一) 推动文化产业与新兴技术融合发展

文化产业应积极引入新兴技术,如人工智能、大数据、云计算、区块链、虚拟现实和增强现实等,可以极大地推动文化产业的发展。例如,人工智能可以应用于电影制作、音乐创作、新闻撰写等领域;大数据能够帮助分析消费者的行为和需求,以便更精确地定位市场和提供个性化的服务。云计算可以降低企业的运营成本,提高工作效率。区块链可以加强对知识产权的保护,确保创作者的权益;同时,需要加强新型基础设施建设,应用新兴技术需要相应的硬件设施。数据中心和高速网络是云计算和大数据分析的基础,高性能计算设备是虚拟现实和增强现实的基础。因此,需要投资建设这些基础设施,鼓励加强研发和创新,文化产业企业应加大研发投入,探索新兴技术在文化产业中的应用,创新产品和服务。通过建立研发团队,或者与科研机构、高校等合作,进行技术研发和创新;推动产业合作,通过产业链上下游的合作,将新兴技术更好地应用到文化产业。文化产业企业可以与云服务提供商、大数据分析公司、虚拟现实设备制造商等进行合作;另外,政府可以通过政策引导和法规制定,推动文化产业与新兴技术的融合,可以提供财政补贴、税收优惠等政策支持,鼓励企业采用新兴技术。同时,政府也需要制定相关法规,保护数据安全、保障消费者权益、维护公平竞争。

---

① 刘林.2023 中国文化数字化创新指数研究报告 [EB/OL]. (2023-11-13) [2023-12-07]. https://www.sohu.com/a/735958927_121666210.

（二）加强知识产权保护

文化领域的知识产权保护是比较突出的问题，需要综合治理。一是亟须完善知识产权法律法规体系，包括版权法、商标法、专利法等，以及相关的实施细则，以确保知识产权的全面保护。除 2014 年北京、上海、广州已经设立的知识产权法院外，甘肃省于"十四五"时期获批建设中国（甘肃）知识产权保护中心，成为西北第一家面向全省服务的知识产权保护中心，同时成立兰州知识产权法庭，有效加强知识产权运用和保护，健全技术创新激励机制，处理知识产权纠纷，提供专业、高效的司法保障。二是提升知识产权保护意识，通过教育和培训，提高公众和文化产业从业者的知识产权保护意识，包括在学校教育中增加知识产权教育，以及为文化产业从业者提供专门的知识产权培训。加强知识产权执法力度，对侵犯知识产权的行为进行严厉打击，具体包括加大对侵权行为的罚款力度，以及提高侵权行为的刑事责任。合理利用区块链、大数据等新兴技术提升知识产权保护水平。例如，利用区块链技术创建一个不可篡改的知识产权登记系统，以确保知识产权的安全；利用大数据对网络上的侵权行为进行实时监控，及时发现和处理侵权行为。

（三）推动产业链内外部的合作

一是推动产业链内部的合作，包括创作、生产、分发、消费等环节。例如，创作者可以与生产商合作，共同开发新的文化产品；分发商可以与消费者合作，通过社交媒体等平台，进行精准的市场推广。二是推动产业链与其他产业的跨界合作，实现互利共赢。例如，文化产业与科技产业合作，引入 AI、VR 等新兴技术，创造出新的文化产品和服务；文化产业与教育产业合作，开发出寓教于乐的教育产品。三是推动国内外文化产业的合作，交流互鉴国内外的先进经验和技术，同时将本地的文化产品推向国际市场。与国外的文化机构进行项目合作，共同举办文化活动，通过海外分销，将本地的文化产品推向国际市场。同时，利用新兴技术促进合作，如利用云计算实现跨地域的协同工作；利用大数据对合作效果进行精准评估，以便进行持续优化。

第六节　加快甘肃现代文化产业体系建设

一、发展文化创意产业，打造文化集群产业链

当今世界，文化软实力是衡量国家核心竞争力的重要因素。党的十八大以来，习近平总书记多次指出文化软实力的核心作用，"提高国家文化软实力，关系'两个一百年'奋斗目标和中华民族伟大复兴中国梦的实现"。已有学者对国家实力的构成进行研究，认为一个国家的实力由文化、价值、对外政策等组成的软实力和由军事、经济实力等组成的硬实力两部分组成，在 21 世纪软实力显现的作用将更加重要。[①] 在国家文化软实力的体现中，强大而有竞争力的文化产业在目前逐渐成为重要的显现载体。[②]

甘肃作为中华民族和华夏文明的重要发祥地，承载着丰富的历史文化和深厚的传统底蕴，已经积淀了几千年。2013 年 1 月，国务院办公厅批复支持甘肃建设华夏文明传承创新区（简称"华创区"），并要求以此为平台全面推进文化大省建设，这使得华创区建设升级至国家战略层面。通过持续的建设和实践探索，甘肃省着力发展文化创意产业，构建了完整的文化集群产业链条。第一，政策引导与华创区建设，基于华创区的建设。甘肃省近年来制定了一系列的扶持政策。2023 年甘肃正式印发《关于推进文化甘肃建设的实施意见》，其中提出文化创意和动漫是文化产业的新业态，文化遗产保护传承是文化事业的底线和核心，对完善支持文化企业从事文化创意和动漫有了相关的政策扶持。同时在金融上以财政资金为主，加强政银企三方合作，夯实甘肃文化旅游企业的发展资本，降低文化

---

① Joseph S. Nye. Bond to Lead：The Changing Nature of American Power ［M］. New York：Basic Books，1990.

② 邓显超. 发达国家文化软实力的提升及启示 ［J］. 理论探索，2009（2）：35-38.

产业发展风险，为文化产业高质量发展打下基础。一系列的政策和金融上的支持为甘肃文化产业发展，打造文化集群产业链奠定坚实地基。第二，产业培育与协同发展。在文化甘肃战略发展的基础上，甘肃积极培育本土文化创意产业，与国内外优秀资源进行合作，如在首届丝绸之路（敦煌）国际文化博览会上，86 个国家、5 个国际和地区组织的 95 个代表团等代表的多方优秀资源在甘肃进行交流沟通，① 其中不乏文化、文创、文旅等相关企业沟通合作，市面上已经有了相关合作的产品，并且获得了良好的市场反响。如此多元共存、合作发展的文化平台为甘肃吸引了许多国内外优秀的文化创意企业，促进了甘肃文化产业链的多元化和国际化发展。甘肃省人民政府除了提供上述提到的财政支持外，还鼓励多元投入，以财政资金为金融杠杆基础，强化政府性融资担保服务，希望通过股权融资、产权融资、债券融资等手段，撬动更多社会资本投向相关产业。第三，跨界融合与创新发展。多元化和国际化使得甘肃文化创意产业不受传统发展框架限制，更加注重跨界融合与创新，甘肃积极将文化创意产业与旅游、体育、科技、教育等产业有机结合，利用甘肃的文化遗产底蕴，已打造出多个有爆点的文创产品。例如，在 2022 年冬奥会上爆火的"绿马出行"和围绕甘肃省博物馆的铜奔马打造的文创产品，诠释了甘肃文创产业的发展策略。在文化旅游产品开发中，甘肃结合当地丰富的历史文化资源，推出了具有教育意义和旅游价值的创新产品，拓展了产业链。

甘肃省在发展文化创意产业和构建文化集群方面取得了显著成就。通过政策引导、产业培育、跨界融合等措施，甘肃的文化创意产业不断壮大，为地方经济增长注入了新动力，同时也为中华文化的传承和发展提供了有力支持。特别是通过具体案例的分析，展现了丝绸之路周等活动在推动文化创意产业发展、提升品牌形象、促进产业链协同发展等方面发挥的积极作用。然而，需要注意的是，文化创意产业的发展仍面临一些挑战，如知识产权保护、人才培养等问题。因此，

---

① 郭人旗. 甘肃：以文化传承创新带动经济社会转型发展：写在华夏文明传承创新区建设 10 周年之际［N］. 中国文化报，2023-01-18（001）.

甘肃省在未来的发展中仍需不断完善政策体系，加强产业链的协同合作，引导更多优秀的创意人才参与，以更好地实现文化创意产业的可持续发展。总体而言，甘肃省在发展文化创意产业和构建文化集群产业链方面的经验具有一定的借鉴意义。通过这一发展模式，不仅可以推动地方经济的繁荣，还可以为中华优秀传统文化的传承、创新和国家软实力的提升做出更为显著的贡献。希望在未来，甘肃省能够不断深化改革，进一步拓展文化创意产业的发展空间，为中西部地区的文化振兴做出更为卓越的贡献。

二、整合数字技术优势，健全现代文化产业体系

推动科技与文化深度融合是主导现代文化产业体系不断健全、进阶的决定性要素。[1] 习近平总书记在敦煌研究院座谈讨论时指出，"要通过数字化、信息化等高技术手段，推动流散海外的敦煌遗书等文物的数字化回归，实现敦煌文化艺术资源在全球范围内的数字化共享"。[2] 推动数字技术在文物、文化遗产中的应用，建立健全数字文化产业生态体系。[3] 从供给端、生产端、需求端培育文化新业态。

一方面，鉴于目前存在的数字文化资源动能隐匿、融通渠道闭塞、文化智能生产技术根基薄弱等问题，通过科技创新来加速文化大数据体系的构建。首先，实现文化资源的数据化，通过制定文化大数据标准，积极推进已有文化资源的数字化处理，明确数字文化资源的条目与体系。其次，加速云端化进程，借助5G、云计算等技术将文化大数据存储在云端，推进文化资源管理的数据化，通过搭建"互联网+"文化平台为文化产业的在线发展打好云端基础。再次，科学地利用数字技术，加快整合文化大数据的传输渠道，利用区块链技术等保护数据流通的安全，建立可信的数据流通链条，完善文化大数据服务。最后，利用文化大数据实现人工智能与文化产业的深度融合，建立数字化、智能化的文化产业链。

① 范周. 推动"十四五"文化产业新发展［J］. 红旗文稿，2020（21）：31-34+1.
② 习近平. 在敦煌研究院座谈时的讲话［J］. 求是，2020（3）：6.
③ 顾江. 党的十八大以来我国文化产业发展的成就、经验与展望［J］. 管理世界，2022（7）：49-60.

另一方面，基于创新是第一驱动力的核心理念，增强文化与科技的融合能力，构建高速、泛在的现代文化产业体系。首先，构建泛在的文化产业网络，这不仅需要推动文化生产的智能化，还需要通过科技创新打破文化资源、文化生产、文化产品之间的界限，实现文化资源的挖掘、再生产和再利用，以及文化产品的智能传播一体化，使现代文化产业实现互联集成。其次，基于科技创新构建泛在的文化消费，使用户在任何时间、任何地点都能精准地实现文化消费。例如，通过推广云排队、云预约等方式解决文化消费的时间问题，通过云游览、VR 观看演出等方式解决文化消费的空间问题。最后，实现泛在的文化产业网络与文化消费的协同，其前提是"高速"，即在文化产业"上线""上云"的基础上，加快提升数字文化设备的实力、有效利用 5G 通信技术、提前布局 6G 通信技术、产业化运用北斗系统，从而提升信息传输速度、降低信息传输延迟、广泛连接信息终端，为现代文化产业体系的持续完善提供技术支持。

甘肃作为中华民族文化资源宝库具有打造文化制高点的优势。在现代文化产业体系建设过程中应注重本地文化内涵的挖掘，将文化的潜在价值转化为具有特色的旅游产品。第一，虚拟现实（VR）和增强现实（AR）技术为游客提供了身临其境的历史场景和文化遗址体验。通过模拟现实环境或将虚拟元素与真实场景相结合，从而提供沉浸式的文化遗产观赏和互动体验。第二，数字技术可以将文物、艺术品等进行数字化记录和展示。通过高精度的三维扫描和重建技术，可创建逼真的数字文物模型，实现文物的数字化保存和展示。这种非侵入性的数字化手段不仅有助于文物保护，还为公众提供了更广泛的文化参与机会。第三，利用大数据分析和人工智能技术，可以对历史文化资源进行深度挖掘和分析。通过整合和分析历史文献、考古发现、地理数据等，揭示历史事件、文化传承和地域特色等方面的信息，为文旅资源的开发和推广提供科学依据。第四，移动应用和导览系统为游客提供了详细的历史文化景点信息和导览服务。这些应用提供导览地图、语音解说、多媒体展示等功能，协助游客深入了解历史背景、文化内涵和故事，提升游览体验。第五，社交媒体平台和在线互动工具为游客提供了分享和交流的平台。游客可通过拍照、录像等方式记录游览过程，并与其他人分享体验。这种互动和分享促进了历史文化资源的传播和推广，同时也增加了游客的参与度和体验感。这些数字技术的应用使得历史文化资源更加生动和可持续地发展，为游客提供了更丰富的体验和参与方式。

三、推动文化旅游融合，实现跨区域跨行业发展

建立区域旅游数字化联盟是推动旅游业数字化转型的重要举措。该联盟旨在整合区域内旅游业的资源和力量，通过数字化技术的应用，提升旅游产品的体验感和认知度，推广和管理生态旅游产品，并保护自然环境。加强区域合作是缩小区域发展差异、实现共同富裕的重要途径。甘肃省可参照重庆、成都等城市的相关做法，通过整合省内文旅资源，从而减少省内各城市之间的恶性竞争，增强省内区域和跨省区域的合作，推动从景点旅游向全域旅游转变。一是加强顶层设计，深化管理体制改革，促使政府机构权责更加协同，优化管理方式，统筹行政管理资源。① 充分利用大数据共享平台，为消费者提供更高品质、更便捷的服务，提升消费满意度。二是建立区域性的战略协作机制，政府、企业、社会组织、高校、科研院所之间要将各自的资源进行整合，构建协同发展的人才培养模式，将资源依赖与投资驱动的模式转变为人才要素驱动的模式。三是积极打造示范点，实现优势互补、错位发展。集中打造一批文旅融合的示范项目，充分利用"一带一路"、黄河经济带、兰西城市群建设等契机，建立利益共同体，实现合作共赢。将天水、兰州、甘南、张掖、敦煌等打造成为旅游中心城市（聚集区），借助甘新蒙青"四省十二城"区域文化旅游联盟，实现大敦煌文化旅游经济圈、敦煌国家级文化产业示范园等建设。以敦煌文博会等为契机，组织跨地区的文旅发展论坛、商品交流会、文旅商业联盟等。加快对文化旅游主体功能区的建设，推动四季旅游均衡发展。把现有的大型景区建设成为服务水平高、商业价

---

① 参见中国甘肃网 2024 年 5 月 8 日发布的《去年甘肃省共接待游客 3.88 亿人次　实现旅游收入 2745.8 亿元》。

值高、文化品位高的精品文旅景区；依托河西走廊景观廊道，建设具有影响力的丝绸之路游览景点。突出特色服务，提升品牌形象和品牌价值。例如，张掖市甘州区可以打响"塞外江南"的口号，顺势宣传甘肃特有的丹霞地貌、雅丹地貌等景色，最终形成具有本地特色、多极拉动的全时全域旅游目的地体系。

四、创设人才生态环境，实施文化产业人才工程

文化产业是国家软实力的重要体现，近年来正经历着数字化浪潮下的全面转型。数字技术为文化传播、文物保护、艺术创作等方面带来了前所未有的机遇。例如，虚拟现实技术使观众可以身临其境地体验文化场景，人工智能技术为文化资源挖掘与管理提供了新思路。这种数字化趋势使得文化内容呈现出更多样化、交互性和个性化等特点，更贴近受众需求，同时也对人才队伍的需求提出了新的挑战。《文化新业态：与数字化共舞——2023 中国文化数字化创新指数（CDI）研究报告》分析显示，超过65%的地区的文化数字化创新水平与 IT、科研等领域的人才就业情况较为协同。① 因此，在文化产业数字化创新发展的过程中，仍需突破数字化相关科研领域的大量关键技术，大力引进和吸纳信息技术、科学研究等方面的专业人才，可以为文化数字化创新活动提供更加可持续的赋能。甘肃省在文化产业人才方面存在挑战，尤其是在数字化创新领域。目前，甘肃省在信息技术和科学研究领域缺乏专业的人才，制约数字化创新的推进。因此，建构人才生态成为实施文化产业人才工程的迫切需求。

为建立可持续的人才生态环境，不断为甘肃文化产业事业助力，甘肃需要通盘制定人才框架。建立跨学科人才培养机制，吸引并培养既擅长文化领域又具备信息技术和科学研究能力的复合型人才。同时打造"产学研协同"的创新平台，以文化数字化创新为核心，促进文化产业相关企业、高校和科研机构之间的深度合作，推动产学研协同创新。人才工程的有效落地离不开政策的支持与激励机

---

① 刘林.2023 中国文化数字化创新指数研究报告［EB/OL］.（2023-11-13）［2023-12-07］. https：//www.sohu.com/a/735958927_121666210.

制，甘肃应当制定有效的政策，支持文化产业数字化创新，激励人才投身于文化领域。近年来，甘肃省已经实施了"333 科技人才工程""555 创新人才工程""科技领军人才工程"，组织"陇原青年创新人才扶持计划""省属科研院所学科带头人培养计划""省属科研院所创新团队建设计划"，开展"高层次人才科技创新创业扶持行动"，出台《甘肃省高端人才引进扶持办法（试行）》。① 一系列人才政策和相辅的激励机制围绕产业发展需求，为甘肃文化产业发展提供良好的人才环境，激发创新创造活力。

在甘肃的文化强省战略下，文化产业的人才建设也需要由政府牵头，在甘肃省设立人才引进计划，吸引信息技术和科学研究领域的优秀人才投身文化产业数字化创新；在高校设立交叉专业，培养具备文化领域知识和技术专长的复合型人才，满足数字化创新的需求；建立文化产业数字化创新平台，提供资源共享和交流合作的机会，从而推动产业发展，阶段性地制定政策，并建立评估机制，定期对文化产业人才工程的实施效果进行评估，包括人才引进、培养情况以及创新平台的运作情况等。根据评估结果，不断优化和调整实施策略，确保人才生态环境的持续改善和文化产业数字化创新的稳步推进。人才是产业发展的基石，甘肃省实施文化产业人才工程将为该地区的文化产业数字化创新提供坚实的人才支持，推动文化产业由传统向数字化转型，为文化产业可持续发展注入新的活力。

---

① 李满福. 集聚科技英才 实现强省战略［N］. 甘肃日报，2021-10-04（001）.

第五章　甘肃文化遗产保护与传承

文化遗产是中华优秀传统文化的重要载体，蕴含着激发文化创新创造活力的密码和动能。甘肃位于黄土高原、内蒙古高原与青藏高原的交汇之处，横跨了长江、黄河以及内陆河三大流域，是中华民族和华夏文明的重要发祥地，也是中原与西域乃至亚欧大陆经贸文化交流的重要通道，地形地貌复杂，自然生态多元，历史悠久而厚重，文化多彩而独特，物质文化遗产闻名遐迩，非物质文化遗产资源十分丰富。甘肃致力于构建全面且高效的文化遗产保护管理体系，积极整合文化、文物和旅游资源，推动管理职能的一体化，为文化遗产的保护、传承与创新利用奠定了坚实基础，也为甘肃的文化旅游产业发展注入了新的活力。

第一节　甘肃文化遗产资源基础概况

一、非物质文化遗产资源十分丰富

甘肃省是全国文化资源大省，历史悠久，在地理、民族与历史文化渊源等多重因素的推动下，形成了丰富多样、星罗棋布的文化遗产资源。甘肃独特的地理条件孕育了丰富多样的文化形态，为非物质文化遗产的产生、发展与广泛分布提供了沃土。① 甘肃多民族分布广泛但聚居特色鲜明，涵盖了汉族、回族、藏族、蒙古族、哈萨克族、满族、维吾尔族、东乡族、裕固族等，东西三千里，各地域风情各异，这些民族在长期的历史发展过程中形成了各自独特的文化和传统，孕育了融合多民族特色与西北地域风情的非物质文化遗产资源。自 2006 年首批国家级非遗名录公布以来，甘肃已成功申报五批，其中花儿、环县道情皮影戏、格萨尔三项更是荣登联合国教科文组织人类非物质文化遗产代表作名录。② 截至 2024 年 6 月，已有 83 项非遗项目被国务院认定为国家级非物质文化遗产代表性项目，省级非遗代表性项目总数达到 493 项。③ 丰富的非物质文化遗产不仅记录了甘肃的历史，还反映了甘肃人民的生活方式和精神追求，也体现了甘肃政府在保护和传承方面的努力和成果。

二、文物资源丰富而珍贵

甘肃是名副其实的文物资源大省。甘肃地形狭长，拥有除海洋和岛礁以外的所有地貌类型，从东部、中部黄土高原的农耕文化，到陇南山地的水利林业遗产，从甘南高原的游牧文化与高原草场，到祁连山地的冰川与现代自然遗产，再到河西走廊的绿洲文化和革命历史遗迹，这些交错分布、复杂多样的地形地貌承载着厚重的历史与多元的文化，彰显了甘肃独特的文化魅力和历史底蕴，造就了分布广泛、特色鲜明、种类齐全、数量丰富的文物资源。截至 2022 年 6 月，甘肃省境内共有不可移动文物 16895 处，其中，世界文化遗产 7 处，全国重点文物保护单位 152 处，省级文物保护单位 532 处；④ 省内博物馆数量达 231 座，收藏

① 何瑛. 甘肃省非物质文化遗产空间分布及影响因素研究［J］. 西北师范大学学报（自然科学版），2023（5）：116-126.
② 郁婕. 多彩非遗 唤起文化记忆［N］. 甘肃日报，2021-11-25（010）.
③ 施秀萍，祁晓亮. 保护传承非遗 赓续历史文脉 谱写时代华章［N］. 甘肃日报，2024-06-05（006）.
④ 郭人旗. 甘肃：以文化传承创新带动经济社会转型发展：写在华夏文明传承创新区建设 10 周年之际［N］. 中国文化报，2023-01-18（001）.

可移动文物超过 42.34 万件（套），珍贵文物占比近 1/3，充分展现了甘肃文化的深厚底蕴和独特魅力。此外，甘肃省还拥有各类纪念馆和革命文物，不仅丰富了甘肃的文化遗产资源，还展示了甘肃在革命历史中的重要地位。甘肃省拥有敦煌市、张掖市、武威市、天水市 4 座国家级历史文化名城，8 座省级历史文化名城，这些名城文物资源丰富，保留着传统格局与历史风貌，历史建筑集中成片，反映着当地文化与民族特色，在中华文化中占据着重要地位。①

第二节 甘肃文化遗产保护与传承成效显著

一、政策条例持续健全，科学规划力促落实

近年来，甘肃省委、省政府高度重视文化遗产保护与传承发展，出台多项政策条例，加强宏观指导和制度建设，明确提出多项硬核工作举措，文化遗产保护政策条例持续得到健全和完善。

在文物保护方面，甘肃始终坚持在守正创新中做好保护研究和传承弘扬，着力打造文物保护与传承"典范"和"高地"。2005 年，甘肃省根据《中华人民共和国文物保护法》等相关法律法规，结合甘肃省实际情况制定了《甘肃省文物保护条例》，旨在保护甘肃文物资源，保障国有文物保护单位的修缮、保养，考古发掘等工作的顺利进行，为甘肃省的文物保护工作提供了坚实的法律基础。甘肃省持续深化文物保护体制机制改革，出台了《关于加强文物保护利用改革的实施意见》《关于革命文物保护利用工程的实施意见》《关于加强石窟寺保护利用工作的实施意见》等一系列文件，② 先后编制实施《甘肃省文物事业发展"十

---

① 徐秀丽.牢记嘱托 砥砺奋进：甘肃文物事业高质量发展迈出坚实步伐［EB/OL］.（2022-06-10）［2023-12-10］.http://www.ncha.gov.cn/art/2022/6/10/art_722_175325.html.
② 施秀萍，朱茜.让宝贵历史文化遗产绽放新时代光彩［N］.甘肃日报，2022-05-12（001）.

四五"规划》等一系列相关政策文件，制定了 11 个行业管理办法和标准规范，科学谋划实施文物保护重大工程。① 2017 年 7 月施行的《甘肃炳灵寺石窟保护条例》规范了石窟保护、展示、利用、研究等工作，2019 年 5 月颁布的《甘肃省长城保护条例》旨在加强对长城及其环境风貌的保护，规范长城的利用行为，2020 年甘肃省启动了《甘肃麦积山石窟保护条例》的立法调研工作，以进一步加强对麦积山石窟这一历史文化遗产的细致保护；大力持续推进华夏文明传承创新区和长城、长征、黄河三大国家文化公园建设，编制了《华夏文明传承创新区建设"十四五"规划》《长城国家文化公园（甘肃段）建设保护规划》《长征国家文化公园（甘肃段）建设保护规划》。到 2025 年，甘肃省将完成华夏文明传承创新区建设规划任务，将建成长城、长征、黄河三大国家文化公园，持续彰显中华文化的"甘肃符号"。②

在非遗保护制度方面，非遗保护与传承工作是甘肃建设文化旅游强省的重点任务，2015 年通过并公布的《甘肃省非物质文化遗产条例》对非物质文化遗产的调查、名录、传承、传播、保护与利用等方面进行了详细规定，为甘肃省非物质文化遗产的保护和传承提供了法律保障。近年来，甘肃省相继出台《甘肃省非物质文化遗产保护专项资金管理办法》《甘肃省"十四五"非物质文化遗产保护规划》等法规条例，确保非遗保护与传承有法可依。在各市（州）层面，各地基于地区非遗特色，颁布施行地方性、专题性的非遗管理规范性文件，如《甘肃省临夏回族自治州花儿保护传承条例》《甘肃省积石山保安族东乡族撒拉族自治县非物质文化遗产保护条例》等深刻地彰显了地区特色，展现了中华优秀传统文化的生机。③ 在非遗传承人保护方面，甘肃省通过积极争取非遗保护专项资金，建立国家级、省级非遗代表性项目和代表性传承人经费补助制度，并试点开展省

① 施秀萍，念涛. 让革命文物绽放时代芳华［N］. 甘肃日报，2022-05-12（006）.
② 张富贵. 守正创新推动新时代宣传思想工作开创新局面［N］. 甘肃日报，2022-07-07（002）.
③ 甘肃省文化和旅游厅. 甘肃非遗：将保护成果书写在陇原大地上［EB/OL］.（2022-07-13）［2023-12-10］. https：//www.mct.gov.cn/whzx/qgwhxxlb/gs/202207/t20220713_934642.htm.

级非遗代表性传承人记录工作，非遗系统性保护工作取得显著成效。①

二、保护机制持续增强，体系建设释放活力

在物质文化遗产保护方面，甘肃省组织开展全省第九批全国重点文物保护单位申报遴选工作，推动落实文物保护单位"四有"工作，编制公布重要省级文物保护单位保护规划和尚未核定公布为文物保护单位的不可移动文物密集县区总体保护规划。科学有序实施文物本体保护，实施以莫高窟、嘉峪关、拉卜楞寺文物保护利用工程等为代表的文物保护和安全防护项目700余个。甘肃省以长城、长征、黄河国家文化公园建设等文物保护项目为重点，推行集中连片保护和区域协同保护新模式，有序推进省内第一批国家级国家文化公园重点项目管护机构建设、空间管控、监测管理、保护修缮、展示阐释等重点工作。运用云计算、大数据、"互联网+"等现代信息技术，推动三大文化公园资源及其保护利用成果的数字化保存与展示，持续提高全省三大国家文化展示利用工作较为成熟的重点区域和点段智慧化程度，提升甘肃文化遗产云保护水平，放大遗产旅游的综合效应。

甘肃革命文物数量多、分布广泛且特色鲜明。近年来，甘肃全面梳理、系统排查了全省革命文物资源，统筹推进革命文物的抢救性与预防性保护。2017年至2022年，甘肃成功实施了包括南梁陕甘边革命政府旧址、两当兵变旧址等在内的100余项文物保护利用项目。② 同时，有序推进了习仲勋旧居、西路军永昌战役遗址等54个革命文物的保护利用工程。经过精心保护，这些革命文物已经基本排除了重大险情，保护状况得到了显著的提升。在整体策略上，甘肃有效整合文物资源，逐步构建了一个以9大保护节点、3条集中展示带、9个核心展示园互为支撑、互相串联的长征文物保护展示体系，这一体系将各个保护节点、展

---

① 施秀萍，祁晓亮. 保护传承非遗 赓续历史文脉 谱写时代华章［N］. 甘肃日报，2024-06-05（006）.
② 施秀萍，念涛. 让革命文物绽放时代芳华［N］. 甘肃日报，2022-05-12（006）.

示带和展示园紧密串联起来，形成了一个完整的保护网络，从而最大限度地保存了革命文物的真实历史风貌。① 甘肃积极申报省保单位，加强日常管理，并投入资金实施多项保护利用工程，推动集中连片保护和长征国家文化公园建设。同时，甘肃还注重提升革命文物展陈水平，打造精品展览，组织纪念馆推出陈列展览和临时展览，生动传播革命文化。在展示传播方面，甘肃将旧址原状展示与纪念馆主题展览相结合，推出多个保护展示项目，让公众能够更直观地感受革命历史的厚重。此外，甘肃还强化革命文物的教育功能，创新传播方式，服务党史学习教育、革命传统教育和爱国主义教育。全省革命纪念馆的免费开放，以及互联网平台的利用，进一步拓宽了革命文化的传播渠道，让红色文化深入人心。依托革命文物打造的红色旅游区和精品线路，有效促进了地方经济社会的发展，使革命文物资源成为甘肃的亮丽名片。

在非物质文化遗产保护机制体系建设方面，甘肃省建立了"全省统一领导、部门分工协作、地方分级负责、各方共同参与"的工作机制，自 2012 年以来，甘肃省财政设立专项非遗资金，建立了完善的经费补助制度，对国家级和省级非遗代表性项目及其代表性传承人进行资金扶持，为非遗保护工作提供了坚实的财政后盾。随后，甘肃省成立了甘肃省非物质文化遗产保护中心，设立了非物质文化遗产处。② 截至 2024 年 6 月，甘肃省非遗保护工作取得了显著成果。全省现有各级非遗代表性项目共计 8119 项，非遗代表性传承人 13049 人，已构建起涵盖国家、省、市、县四级的完备非遗名录体系。此外，省级及以上非遗工坊认定数量为 121 家，包括临夏砖雕、保安族腰刀锻制技艺等 15 个项目已成功列入第一批国家传统工艺振兴目录。③ 甘肃省还通过视频直播、展演季、景区展演等多种形式，积极组织并举办了黄河流域九省（区）非遗论坛、甘肃非遗大集、"非遗

① 徐秀丽. 牢记嘱托　砥砺奋进：甘肃文物事业高质量发展迈出坚实步伐［EB/OL］.（2022-06-10）［2023-12-10］. https：//www.ncha.gov.cn/art/2022/6/10/art_722_175325.html.

② 甘肃省文化和旅游厅. 甘肃非遗：将保护成果书写在陇原大地上［EB/OL］.（2022-07-13）［2023-12-10］. https：//www.mct.gov.cn/whzx/qgwhxxlb/gs/202207/t20220713_934642.htm.

③ 施晓萍，祁晓亮. 保护传承非遗　赓续历史文脉　谱写时代华章［N］. 甘肃日报，2024-06-05（006）.

过大年"等多项非遗相关活动，不仅丰富了人民群众的文化生活，还极大地提升了甘肃非遗的知名度和美誉度。甘肃省精心遴选优秀非遗项目，参与中国非物质文化遗产博览会、中国成都国际非物质文化遗产节等国内外重要文化盛会，进一步扩大了甘肃非遗的国际影响力。甘肃省非遗系统性保护工作正朝着更加精细化、专业化的方向发展。

三、考古研究持续深化，科技研究不断推进

甘肃深入实施"中华文明探源工程"和"考古中国"等重大项目，推进锁阳城遗址、宁县石家及遇村遗址等 11 项重大考古发掘项目取得新成果，夏河县丹尼索瓦人古人类遗址入选 2019 年度世界十大考古发现，敦煌旱峡玉矿遗址考古项目入选 2019 年度全国十大考古新发现，天祝藏族自治县唐代吐谷浑王族墓葬群考古发掘列入"考古中国"重大项目，"庆阳南佐遗址发现 5000 年前大型宫殿基址"入选 2022 年度国内十大考古新闻。深化历史研究，加强与故宫博物院、西北师范大学等院校的人才培养、学科建设合作，持续推进简牍学、长城学、民族学等领域研究，先后举办国际国内学术研讨会十多场，出版学术著作35 部，着力打造具有甘肃特色的学术体系、话语体系、学科体系。

甘肃高度重视文化遗产保护科技研究的标杆作用，不仅成功组建了多个国家级文物科研平台，还成功建立了国家土遗址保护工程技术研究中心以及古代壁画保护国家文物局重点科研基地，在"数字敦煌"项目的引领和示范作用下，甘肃积极推动了文化遗产资源的数字化保护工程，并取得显著成果。① 该项目涵盖了一系列重要设施，包括丝绸之路文化遗产数据中心、敦煌文化艺术国际交流与创新中心、大敦煌丝路数字人文基地以及敦煌研究院档案馆及其附属设施，共同构成了敦煌文化遗产保护传承的科技创新基地，敦煌石窟数字保护项目取得了显著的进展。截至 2023 年 10 月，已完成莫高窟 290 个洞窟、总计 2.6 万平方米的数字化采集工作。此外，还对 179 个洞窟的壁画进行了图像处理，对 45 身彩塑

---

① 施秀萍，朱茜. 让宝贵历史文化遗产绽放新时代光彩［N］. 甘肃日报，2022-05-12（001）.

和 7 处大遗址进行了三维重建。这些数字化成果汇聚成了超过 300TB 的庞大数字资源，为敦煌文化的传承与保护提供了强有力的支撑。① 甘肃省依托敦煌研究院这一平台建设了国内外一流的石窟数字化保护体系，在文化遗产保护领域持续发挥引领作用，依托全国首个文物保护领域多场耦合实验室等众多科研平台，进一步巩固了莫高窟数字化保护的领先地位。

同时，甘肃省积极拓展敦煌学的研究领域，抓好"海内外藏敦煌西域古藏文书信文献整理与翻译"等 68 项国家级、省部级在研项目。为了更好地传承和弘扬敦煌文化，甘肃省不断拓展"数字敦煌"的线上内容，成功建成了"敦煌遗书数据库"和"数字敦煌·开放素材库"，在国家文物局的指导下，甘肃敦煌研究院与腾讯携手打造了全球首个超时空沉浸式博物馆——"数字藏经洞"，推进敦煌文化资源在全球数字化共享，为增进"一带一路"文明互鉴、构建人类命运共同体不断贡献甘肃力量。

甘肃敦煌研究院持续开展文化遗产数字化研究工作，为文化遗产保护传承与活化利用提供了有力支撑。数字化是文化遗产保护传承与活化利用的重要方式，也是推动中华优秀传统文化创造性转化的体现。敦煌研究院始终深耕文化遗产数字化保护工程，持续深化与国内外科研院所的交流合作，构建了一整套数字化技术和规范，实施了"数字敦煌"项目，最终形成了以学术为基础、以技术为手段、以艺术为目的的数字敦煌文化。截至 2022 年 12 月，敦煌研究院在文化遗产数字化保护方面持续发挥科研支撑作用，成功实现了对敦煌石窟 289 个洞窟壁画的数字化采集，对 178 个洞窟的图像进行了精细的拼接处理，并制作了 162 个洞窟的全景漫游节目。② 此外，还实现了 7 处大遗址和 45 身彩塑的三维重建，以及5 万张历史档案底片的数字化扫描工作。③ 这些丰富的数字化资源为敦煌石窟的

---

① 孙越，颉满斌，赵英淑，等．现代技术让千年敦煌"永生"［N］．科技日报，2023－11－16（005）．

② 黄敬惟．让莫高窟"青春永驻"［N］．人民日报海外版，2022－07－20（007）．

③ 黄敬惟．数字化保护：让莫高窟"青春永驻"［EB/OL］．（2023－07－20）［2023－11－30］．https：//m. gmw. cn/baijia/2022-07/20/35896039. html.

保护、传承与发展提供了强有力的技术支撑和数据保障。敦煌研究院通过对海量数字化资源进行价值挖掘、艺术挖掘、素材提炼，持续运用前沿技术创新推出多款"数字敦煌"产品。

甘肃积极拓展敦煌文化的普及渠道，通过全球上线"数字敦煌"资源库、"数字敦煌·开放素材库"以及"数字藏经洞"等多个板块，向公众呈现了海量的敦煌文化资源，使大众能够更加便捷地了解和欣赏敦煌文化的独特魅力，运用数字化技术，利用沉浸式投影、多媒体互动等技术，涵盖实景洞窟复制、沉浸式展示、彩塑三维重建、主题投影展示、虚拟漫游体验、多媒体展示等多种展示内容，结合了科技、艺术、文化，使深藏在敦煌石窟中的敦煌艺术"活"起来。2022 年 12 月 8 日，敦煌研究院正式推出了"数字敦煌·开放素材库"，这标志着全球首个以区块链技术为基础的数字文化遗产开放共享平台的诞生。该平台向全球公开了莫高窟等石窟遗址以及敦煌藏经洞文献的 6500 余份高清数字资源档案，不仅为学者、文化爱好者和艺术创意者提供了敦煌文化共享空间，还在文博领域内开启了一次前所未有的探索，展现了创新性发展与创造性转化的杰出实践成果。[①] 敦煌研究院的"数字敦煌"项目始终紧密围绕国家重大战略需求，深度融合前沿技术与人文研究，成功构建了一个数字化、集成化的大型石窟壁画及敦煌研究数字资源保障体系与综合服务平台，不仅极大地促进了甘肃文化遗产的传承与保护，还为全球范围内的文化交流与发展提供了有力支撑。

四、创新活化力度增强，文旅产业独具特色

甘肃省构建了具有丝绸之路特色的现代博物馆体系，博物馆事业蓬勃发展。甘肃博物馆体系包含敦煌研究院、甘肃省博物馆、甘肃简牍博物馆、兰州市博物馆、武威市博物馆、临夏州博物馆、天水市博物馆、平凉市博物馆、和政古动物化石博物馆、中国工农红军西路军纪念馆 10 家国家一级博物馆，涵盖了从综合性研究型事业单位（如敦煌研究院），到专题性博物馆（如甘肃简牍博物馆、和

---

① 李超. "数字敦煌·开放素材库"上线［N］. 兰州日报，2022-12-09（R05）.

政古动物化石博物馆、中国工农红军西路军纪念馆等），再到综合性博物馆（如甘肃省博物馆、平凉市博物馆、兰州市博物馆等）的多样化类型，体现了甘肃地区丰富多样的文化遗产保护和研究需求。[1]

各博物馆在科研方面取得了丰硕成果，敦煌研究院建设了全国首个文物保护领域多场耦合实验室、国家古代壁画和土遗址保护工程技术研究中心，以及被国家相关部委批准认定为丝绸之路文化遗产保护国际科技合作基地、国家文化和科技融合示范基地等多个科研平台。甘肃省博物馆在古生物与古人类、彩陶研究、简牍学、佛教石窟艺术、西夏文字与历史、古代书法艺术等方面取得了丰硕成果。甘肃简牍博物馆在古籍整理与出版方面的成就、和政古动物化石博物馆在古脊椎动物与古人类研究等方面的科普作用，均体现了甘肃博物馆体系在科研和技术创新方面的重视和投入，为文化遗产保护提供了科学依据和技术支持。各博物馆不仅致力于专业研究，还通过展览、教育活动等多种方式，向社会公众普及历史文化知识，提高了公众对文化遗产保护的认识和参与度，以甘肃博物馆体系为依托，甘肃省、市、县各级博物馆通力合作，立足馆藏特色，积极与省外博物馆合作，打造了"让文物活起来""国宝省亲""敦煌艺术进校园"等特色系列展览品牌，[2] 推出了一系列以敦煌艺术、丝绸之路、彩陶文化为主题的特色精品主题展览，以特展、巡展的形式和线上线下相结合的方式助力甘肃文化遗产走向大众生活、走向世界。[3] 同时，甘肃正充分利用张掖市和武威市作为"如意甘肃"区域中心城市的优势，全力推进丝绸之路非物质文化遗产博览体验中心（位于张掖市）的建设，积极鼓励并支持各市（州）建立具有独特民族、地域和行业特色的非遗专题馆。博物馆作为文化旅游的重要资源，其建设和发展也带动了当地文旅产业的发展，为地方经济增添了新的增长点。经过这些努力，一个布局合

① 构建具有丝绸之路特色的现代博物馆体系：甘肃 10 家国家一级博物馆探访 [N]. 甘肃日报，2024-05-20（004）．

② 郭人旗. 甘肃：以文化传承创新带动经济社会转型发展：写在华夏文明传承创新区建设 10 周年之际 [N]. 中国文化报，2023-01-18（001）．

③ 徐秀丽. 牢记嘱托 砥砺奋进：甘肃文物事业高质量发展迈出坚实步伐 [EB/OL].（2022-06-10）[2023-11-30]. http://www.ncha.gov.cn/art/2022/6/10/art_722_175325.html.

理、主体多元、特色鲜明的博物馆事业发展新局面已在甘肃初步形成。

甘肃省高度支持文博单位开发文化创意产品，深度挖掘敦煌壁画、武威铜奔马、石窟等珍贵文物的文化创意元素，精心打造出了一系列具有极高知名度的文创产品。其中，甘肃省博物馆巧妙利用丝绸之路的文化符号——铜奔马，设计并推出的"绿马"玩偶在市场上大受欢迎，成为炙手可热的文创商品。敦煌研究院则创新地将敦煌壁画元素与现代数码印花技术相结合，推出了别具一格的"敦煌诗巾"等文创产品，受到了广泛的关注和喜爱。甘肃文创在深入挖掘和传承秦文化与西戎文化的基础上，以考古发现的"战国豪车"为主题，精心研发了十余款既具备实用功能又可用于展示展览的秦文化与西戎文化非遗文创产品，并将文创产品逐步引入大景区和游客集散场所，提升甘肃非遗可见度、美誉度和影响力。[①] 这些文化创意产品不仅展示了甘肃深厚的历史文化底蕴，还为现代生活带来了独特的艺术美感。

甘肃省大力举办节事演艺活动，提升"文化遗产+文旅"品牌美誉度。甘肃高度推动文化遗产保护成果融入时代、走进生活，赋能经济发展，精心策划并举办了"如意甘肃·多彩非遗"的全省巡演活动，并特别设立了甘肃省"非遗购物节""非遗过大年""文化和自然遗产日"等省级活动，以此宣传与展示甘肃省内非遗文化。此外，甘肃还积极组织并参与了全国性的中国非物质文化遗产博览会、中国成都国际非物质文化遗产节、西部花儿邀请赛等国内重大节会活动，进一步扩大非遗文化的影响力，指导创排话剧《八步沙》、陇剧《大禹治水》等20多部舞台作品，策划"春绿陇原"系列文艺展演活动1500场次，打造培育了《敦煌盛典》《又见敦煌》《乐动敦煌》等一系列精美的文化演艺项目，创作了《敦煌本纪》《在敦煌》《再敦煌》等一批长篇文学作品。甘肃省还设计了多条非遗旅游主题线路，串联起地方特色产品销售、旅游演艺、民宿体验、旅游纪念品开发等各类文化场景与业态，其中"交响丝路""滔滔黄河"两条非遗旅游线路入选全国12条非遗主题旅游线路，甘肃省为唯一入选两条线路的省份。这一系

---

① 张栎. 甘肃非遗传承与创造的探索路 [N]. 甘肃经济日报，2022-04-26（001）.

列举措不断扩大了中华文化影响力，拓宽了文化传承发展路径，"文化遗产+文旅"品牌美誉度持续提升，为推动文化遗产创造性转化、创新性发展做出了甘肃贡献。

第三节　数字技术赋能甘肃石窟寺文化遗产保护与传承

一、敦煌莫高窟景区应用数字技术的经验

敦煌莫高窟景区是我国著名的世界文化遗产，也是世界知名的旅游景点之一。数字技术作为新兴产业，对景区的高质量发展起到了重要的推动作用。"数字敦煌"就是数字技术赋能莫高窟高质量发展的最好例证。在敦煌莫高窟数字化赋能的过程中，通过对各洞窟雕像和建筑的三维重建获取海量的数据资源，然后通过数字转换得到高保真的复制洞窟等数字文化衍生产品。为此，本部分以敦煌莫高窟景区为研究对象，探讨数字技术在景区高质量发展中的作用，并分析数字技术赋能景区的特色模式和经验做法。

（一）数字技术赋能敦煌莫高窟景区高质量发展的主要经验

1. 重视数字信息库建设

莫高窟数字化信息库建设为石窟寺的保护、利用、研究、修复和复建提供了最重要的基础，这是数字技术赋能石窟寺文化遗产的应用基石。一是通过数字高程模型、三维激光扫描点云数据和原始纹理图片来构建地形模型、场景模型和造像模型，通过这三大模型来采集模型数据。二是通过对文化遗产地基础地理数据的提取和重建来获取基础地理信息数据。三是通过对文献资料和相关图片的整理分析来获取历史文化信息数据。四是通过整合莫高窟的模型数据、基础地理信息

数据和历史文化信息数据来建设莫高窟数字化信息库。

2. 大力推进数字技术应用

推进数字技术应用是实现数字化建设的关键。从"数字敦煌"的建设历程可以看出,自 20 世纪 90 年代开始,莫高窟就积极引入先进的数字技术来推进景区的数字化建设,并以此来提高景区的管理水平和游客满意度。例如,无人机技术、智能导览系统、三维复刻技术和区块链技术在景区的数字化转型方面都发挥了积极作用。

3. 加强数字技术人才培养

加强人才培养是对石窟寺文化遗产进行数字化建设的基础,也是敦煌莫高窟景区数字化发展的关键。莫高窟景区通过加强数字化人才的引进和培养,构建了一支复合型的高技能人才队伍。具体来看,莫高窟的数字文旅人才团队包含了技能工匠、文化遗产和信息技术等相关专业和交叉专业的技术成员。

4. 加强数字安全保护

加强数字安全保护是数字化建设的重要保障。莫高窟景区在数字化建设过程中,采取了有效措施来保护游客的个人信息安全,防止出现黑客攻击和数据泄露等问题。除此之外,为了解决数字文化遗产误用、滥用、版权纠纷等问题,敦煌研究院数字化团队基于腾讯区块链技术的确权保护功能,使每一例素材的授权使用均可查证,保证版权方的合法权益。

(二) 数字技术赋能敦煌莫高窟景区高质量发展的特色模式

1. 全域智慧景区模式

全域智慧景区模式是以数字技术为基础,通过整合物联网、大数据分析、人工智能等技术,为景区提供智能化、高效化、安全化的管理服务。在敦煌莫高窟景区中,智慧景区模式的建设可以有效提高景区管理水平和游客满意度。在具体的实践中,莫高窟利用数字技术和互联网技术实现了信息服务、行程服务、消费服务、应用场景和旅游管理等多个方面的数字化,应用范畴覆盖了景区的全部业务流程。

2. 线上线下融合模式

线上线下融合模式是指在数字化建设中，将线上和线下服务有机地结合起来，形成一体化的服务体系。敦煌莫高窟景区的线上线下融合模式建设，可以实现门票预订、导游服务、文化衍生品销售等业务的数字化，显著提高了景区的服务质量和效率。

3. 数字化交互模式

数字技术赋能莫高窟高质量发展的典型特征就是实现了互动式和沉浸式的数字化体验。2021 年，莫高窟开发了交互性专题旅游线路，旨在为游客提供"虚拟现实+亲身体验"的互动式产品。在虚拟+现实的融合环境中，全景石窟与生动的飞天有效提升了游客沉浸式和互动式的旅游体验。厘米级的空间识别技术，使得在虚拟世界里展现了能与真实媲美的莫高窟。2022 年以来，敦煌研究院凭借"点亮莫高窟""敦煌动画剧""敦煌诗巾"等交互性较强的品牌活动，吸引超过 2 亿人次参与线上互动，使古老的敦煌文化突破时空限制，以创意十足的新形式再次展现在大众面前。

4. "数字敦煌"建设模式

"数字敦煌"是一项敦煌保护的虚拟工程，运用测绘遥感技术和三维复刻与展示技术，使敦煌石窟景区实现虚拟化、数字化，然后利用虚拟场景和球形屏幕打破时间与空间的限制，满足人们游览、欣赏和研究莫高窟的旅游需求。实际上，从 20 世纪 90 年代开始，数字敦煌的概念就已经被提出。经过 30 多年的探索，集数字化保护与利用为一体的"数字敦煌"项目初步建成，具体模式如图 5-1 所示。一是运用计算机技术和数字图像技术等数字技术对莫高窟进行数字化信息采集。敦煌石窟数字化包括摄影采集、图像处理、数据存储等环节。二是建立敦煌数字资源库。运用测绘遥感技术和三维激光扫描等复刻技术对敦煌文物和所在石窟环境等信息进行三维数据化。三是实现数字场景复现。敦煌研究院与华为 AR 合作，依托厘米级的空间识别技术，将实景环境全部重现，实现了敦煌壁画、洞窟三维空间模型和实景环境的完美融合。"数字敦煌"向世人展示了 10 个朝代、30 个洞窟，近 4500 平方米的壁画。四是建立数字敦煌开发素材。"文化开源、数字共生"是敦煌研究院多年来数字化实践一直坚守的信念。从"数字敦煌"资源库向全球开放数字资源，再到"数字敦煌·开放素材库"，数字敦煌开启了文化资源共享共创的新阶段。2022 年 12 月 8 日，敦煌研究院携手腾讯公司共同推出的"数字敦煌·开放素材库"正式公开发行，这一平台作为全球首个依托区块链技术的数字文化遗产共享平台，具有开创性的意义。根据最新数据，超过 6500 份的高清数字资源档案源自敦煌莫高窟等众多石窟遗址以及珍贵的敦煌藏经洞文献，现已通过"数字敦煌·开放素材库"向全球用户广泛开放，供其探索与研究。[1] 五是建立数字藏经洞。2023 年 4 月，在国家文物局指导下，敦煌研究院携手腾讯联合推出"数字藏经洞"小程序，上线一周就有超过 1400 万用户进入小程序体验。该小程序运用数字照扫、三维建模、游戏引擎渲染等技术，对莫高窟"三层楼"和第 16、17 窟进行了毫米级的高精度复刻；用类似国画的现代工笔手法，在游戏中风格化呈现藏经洞的历史故事。"数字藏经洞"不仅在数字世界复现文物，更结合了游戏化的思维，努力呈现文物背后的历史故事。

图 5-1　"数字敦煌"建设模式

二、数字技术在天水麦积山石窟景区的应用

天水麦积山石窟是由崖面遗存（包括壁画、塑像和窟龛）、寺院、舍利塔以

---

① 牛莹. "千年莫高"在文旅深融中焕发新彩〔N〕. 中国旅游报，2023-08-31（01）.

及古代遗物所构成的综合性文化遗产。麦积山石窟始建于十六国后秦时期,历经北魏、西魏、北周、隋、唐、五代、宋、元、明、清十余个王朝的营建,现存大小窟龛 221 个,各类造像 3938 件 10632 身,壁画 979. 54 平方米。[①] 在艺术创作风格上,麦积山石窟受西域文化的影响较大,是丝绸之路佛教艺术转折性阶段的重要遗迹。数字技术对天水麦积山石窟高质量发展方面起到了重要的推动作用,本部分将系统性总结数字技术促进天水麦积山石窟文化遗产高质量发展的特色模式和经验做法。

(一) 数字技术在天水麦积山石窟景区已广泛应用

1. 智能导览系统

智能导览系统是一种基于智能手机的导游服务,通过 GPS 定位和 AR 技术,为游客提供更为智能化、个性化的导览服务,帮助游客更好地了解景区的历史、文化和艺术。在敦煌莫高窟景区中,智能导览系统已经逐渐成为游客的主要导览方式,有效提高了游客的游览质量和满意度。

2. 三维复刻技术

采用信息化测绘技术手段,建立石窟寺三维数字化信息库为石窟寺文化遗产的保护、研究和利用提供了可靠的技术支撑。在麦积山石窟文物数字化保护和利用的过程中,集三维信息获取、三维重建评价以及三维打印等相关前沿信息技术为一体的三维复刻技术起到了关键性作用。数字建模技术是将物体表面的图像数据转化为数字模型的过程。在天水麦积山石窟的保护和研究方面,数字建模技术的应用可以扫描石窟中的壁画,将其转化为数字模型,进行三维重建。首先,采用脉冲式激光三维扫描仪在石窟中进行整体扫描来建立石窟的三维框架;其次,采用多视图采集整体形状的三维重建;最后,兼顾色彩与质感原真再现来进行三维打印。

3. 虚拟现实技术

虚拟现实技术是构建人类主体感官与计算机人工环境的交互系统,为人类带

_____

① 参见麦积山石窟官网。

来的一种类似于现实世界的体验方式。在天水麦积山石窟的保护利用方面，虚拟现实技术可以进行多角度的数字化展示，为石窟寺文化遗产的保护利用提供更加真实的体验。在麦积山石窟的数字化过程中，虚拟现实技术与人工智能技术相结合，可以实现与游客的智能互动，进而为游客提供更加智能化、个性化的导览服务。

4. 人工智能技术

人工智能技术是模拟、延伸和扩展人类智能的理论、方法、技术和应用系统的总称。在天水麦积山石窟的保护和研究方面，人工智能技术可以应用在石窟的数字化保护、数字化研究、数字化展示等方面。例如，基于人工智能的图像识别技术，可以对石窟中的壁画进行准确的数字化记录和分类，这些数字化数据可以用于石窟艺术品的保护、修复、研究和展示。

（二）数字技术赋能麦积山石窟高质量发展的特色模式

麦积山石窟进行数字化探索始于 2010 年，当时为配合景区申请世界文化遗产而制作了一个洞窟的三维动画。此后，经过十余年的上下探索，在石窟寺文化遗产的数字化保护与传承方面积累了一定的经验做法。

1. 数字化保护

麦积山石窟地处秦岭西端小陇山林区边缘地带，常年阴雨潮湿，许多洞窟面临泥塑和壁画风化、脱落，窟体坍塌、渗水等多重侵害。为此，数字化成为对麦积山石窟文化遗产进行保护的有效方式。一方面，对石窟景区进行基因编码。利用数字化测量、碳十四测年等技术对麦积山石窟进行全面、客观、科学、准确的记录。然后，通过文字、数字化测绘、图版、影像等多种形式对这些基因编码进行科学系统的保存。在此基础上，采用中距和近距扫描设备来获取塑像的三维模型，并通过拍摄全方位彩色照片来生成塑像的精确三角网模型，进行简化和纹理映射，以此方式记录寺内现存塑像。另一方面，建立麦积山石窟监测预警体系，对石窟进行动态监测和信息化管理。通过对遗产地气象、本体、载体、栈道和游客承载量信息集成进行分析和研发，确保及早发现壁画、塑像、石刻本体及环境的细微变化。

2. 智慧化运营

首先，进行数字化营销。数字化营销技术可以帮助麦积山石窟景区进行精准营销，满足游客的个性化需求。例如，麦积山景区通过社交媒体平台和数字化广告平台进行石窟的宣传和推广，吸引更多的游客前来参观。同时，景区还通过数字化营销技术进行游客数据的收集和分析，了解游客需求和旅游行为，为游客提供更加个性化和有针对性的旅游产品和服务。2020年，景区推出"5G+VR"云游石窟，游客可以通过"5G云游麦积山"的微信小程序实现"云览"麦积山石窟外景及局部内景。其次，数字化管理。数字化管理系统是利用计算机和信息技术对景区进行管理。在天水麦积山石窟的管理中，数字化管理系统可以集中管理公共设施、人员、票务等方面的信息。同时，数字化管理系统还可以进行数据分析和管理决策，为景区提供更加科学化和高效率的管理服务。景区与中国电信天水分公司开展深度合作，助力麦积山景区建设全覆盖无线，建设智慧广播、大数据分析平台、智慧车辆管理等系统，着力打造"智慧麦积山"。最后，数字化监管。视频监控技术是一种通过监控摄像头和视频传输系统对景区进行实时监控的技术，可以帮助麦积山石窟景区进行安全管理和监控。通过视频监控技术，景区可以对游客和游览路线进行实时监控和管理，保证游客的安全。同时，对于景区的文物保护和安全管理，也可以通过视频监控技术来实现。

3. 数字化传承

首先，打造"数字麦积山"平台。麦积山景区与麦积山石窟艺术研究所合作建设"数字麦积山"，主要围绕壁画的数字化、塑像的三维建模、洞窟3D模型和崖体的三维重建来进行数字化建设。其次，建设"麦积山影院"。麦积山建设的球幕影院建筑面积约450平方米，室内以"洞窟实景+CG数字化"的形式来重点展示麦积山石窟的艺术价值，全景式展现和解读麦积山石窟的恢宏气势和深刻丰富的文化内涵。最后，融合科技与艺术，创造数字文旅新产品。通过科技手段使麦积山石窟实现在保护前提下的全球共享，以巨型数字装置和全感官互动式观展的方式使麦积山石窟文物"活起来"，进而提升游客在麦积山石窟景区内的沉浸式体验和互动式参与。

第四节　甘肃文化遗产保护与传承面临的挑战

一、文化遗产的保护传承力度不足

文化遗产的保护与利用是一项复杂而多维度的任务，受到技术、资金、人员等多方面的制约。尽管世界遗产体系中的线性遗产和国家文化公园等已经着手挖掘遗产的整体价值，但仍有不少案例局限于对"点状"单体文物或单一城、镇、村的价值认知。① 目前，文化遗产的保护与利用方法主要围绕不同的保护级别或文化遗产的物质属性进行单体保护，这种做法未能充分体现文化遗产的整体性和连贯性，导致整体保护传承的力度显著不足。这种局限性在甘肃依然存在，以兰州旧城更新为例，近年来许多古建和街坊在城市更新过程中被拆毁，城市的历史风貌因此受损。② 同时，一些遗址类遗存如大地湾遗址，面临着遗址边界模糊、交通不便，甚至逐渐消失的风险。其他类型的文物也遭受了不同程度的破坏，部分文物甚至被迁至博物馆进行异地保护，但整体展示水平相对较低，传承保护的力度亟须加强。此外，甘肃红色文化资源整合力度不够，供给质量尚需提升。甘肃是全国 12 个核心红色旅游区域之一，红色资源十分丰富。然而，目前甘肃的红色旅游景区在开发层面普遍偏低，红色文化与当地特色文化的融合程度尚显不足，使得其资源优势尚未有效转化为产业优势，省内红色场馆和博物馆中的文创产品多以零散的形态呈现，缺乏整体性和连贯性。

---

① 杜晓帆. 科学构建文化遗产保护传承体系［J］. 人民论坛，2023（9）：103-106.
② 刘敏. 黄河流域甘肃段文化遗产体系构建与保护策略研究［D］. 兰州：兰州交通大学，2023.

针对以上甘肃文化遗产保护传承力度不足的问题，要进一步加大综合投入，包括财政资金支持、人才队伍建设、产业融合发展、公众意识提升和法律法规完善等方面，推动甘肃的文化遗产资源优势更好地为经济、文化高质量发展赋能。

二、文化遗产的内涵挖掘力度需要深化

文化遗产的内在价值是地域历史文化特色的核心体现，在内涵挖掘力度上，需要进一步深化。当前，工业遗产、乡村遗产、活态遗产等新类型遗产的价值认知和价值要素识别多停留于单一维度，未能全面挖掘其深厚的文化内涵，部分文旅、地产开发商过度追求文化遗产所带来的经济效益，而对文化遗产本身的保护重视不足，导致文化遗产保护的实际力量在表面上虽提升，实则减弱。在旅游开发的过程中，对各类文化遗产的价值发掘显得尤为不足，价值阐释模糊不清，手段单一，未能充分展现文化遗产的多元魅力和深层价值。这不仅限制了文化遗产的保护和传承，也影响了文化遗产在旅游发展中进一步发挥积极作用。

随着经济高速发展，文化遗产原有的文化功能发生了不同程度的转变，其服务对象也随之发生转变。例如，在过去，非遗"花儿"只在山野间演唱，而随着农民工进城和城市职业花儿歌手的出现，"茶园花儿""公园花儿"等新形式不断涌现，在推动文化遗产活化利用的同时，也要避免在传承保护利用过程中浮于表面，进而发展成为纯粹的"表演"艺术。因此，必须深刻认识到历史发展的连续性和关联性对于文化遗产保护的重要性，应该加强对文化遗产的系统性保护，将各类文化遗产视为一个有机整体，注重它们之间的内在联系和相互影响，进一步提升各类文化遗产在现代社会中的识别度和价值认同，不仅要在技术和研究层面深入挖掘各类文化遗产的内在价值，还要在传承、利用和展示等方面进行创新，确保文化遗产得到充分利用。同时，还需要提高文化遗产保护的整体性和协同性，加强不同部门、不同领域之间的合作与交流，形成合力，共同推动文化遗产保护事业的发展。

三、文化遗产的生存空间面临压缩

随着城市化进程的加速和城市更新的不断推进，许多珍贵的物质文化遗产的生存空间不断被现代化的高楼大厦挤压，导致文化风貌与周边现代环境格格不入，甚至逐渐消失。在文化遗产的保护与利用过程中，人们也往往忽视了文物与其所处环境之间的紧密联系和相互依存性，导致了文化遗产与其环境之间的断裂，不仅破坏了文化遗产的完整性，还削弱了其历史文化的传承价值。文化遗产作为历史的见证和文化的载体，它们所蕴含的历史信息和文化价值需要通过与环境的融合来得以完整展现。

然而，当前的保护利用方式往往只关注文物本身，而忽略了它们与环境的关联性，这使得文化遗产的保护与传承工作面临着巨大的挑战。例如，甘肃诸多文庙建筑孤立于现代建筑丛林中，其独特的历史氛围与周边环境不协调。在现代文明的冲击下，传统的生产习俗被现代化生产方式替代，非物质文化遗产的生态环境不断发生改变，对于处在"后功能时期"的非物质文化遗产，民间文化资源消失的速度加快，一些非物质文化遗产项目传承人缺乏，断档现象严重；一些非遗资源面临着消失或变迁的处境。因此，必须重新审视文化遗产的保护与利用方式，强调文物与其环境之间的相关性。在保护文化遗产的同时，应该注重与周边环境的和谐共生，保持文化遗产的完整性和文化风貌的延续性。

第五节　文化遗产保护与传承的国际经验及政策启示

文化遗产的保护传承与发展对于弘扬中华优秀传统文化，延续甘肃文化根脉，推动华夏文明传承创新，推进文化强省建设具有重要意义。面对甘肃文化遗产保护的现状和挑战，如何积极借鉴国际经验，在保护传承与发展中更好地处理好"传统与现代""保护与利用""继承与创新"等方面的关系，构建好文化遗产保护传承发展体系，是推动新时代甘肃文化遗产保护传承与发展的重要命题。

一、文化遗产保护与传承的国际经验

文化遗产保护是一项在整体性保护过程中不断获得创新动力与反思张力的伟大事业。人类对于文化遗产的保护与传承始终贯穿于历史长河之中，经过长期的探索实践，各国对文化遗产价值的认识不断深化，保护与传承的实践不断发展，逐步形成了独具特色的管理模式。[①] 英国、意大利、法国、韩国、日本等国家作为世界文化遗产保护大国，在提升文化遗产本体的活化和文化遗产活化的公众参与程度等方面积累了宝贵的经验，这些实践经验对于推动甘肃文化遗产保护与传承工作的创新与突破具有重要的意义。[②]

（一）以观念变革为引领的立法体系进步

人类社会对于文化遗产的保护经历了从自发到自觉，从个体到国家，最后达成国际社会共识的发展历程，在这一进程中，法律制度的建立是整个体系的基础与统领。法律体系的建立与实施源于文化遗产的保护观念的建立与发展。从立法历程来看，各国对于文化遗产保护对象、范围及方式的完善经过了漫长的探索，并在实践中建立起从上至下、系统科学的法律体系以及管理机构，以提高文化遗产保护的管理水平和效率。

本部分以法国为例，介绍法国在这方面的主要经验。法国是世界上首个通过立法来保护文化遗产的国家，早在 1840 年就制定了旨在保护古建文物的《梅里美历史性建筑法案》。至今，法国已经颁布了 100 多项相关法律制度，完整地覆盖到文化遗产保护各个领域。法国对于文化遗产的保护经历了由单体建筑观念到整体性保护思潮的变化，以此推动法律体系不断完善，同时在社会层面构建起了

---

① 夏杰长，刘睿仪．文化遗产保护与传承的国际经验及政策启示［J］．贵州师范大学学报（社会科学版），2023（6）：63-73.

② 高洁．基于文化视角的中西文化遗产管理比较研究［D］．济南：山东大学，2021.

多元主体参与的格局，从而使整体性保护思潮得到更生动的诠释。例如，20世纪40年代，法国颁布《纪念物周边环境法》，此项法律中明确规定，基于整体性保护原则，历史建筑500米半径内的建设与开发都要受到一定程度的制约。随后在1960年颁布《国家公园法》，对于文化遗产周边环境的保护领域进一步扩大，将保护范围由人文景观延伸至文化遗产公园等自然景观。历史文化城区是古今交融的鲜活图景，为了保护和发展落后的老城区和历史特色景观，1962年法国率先颁布保护历史地段的《马尔罗法令》，并提出"保护区"这一概念，"保护区"由国家根据建筑、艺术、历史、人文等方面的标准进行鉴定后强制确定，并为其制订长期的保护和实施规划，充分考虑所有必要的美学、技术等因素，确定具体实施的保护与整治措施。①

（二）以坚持保护为前提的产业适度开发模式

文化遗产的开发和保护是并行不悖的，在坚持保护的前提下，统筹好旅游发展、特色经营，围绕公众的消费需求开发文化遗产的经济价值，变文化遗产为文化产业，是优化文化产业结构的必要支撑和关键动能，是推动文化遗产保护可持续发展的重要路径。产业视角下的文化遗产旅游作为一种社会经济发展工具，通过吸引游客因对当地历史人文、艺术氛围或生活方式感兴趣而造访本地，以此达到提振本地经济和社会活力的作用。商业宣传和旅游企业的参与提高了韩国文化遗产活化效率，韩国十分重视文化遗产的文旅产业开发，并通过遗产资源梳理、本土历史特色抓取，举办一系列现代观光旅游活动增强文化遗产的阐释性与可视化，使参观者产生共鸣，进而促进当地旅游业的发展，焕发文化遗产的时代活力。此外，韩国政府高度重视民俗节日和举办祭祀活动。1981年韩国政府举办了为期一周的大型民俗活动"民族之风——1981"，并通过广播、纸媒等各类媒体宣传，推动众多优秀的民俗艺术脱颖而出。② 通过举办民俗活动和祭祀活动，将遗产的内涵与游客的体验相结合，实现了保护与传承的同时，提供了丰富的文

---

① 夏杰长，刘睿仪. 文化遗产保护与传承的国际经验及政策启示［J］. 贵州师范大学学报（社会科学版），2023（6）：63-73.

② 飞龙. 国外保护非物质文化遗产的现状［J］. 文艺理论与批评，2005（6）：61-68.

化旅游体验，大大强化了民众对文化遗产的保护意识，文化遗产逐渐转化为节庆元素和旅游资源，推动文化遗产本体的活化。

在文化遗产旅游开发过程中，合理运用宣传与推广手段不仅能提高受众对文化遗产的关注度和认知度，使文化遗产更好地融入现代社会，还能推动区域旅游业及相关文创产业发展，提升地方经济收入。例如，韩国许多商家会将被国家指定为有形文化财和无形文化财的元素开发成商品。面具、戏装、玩偶以及书刊等到处都有供应和销售。意大利西西里岛傀儡戏被联合国教科文组织确立为人类非物质文化遗产以来，政府积极抢救和保护这一古老剧场木偶艺术，邀请岛上木偶艺人们用精雕细刻的木偶和道具进行即兴创作，以期更好地传承剧场木偶艺术。在西西里岛的商店和摊头上，制作精美、造型各式各样的木偶已经成为西西里岛的著名纪念品，吸引了众多国际游客。一系列商业化运作与宣传使得文化遗产的普及工作与保护传承工作转向规模化和模式化，国民对于文化遗产的了解程度以及保护意识也逐步建立并深化。[①]

（三）以多方参与的合作管理模式建立遗产保护的全民共识

文化遗产管理不仅是国家、政府的责任，还是渗透至经济社会生活的方方面面的一项全民事业。一是以遗产彩券试点等政策拓宽资金的融资渠道。意大利、英国等国通过发行文化遗产彩票募集文化遗产保护与修缮资金，意大利从1997年开始通过发行文化遗产彩票来筹集文物保护和修复资金，英国于1994年创建国家遗产彩券，将彩券收益的28%用于资助遗产项目的保护工作，通过这些方式，政府和企业共同承担起了文化遗产保护的责任，同时鼓励公民参与到文化遗产保护事业中，保护文物古迹已经成为一种自觉和社会责任。彩票在我国有深厚的群众基础和较强的可操作性，虽然我国的非政府组织与西方性质不同，但也可以设立文化遗产专项彩票试点工作，借以缓解制约我国文化遗产保护的资金瓶颈问题，并推动群众对于文化遗产意义与价值的认知。二是以节庆活动举办深化

---

① 夏杰长，刘睿仪. 文化遗产保护与传承的国际经验及政策启示 [J]. 贵州师范大学学报（社会科学版），2023（6）：63-73.

文化遗产的举国保护意识。提升文化遗产活化的公众参与程度，还要增强遗产旅游的参与性和娱乐性，多样化的节庆活动可以促进游客更好地体验、理解和保护遗产。"文化遗产日"作为欧洲一项重要的文化盛事，有力地促进了文化遗产的保护和传承。1984年，法国政府提出将每年九月的第三个星期日定为"文化遗产日"，规定在这一天所有公立博物馆全部免门票，并向公众免费或低价开放大量历史建筑。① 时至今日，"文化遗产日"已经成为整个欧洲一项重要的文化活动，50多个欧洲国家每年都在9月的第三个周末举办"文化遗产日"活动并向公众开放大量历史性建筑。该活动把公民的求知热情引向对文化遗产的认知，极大地提高了民众对文化遗产保护的意识，民间文化遗产保护组织不断建立，越来越多社会群体参与到文化遗产保护的志愿服务之中。②

（四）以数字技术推动文化遗产大众化"破圈"

数字技术创新了文化遗产活化形式，为文物保护与修复、非遗传承与交流互鉴带来了更多的机遇，推动文化遗产实现大众化"破圈"，融入"世界记忆"。

例如，意大利文化部门将三维全景、VR/AR等数字技术融入文化遗产的保护宣传，有着近三千年历史的意大利叙拉古城于2005年被联合国教科文组织列入世界遗产名录，当地拥有丰富的历史遗迹，是著名的旅游观光点。近年来，叙拉古通过运用数字技术不断加强文化遗产保护和开发，公园内遗迹可通过网站或手机应用实现全景观赏，当地考古博物馆则与科技企业合作，对遗迹和文物进行三维建模并制作交互式展览，推出在线全景式互动游览，提升用户体验。③ 面对浩如烟海、历史悠久的文化遗产，通过数字化档案的建立既能提高管理效率，又能降低对文物本身的损害。在法国卢浮宫，数字技术也被充分运用到博物馆内部信息的建构中。借助信息技术、计算机技术，卢浮宫对馆内大量藏品进行了高清

① 陈亮. 政府主导非物质文化遗产保护：以陆丰正字戏为例［D］. 广州：华南理工大学，2011.
② 夏杰长，刘睿仪. 文化遗产保护与传承的国际经验及政策启示［J］. 贵州师范大学学报（社会科学版），2023（6）：63-73.
③ 颜欢，王传宝，谢亚宏. 一些国家创新推进文化遗产保护与开发（国际视点）［N］. 人民日报，2023-08-08（012）.

图像采集，实现了对将近 50 万件馆藏文物信息的全方位储存和管理，人们足不出户便可观赏卢浮宫的珍贵文物。在非遗数字化保护与传承工作方面，日本坚持建设专题数据库先行，图书馆、档案馆、博物馆担当着不可或缺的重要作用，立项促进特定数字技术的运用。《文化财保护法》公布后，日本国立国会图书馆将全国馆藏最为丰富的非遗资源全面接入数字化，以全方位、多角度呈现日本非遗发展情况。在非遗数字化技术应用方面，日本推出"利用尖端技术传播日本文化魅力"的项目，不仅以非遗的保护和传承为导向，聚焦于学术研究和技术开发，以实现更加精准和严谨的还原及再现。①

二、甘肃加强文化遗产保护与传承的对策思路

（一）加强顶层规划设计，夯实文化遗产保护传承基础

第一，要在健全文化遗产保护法规体系的基础上，建立起文化遗产保护管理的统筹协调平台和机制，促进文化遗产保护传承的一体化。甘肃文化遗产客观存在着分布不均、梯级差异明显的态势，应实施文化遗产梯度开发利用策略，聚焦设计规划、投资建设、运营管理等环节的难点、堵点问题，优先对文化遗产聚集区进行资金与政策倾斜，以此带动周围低梯度区域的保护开发工作，实现均衡格局。文化遗产与其周边所处的环境是文化遗产重要性和独特性的组成部分，要实现文化遗产与周边建筑及环境的和谐，必须充分利用并发挥甘肃文化遗产在空间上的"轴带"分布特征，以主轴串联遗产带，实施点线面区域联动管理。同时，建构起文化遗产社会功能性分级分类管理体系，建立起分类科学、保护有力、管理有效的文化保护传承体系，加大不同层面的文化遗产价值研究，探索文化遗产价值的系统阐释与传播方法。

第二，要始终将原真性保护、有效性保护、全面性保护原则贯穿于文化遗产保护与传承发展工作的每一个环节，确保任何形式的活化利用都建立在合法合规

---

① 夏杰长，刘睿仪. 文化遗产保护与传承的国际经验及政策启示 ［J］. 贵州师范大学学报（社会科学版），2023（6）：63–73.

和科学评估的基础上。坚持原真性保护原则不仅是对文化遗产现状的真实保留，还是对历史信息真实性的尊重与传递。因此，在修复、保护和传承过程中，要力求最大限度地保留其原始状态，确保文化遗产的真实性得以充分体现；有效性保护是确保文化遗产保护工作取得实际效果的关键。文化遗产的保护不仅是一项技术性工作，还是一项综合性工程，要注重科学规划、技术支持和人才培养，确保每一项保护措施都能得到科学、合理的实施。同时，要加大监管和执法力度，确保各项保护措施得到有效执行，保障文化遗产保护工作能够取得实际效果。要注重文化遗产的全面性保护，文化遗产的保护是一个全面、系统的工程。因此，在保护过程中，要注重文化遗产的多样性和整体性，实现文化遗产从"内涵"到"外延"、由点到面的完整性保护。

第三，要细化并完善非物质文化遗产分级保护制度。当前，甘肃省已基本建成国家、省、市三级名录体系，县级名录是较为薄弱的环节，主要体现在项目普查挖掘不深入、项目分类名称不规范、保护名录标准不统一，应该加大对县级非遗名录的普查、整理和挖掘，结合国家相关法律法规，制定甘肃省非遗资源调查的地方性制度，按年为单位定期开展甘肃省非遗资源普查，完善非遗档案管理制度，细化完善四级遗产保护名录体系。在保护现有的非遗项目的同时，要重点关注数量较少的非遗类型，不断丰富不同类型的非遗项目，以非遗资源普查大数据为基础，推进国家级非遗生产性保护示范基地推荐申报，以及实施国家级、省级非遗代表性传承人记录工程。

（二）强化多重价值挖掘，推动文化遗产活化传承

在文化遗产的保护与利用上，不仅要深入挖掘其内在的文化底蕴，更要致力于实现其文化价值的活化与传承。

第一，要着力彰显文化遗产的时代价值。随着经济高速发展，人们的生活水平不断提升，对于文化的需求不断产生新的变化，更倾向于追求具有个性化、参与性和互动性的文化体验活动，人们对文化遗产价值的认知也逐渐从单一层面扩展到建筑遗产、文化景观以及精神象征等多重维度。因此，应密切关注当前社会

消费方式的变革趋势，重点聚焦于文化遗产的形式与内容，将传统与现代、文化与经济、保护与发展有机结合，推动其创造性转化和创新性发展，要充分关注当下社会生产、民众生活的新变化，凸显社会价值。对形式、风格进行创意升级，创新文化遗产表现形式与内容构成，以符合当代人的审美需求，使文化遗产通过各种方式融入当代居民的日常生活，不断增强人民群众的满足感、幸福感。

第二，要强化文化遗产的文化价值，实现"文化红利"共享。文化遗产蕴含丰厚的知识、艺术、精神内涵，是当代文化建设的重要支撑。要以满足居民文化需求为导向，加强基层公共文化资源的供给，提升公众的艺术鉴赏能力，使优质的文化体验场所成为展示和传承文化遗产的重要窗口。① 要以地方戏曲、节庆习俗等非物质文化遗产为载体，开展丰富多彩的公共文化活动，积极引导公众参与文化遗产事业，拉近人民群众与文化遗产的距离。在文化遗产的保护与传承中，要深入挖掘文化遗产中蕴含的共同价值追求和地域文化特色，通过与现代话语体系的对接，将其巧妙地融入民众的日常文化生活之中。同时，借助 5G、VR/AR、物联网等前沿技术，创新展陈形式，使文化遗产的价值内涵得到生动活化，增强文化遗产的可解读性，进而更好地转化为可感知、可消费、可体验的现代文化产品，满足公众对审美情趣、情感认知和价值认同的深层次追求。为文化建设的提质增效注入新的活力。

第三，要深入挖掘文化遗产的经济价值。文化遗产作为旅游业的重要资本，其独特的文化价值和建筑风格吸引着大量的游客，为当地带来了巨大的经济收益。要以甘肃各地独特的文化遗产资源禀赋为依托，挖掘文化遗产价值内涵的独特性和地域文化的差异性，打造具有鲜明地域特色、文化内涵丰富且具备市场竞争力的文化产品和服务。在加大对文化遗产旅游业的开发力度的同时保护好文化遗产的原真性和完整性，还要注重提升服务质量、优化旅游环境、丰富旅游产品；文化遗产具有丰富的故事和背景等文化元素，是创意产业的重要来源。将历史文化元素与现代艺术相结合，可以创作出许多独特而有吸引力的艺术品和手工

---

① 杜晓帆. 科学构建文化遗产保护传承体系［J］. 人民论坛，2023（9）：103–106.

制品。应通过政策扶持、资金投入等方式，鼓励和支持文化遗产与创意产业的融合，通过创意设计、文化衍生品开发等方式，将文化遗产元素融入日常生活用品、艺术品等，打造具有独特文化内涵的文创产品。开发出具有地方特色的文化产品和旅游纪念品等新产品，赋予文化遗产新内容，对文化遗产原有功能进行创新性发展，丰富文旅市场供给。

（三）把握"一带一路"建设的机遇，加强国际交流与合作

第一，推动甘肃文旅积极融入"一带一路"建设之中。自共建"一带一路"倡议提出以来，甘肃省"承东启西、连南通北"的区位优势日益凸显。这就要求继续扩大优势，借助丝绸之路这一文化传播的优势通道，组织相关展览、演出和交流活动，增进与共建"一带一路"国家和地区的对外交流与合作；加强对敦煌莫高窟、麦积山石窟等历史文化遗产的保护与研究，提升其在国际上的知名度和影响力；同时，要补齐短板，大力发展文化创意产业园孵化项目，支持文化创意产业的发展，提升文化产品的价值和市场竞争力，不断推动旅游产业发展；充分利用甘肃丰富的文化遗产和景点资源，开发更多旅游项目和体验活动，吸引更多游客并推动甘肃旅游业的发展。

第二，要积极参与举办国际文化交流活动，持续办好"敦煌文博会""兰州投资贸易洽谈会""敦煌行·丝绸之路国际旅游节"等交流活动，全面提升甘肃文化的影响力；要注重文化创新人才的培养，设立文化传承创新孵化机构加强培育训练，激发其创造力和创新能力，要加快实施文化产业集群发展工程，并精心培育一批具有核心竞争力的骨干文化企业，创建一批全国文化产业示范园区，以树立文旅行业标杆、引领文旅产业发展，深度融合文化与旅游资源，实施陇原文旅融合发展行动，构建一体化的文旅发展格局，着力建设好"如意甘肃"这一独特的旅游品牌。

第三，要加速推进华夏文明传承创新区的构建与文化强省推进工作。在这一过程中，通过创新体制机制，将文化遗产保护工作巧妙地融入"一带一路"建设、黄河流域生态保护和高质量发展策略，并同步推进长城、长征、黄河等国家

文化公园的建设，以及华夏文明传承创新区的深化发展，形成文化保护与区域发展的有机统一。整合文化景观资源，集中打造中华文明的重要标志，突出地方文化特色。在重大外事活动中巧嵌敦煌元素、设置敦煌议题，实施好敦煌文物外展精品工程。抓住并用好共建"一带一路"最大机遇，办好丝绸之路（敦煌）国际文化博览会等节会，打造敦煌艺术、丝绸之路文化、黄河文明等一批甘肃文物外宣品牌，全面提升甘肃国际传播效能。

（四）文化遗产与旅游深度融合，推动文旅资源沉浸式转化

旅游业作为综合性产业，其涉及面广、带动力强、开放度高，在推动文化遗产保护传承与利用过程中发挥着重要的作用。

第一，要注重传统文化旅游与社会经济发展的有机结合，全面挖掘甘肃历史文化与自然文化资源并形成完整的文化旅游产业链条，依托文化遗址的文化资源，深入挖掘其文化内涵，通过创意开发实现生态、休闲、文化旅游等产业的融合，利用现代文化创意技术，充分提升文化资源的当代价值，积极发展相关文化旅游、休闲娱乐、生态农业、文化创意、影视民俗等相关产业，逐步形成围绕文化遗址的文化产业集群，在提升文化遗产保护、促进地方经济发展的同时又极大地满足人民群众的新需求。

第二，要依托旅游景区、度假区、休闲街区、乡村旅游重点村镇等，举办好各类节事活动，支持旅游演艺经营主体探索创作一批底蕴深厚、特色鲜明、涵育人心的文化遗产旅游演艺作品。在确保非物质文化遗产得到有效保护的基础上，积极探寻其与现代发展的融合之道。将非遗保护与乡村振兴，以及城市建设的规划相结合，支持建设具有非遗特色的村镇和街区，同时开发独具地方特色的传统文化产品、服务及旅游项目，打造凸显地区特色的文化品牌。鼓励并支持脱贫地区的公民等民间力量通过非遗工坊、电子商务等新兴渠道，开展非物质文化遗产的传播和交流活动，通过创新合作模式，共同打造具有鲜明特色的文化交流品牌，进一步推动非遗文化的传承与发展。①

---

① 甘肃省非物质文化遗产条例［N］.甘肃日报，2022-07-13（005）.

第三，要加强横向、纵向对接，围绕重点门类非遗项目，梳理非遗资源和旅游景点，逐步将列入各级非遗与旅游融合发展推荐目录中的非遗项目引入旅游空间，将甘肃非遗或相关元素融入各级文化产业和旅游产业融合发展示范区、主题公园、旅游饭店，以及各类相关基础设施建设之中，打造一批非遗主题的民宿、乡村旅游示范区、特色村镇、街区，精心打造和设计具有甘肃历史文化特色和底蕴的非遗研学游、体验游、深度游等文化遗产旅游项目，设计一批特色鲜明的主题旅游线路，推动非遗、文化遗址与旅游业融合发展、与现代生活充分联结，形成具有一定国际影响力的传播品牌。

（五）数字赋能，让现代科技为文化遗产保护添彩

文化遗产数字化工程贯穿着考古、保护、管理、研究、展示等全过程，是实现从文化遗产资源到文创产品设计转化、复制传播，拓宽文明互鉴渠道的途径。

第一，要建立文化遗产数字化标准，打破数据屏障。当前，文化遗产数据在互联互通和开放性上依然存在着壁垒，面临着信息记录机构分散多元、记录方式碎片化、资源整合不到位、数据标准不统一的问题，在一定程度上抑制了其数据价值的发挥。需要建立起文化遗产数字化的标准，在统一的规范下，建立数字化档案，着力打破文化遗产数字化信息鸿沟，使文物数字化档案的交换、融合及管理更加便捷。在此过程中，要整合政府、文博机构、科研院所、行业协会等各方力量，实现共建共享，通过数据挖掘、知识图谱等技术，多维度解读文化遗产的内涵，将记录、阐释的成果进行活化呈现，构建个性化、沉浸式的文化场景，满足游客不同层次的需求，为文物保护和利用创造更加丰富的场景，使全民共享中华优秀传统文化创造性转化、创新性发展的成果，使抽象的文化思想具象化，更好地呈现文化遗产蕴含的历史文化内涵及考古工作者的学术成果，激活数据资源的价值。

第二，要加强对甘肃文化遗产保护与传承的科学研究工作。文化遗产既是经济资源，又是文化、教育、科技的资源，要注重文化遗产保护发展中的新技术研发与应用，立足于甘肃独特的历史演进轨迹和文化资源禀赋，加强现代化高科技

的利用，密切多学科联合攻关，深入挖掘文物、古迹、遗址的多重价值，推动敦煌学、简牍学等优势领域学术成果不断涌现，建好用好长城、长征、黄河国家文化公园，打造河西走廊国家文化遗产线路，将科学研究成果通过高科技转化为可以直观感知到触摸到的具象化形式。要实施文物领域强科技行动，围绕中华文明探源工程和"考古中国"等重大项目，在人类起源、文明起源、国家起源和中华民族多元一体发展等领域做出新成果。组建文化遗产领域国家重点实验室，推动"数字敦煌"技术迭代升级，牢牢占领文物保护技术高地，推动研究资源和研究成果社会共享，实现甘肃文化遗产展示和保护的现代化。

第三，在数字技术应用方面，要以遗产为本，以数字为媒，以创意为核，打造多元应用场景，助力文化遗产"活"起来。借助大模型、5G、元宇宙、人工智能等新兴技术赋能文化遗产数字化转型，推动虚拟景区、旅游直播、沉浸式场馆、超高清全景视频、国家文化公园数字云平台等数字文旅产品，提升供给质量，以新场景、新模式、新业态创新消费新体验。[①] 此外，要加强数字人才队伍建设。文化遗产的数字化保护与开发工作是一项系统性、持续性和技术性较强的工作，人才是产业发展的核心元素。要加强科技型企业、高等院校、科研机构对文化遗产数字化专业人才队伍的培养，培养一批知识型、智慧型、创意型的复合型人才，推动文化遗产数字化的高质量实践与发展。

（六）注重传承主体培育，大力激活非遗内生动力

传承人是非物质文化遗产主要的传承力量。与物质性文化遗产相比，不少非遗技艺、工序没有文字记录，有赖于师徒之间的口传心授、长期实践的耳濡目染。由此可见，非物质文化遗产的核心在于其蕴含的知识、深厚的情感、精湛的技能与手艺，以及通过传承人的活态传承。因此，需要着重保持和扩大传承人群体，并不断加强非遗人才队伍建设，让非物质文化遗产在传承中更好地延续其历史文脉，并在当代生活中焕发新的生机。

---

① 夏杰长，叶紫青．共生理论视角下文化遗产与数字科技融合发展研究［J］．行政管理改革，2023（10）：14-24.

第一，要进一步深化甘肃非物质文化遗产的知识产权保护工作，积极推动代表性传承人、项目保护单位、行业协会及其他相关组织，将符合标准的传统技艺、美术及艺术表现方法等申请专利、注册商标、申报地理标志及版权登记。同时，应大力扶持知识产权公共服务机构和法律服务专业机构，确保这些机构依法为上述组织提供专业、高效的指导和代理服务，全面加强甘肃非物质文化遗产的知识产权保护力度。[①]

第二，应积极采用数字多媒体等现代化技术手段，通过影像、文字资料等多样化的形式记录与保存代表性传承人所掌握的非物质文化遗产知识和独特技艺，以确保这些宝贵的文化遗产得到长久传承与保护。[②] 增加甘肃非遗地理信息基础数据库、甘肃非遗传承人谱系数据库，不断推动数据资源与国家级平台的对接与共享，以 VR／AR 等新型技术手段，沉浸式、立体化地展示非遗项目，使用户能随时随地通过手机欣赏非遗精品、了解非遗故事、学习非遗技艺。

第三，要设立一批特色鲜明、示范带动作用明显的非遗工坊，提升传统工艺创新力，建设具有民族、地域、行业特色的非遗专题馆和非遗传承体验中心，充分调动民间力量在文化遗产保护传承发展中的积极性，鼓励、支持各地编辑出版非遗读本、绘制非遗旅游地图、录制非遗音视频，讲好旅游景区非遗故事。因地制宜地鼓励非遗工坊文创产品进景区展示展销，打造非遗特色产业园区和美食街区，支持传统表演类非遗项目进景区常态化展演，通过非遗活态传承体验，让消费者近距离感受非遗魅力、体验当地民众生活方式、认同中华优秀传统文化，提升旅游产业的内生动力，为民众参与非遗传承体验创造有利条件。

---

①　甘肃省非物质文化遗产条例［N］．甘肃日报，2022-07-13（005）．

②　夏杰长，叶紫青．共生理论视角下文化遗产与数字科技融合发展研究［J］．行政管理改革，2023（10）：14-24.

第六章　甘肃现代旅游产业体系建设

构建现代旅游产业体系，既是建设现代产业体系的重要组成部分，又是促进文旅融合和文旅产业高质量发展的关键举措。作为黄河流域中华民族的发祥地之一，甘肃拥有优质的旅游和文化资源禀赋，包括自然、人文、历史、艺术、宗教、民俗等丰富种类，具备构建现代旅游产业体系的坚实资源基础。近年来，甘肃省文化和旅游产业快速发展，现代化旅游产业体系正在逐渐形成，旅游治理能力现代化水平稳步提升，旅游产业的综合效应持续释放，但甘肃旅游业发展的短板仍然很多，亟待克服，高质量推进现代旅游产业体系建设还任重道远，需要多管齐下，多措并举，急起直追。

第一节　现代旅游产业体系的构成要素

一、现代旅游产业体系的内涵特征

2023 年政府工作报告指出，加快建设现代化产业体系是我国当前和今后一段时间的工作重点。现代化产业体系是现代化经济体系的重要组成部分，是持续深化供给侧结构性改革的主要任务，能有效促进新旧动能接续转换和新发展格局构建，实现经济高质量发展。现代旅游产业体系是高质量发展目标下旅游产业本身、旅游产业和文化产业等其他产业和领域融合而形成的一个相互促进的复杂产业系统。构建现代旅游产业体系是推动旅游业高质量发展和满足人民对旅游美好生活需要的内在要求。2021 年 1 月，全国文化和旅游厅局长会议将构建和完善现代旅游业体系确定为"十四五"时期我国文化和旅游发展的战略任务之一。2021 年 4 月，文化和旅游部印发《"十四五"文化和旅游发展规划》，强调要健全现代文化产业体系、完善现代旅游产业体系、完善现代文化和旅游市场体系。构建现代旅游产业体系是一个动态持续的过程，具体表现为产业分工的深化、产业要素与结构的优化、产业组织和功能的升级等。

现代旅游产业体系是旅游全产业链融合发展形成的完善的现代产业生态，现代生产要素价值充分释放，旅游产品市场供需匹配，现代化治理体系完善优化。发展现代旅游产业体系主要具备以下特征：第一，具备综合属性。旅游产业由最初的相对单一的创汇功能和经济属性向具备经济、社会、文化、政治、外交等功能的综合产业和幸福产业转变，成为满足人民美好生活向往的重要产业和国民经济的战略性支柱产业。旅游产业体系内各主体的联系与互动更加紧密，旅游产业链和生态系统逐渐建立和完善。第二，生产效率显著提升。随着旅游产业发展成熟，粗放式增长模式逐渐转向高质量发展，要素投入驱动型增长逐渐转向现代生产要素投入与生产率提升双重驱动。旅游产品多元化、个性化和品质化特征凸显，单一旅游景点观光模式向联通整个旅游目的地的全域旅游模式发展，产业业态持续创新，发展出丰富的"旅游+""+旅游"融合业态。第三，治理现代化。旅游资源配置由政府主导模式逐渐过渡到市场配置模式，政府数字化治理能力显著增强，充分利用现代技术治理旅游产业，治理质量和效率得到大幅提升。治理主体多元化，形成多元主体协同治理的现代旅游治理体系。

二、现代旅游产业体系的构成要素

现代旅游产业体系的构成要素复杂，建设与完善现代旅游产业体系是一个长期的系统工程。从现代旅游产业体系的构成要素来看，现代旅游产业体系以旅游产业链为核心，围绕产业链延伸出生产要素体系、业态与产品体系、市场体系、治理体系等。

第一，产业链体系。产业链供应链是助力产业高质量发展、保障实体经济稳定运行、构建新发展格局的重要内容。延长产业链、提升产业链发展质量与韧性、优化产业链发展模式、促进跨产业融合、完善产业生态等，是构建产业链体系的重要任务。

第二，生产要素体系。生产要素是产业和社会生产活动运作必不可少的资源，是维持国民经济正常运行的基础因素。随着经济社会不断发展，生产要素种类也越发丰富和多样，我国在相关政策文件中提出了劳动、资本、土地、知识、技术、管理、数据七项生产要素。对于旅游产业而言，劳动和资本是最重要的传统生产要素，数据作为新兴生产要素，对于构建现代旅游产业体系越发重要。

第三，业态与产品体系。业态与产品是现代旅游产业的核心构成，旅游产业有着十分丰富的业态和产品，如大众旅游、观光旅游、休闲旅游等传统细分旅游产品；红色旅游、乡村旅游、研学旅游、旅游演艺等新兴旅游产品；文化旅游、体育旅游、交通旅游等"旅游+"和"+旅游"融合产品。旅游产业业态和产品正在高速发展中，持续涌现的新业态、新模式、新产品是旅游产业高质量发展的重要动力。

第四，市场体系。市场体系是发挥产业体系经济与社会效益的基本途径，也是推动现代产业体系建设发展的有效驱动力。有效的市场体系能够充分实现消费者需求，促进商品交易，扩大有效供给。如何建设旅游市场体系，释放巨大的旅游消费潜力是构建现代旅游产业体系的重要课题。

第五，治理体系。治理体系强调了参与主体的多元化和多中心，将传统的政府主导的单方面管理的模式优化为多元利益相关者共同参与的新模式，从自上而下的单向管控过渡为多元主体平等合作的共同治理。基于旅游活动利益相关者，现代旅游产业治理体系的主体主要包括政府、行业企业、行业协会、目的地居民和游客等。建立多主体共同参与的现代旅游治理模式成为现代旅游治理体系的基本方向。

三、现代旅游产业体系的建设逻辑

《甘肃省"十四五"文化和旅游发展规划》提出，要促进"文化旅游产业结构不断优化""现代文化旅游现代产业体系和市场体系基本健全"。现代旅游产业体系建设是一个复杂的系统工程，涉及诸多要素、主体、链条和生态。

第一，建设现代旅游产业体系的关键在于产业链提质升级和产业生态优化。从现代旅游产业的运行来看，构建现代旅游产业需要实现产业链和创新链的协同发展，释放生产要素价值，促进生产要素流动，推动产业集群发展和产业跨界融合。

第二，建设现代旅游产业体系必须重视需求侧管理，探索旅游新业态、新产品，优化旅游产品市场，扩大旅游消费，实现供给侧结构性改革和需求侧管理高效联动，达到需求牵引供给、供给创造需求的更高水平的动态平衡。

第三，现代旅游产业体系健康可持续运行有赖于有效的治理体系保障，形成以政府为主体的多元主体协同治理模式。因此，在新的发展阶段，基于现代旅游产业体系的构成要素与其功能结构，现代旅游产业体系建设应该以产业链体系建设为核心，以生产要素体系建设为支撑，以新业态和旅游产品的创新发展为重点，以市场体系建设为抓手，以现代治理体系建设为保障，构建和完善五位一体的现代旅游产业体系。现代旅游产业体系构成与建设方向如表6-1所示。甘肃省可以以此为框架，基于五个子体系维度，高质量建设发展现代旅游产业体系。

表 6-1　现代旅游产业体系构成与建设方向

子体系	构成要素	建设方向
产业链体系	产业链升级	资源开发与保护、生产方式与效率、产业链模式
	跨产业融合	文旅融合、交旅融合、智慧旅游
生产要素体系	要素市场化配置	要素市场化配置、要素配置效率
	要素投入	技术创新、资金与金融、人力资源、数据
新业态与旅游产品体系	传统与新兴业态、产品	红色旅游、乡村旅游、研学旅游、旅游演艺、生态旅游、康养旅游、体育旅游等
市场体系	旅游市场消费	匹配需求变化、缓解供需失衡、释放消费潜力
	多层次市场主体	龙头企业、中小微企业和创新创意型企业、多元主体协同发展生态系统
	区域旅游品牌	多主体参与共建、共同受益
治理体系	治理模式	管理去中心化、现代化治理制度、数字文旅治理
	旅游目的地管理	旅游目的地形象、旅游目的地营销、旅游目的地安全
	开放合作	区域旅游开放合作圈、国际旅游

第二节　甘肃现代旅游产业链体系建设

一、产业链全面升级

（一）生产方式与生产效率

旅游产业生产效率是衡量产业发展水平和质量的重要指标，体现了旅游产业的综合竞争力。旅游作为典型的服务产品，需要消费者具身前往旅游目的地进行实地消费体验。旅游产品生产受到不可存储性、不可远距离贸易、生产消费共时性等因素制约，难以释放出传统实物产品生产所具有的规模经济、范围经济和长尾效应。因此，现代旅游产业体系需要缓解制约因素的限制，升级旅游业结构，降低市场主体的交易成本，缓解要素市场信息不对称性和扭曲程度，通过优化技术、劳动力等要素供给，发挥技术创新驱动效应等优化旅游产业生产方式，提升生产效率，实现产业链全面升级。

优化生产方式、提升生产效率是实现产业链全面升级的发展基础，进一步支撑产业链延长和产业融合发展。一是要促进旅游产品价值攀升。延长旅游产业链，实现从生产低附加值产品到生产高附加值产品的价值攀升。在此基础上，加强市场化和数字化发展思路，进一步拉长旅游产业链条，支持新产业、新业态创新发展，增添旅游产业发展新动能。二是要推动旅游产业传统生产范式升级，提升旅游产业生产效率。充分利用新兴技术和现代生产要素，发挥数字技术的实时传输和异地多主体共享等功能，创新旅游产品生产和体验方式，打破旅游产品生产和储存的限制，对旅游行业进行全方位、全流程的升级优化，推动旅游产业传统生产范式升级，改善旅游产业创新和发展环境。释放数据等现代生产要素的内在价值，与传统生产要素协同释放出叠加效应。三是要加强旅游相关数字平台建设与应用。发挥平台可供性、灵活性和开放性等优点，提升市场和交易双方覆盖范围，显著降低双方用户的信息不对称与交易成本，提升资源配置效率和市场交易效率，最大化释放交叉网络效应，推动实现潜在旅游消费需求，优化旅游者全过程消费体验。

（二）优化产业链发展模式

现代旅游产业链发展模式主要有产业链重组模式、产业链价值共创模式和产业链延伸模式，通过优化和创新产业链发展模式推动产业链全面升级，进而支持现代旅游产业体系构建。

第一，产业链重组模式。产业链重组模式以供给侧结构性改革为基础，以供应链升级为抓手，对传统旅游要素进行组合和重构，提升旅游产品供给质量，扩大旅游市场消费规模。推动产业链重组和优化，挖掘"旅游+""+旅游"等融合点和增长点，实现潜在旅游和文化资源向旅游文化产品以及旅游文化物质空间的转变。在供给侧结构性改革驱动下，旅游产业链高质量发展有赖于产业体系内多元主体共同合作，扩展和完善旅游产业功能，创新旅游产品供给，丰富品质化、多元化和体验化旅游产品和服务供给。

第二，产业链价值共创模式。产业链价值共创模式以需求侧管理为基础。为匹配旅游需求定制化、品质化、个性化等转变趋势，以及持续涌现的旅游细分市场需求，应加强产业链供应链对于需求变化的敏捷性，利用数字技术发展柔性化生产模式，将消费者纳入生产体系中，构建多元主体价值共创的良性互动模式。加速甘肃省内旅游城市的文化旅游综合体和全域旅游模式开发和建设，依托特色旅游和文化资源，建设休闲旅游集聚区，构建城市休闲、旅游、文化、体育综合空间体系。

第三，产业链延伸模式。产业链延伸模式以数字技术为抓手，最大化利用新兴技术促进旅游产业新业态、新模式、新产品发展。数字技术在驱动现代旅游产业体系发展的过程中能促进生成新的业态，延伸产业链，创造新的价值。以数字技术为黏合剂，促进旅游产业向文化、体育等产业延伸，推动旅游产业链向纵深发展。

二、跨产业深度融合

产业融合是经济社会发展的重要趋势。旅游产业作为典型的综合性产业，与文化等其他产业联系紧密、协同发展。跨产业融合并非简单的产业要素叠加，而是从多维度打破产业间壁垒，促进生产要素跨产业流通，延伸产业链长度，创新新业态、新模式，以"旅游+""+旅游"等形式推动旅游产业与其他产业在更深层次、更广范围、更高水平的有机融合，实现旅游产业体系的现代化构建和全方位升级重塑，形成以旅游产业为核心的圈层涟漪结构产业生态。典型的旅游产业跨产业融合发展模式有旅游产业+文化产业的文旅融合、旅游产业+数字经济的智慧旅游、旅游产业+目的地其他相关产业的全域旅游等。

（一）文旅融合

文化产业与旅游产业具有天然耦合性和互补共赢性，具有融合发展的良好基础。2009 年 9 月，文化部、国家旅游局发布《关于促进文化与旅游结合发展的指导意见》，明确指出文化是旅游的灵魂，旅游是文化的重要载体；加强文化和旅游的深度结合，有助于推进文化体制改革，加快文化产业发展，促进旅游产业转型升级。2018 年，文化部和国家旅游局合并，组建文化和旅游部，职责包括推进文化和旅游融合发展，推进文化和旅游体制机制改革。文化和旅游部的组建从行政体制上保障和促进了文旅融合发展，由此文旅融合进入新的发展阶段。2023 年 9 月，国务院办公厅印发《关于释放旅游消费潜力推动旅游业高质量发展的若干措施》，再次强调"推进文化和旅游深度融合发展"。

文化旅游产业是由文化产业和旅游产业融合形成的产业，文旅产业高质量融合发展能有效实现经济效益、社会效益和文化效益的协同发展和放大效应。

第一，加强高质量文化旅游产品供给，形成甘肃文化旅游网络体系。深入把握文化旅游市场需求，积极创新和升级传统文化旅游产品，有效挖掘文化和旅游资源，探索文化产业和旅游产业联动发展模式，推动文化旅游产品品质化、体验化、个性化升级，创造具有连贯性背景和整体化环境的展示空间，通过可参观性生产促进文化景观展示和沉浸式体验。培育知名的"交响丝路　如意甘肃""敦煌莫高窟"等文化旅游品牌，持续推动省内文化旅游资源和产品创新与升级，打造具有鲜明文化特色、链条完整、高附加值的甘肃旅游文化 IP。

第二，以创新引领文化旅游产业链升级。旅游产业和文化产业涉及领域广泛，边界比较模糊，甚至部分领域具有无边界的特征，产业具有一定的平台性质，兼顾生产性服务业和生活性服务业的属性，具备很强的综合性、联动性和社会性，以上特性决定了文化旅游产业发展需要建立以创新引领全产业链融合升级的思维。围绕文化旅游产业链，创新产业布局，打造文化旅游创新链，在产业链和创新链互动的过程中推动建立文化旅游产业价值链，增加文化旅游产品和产业的附加值，实现文化旅游产业在甘肃省内产业链分工地位的提升。

第三，以数字赋能文旅深度融合发展。数字经济作为继农业经济和工业经济后的主要经济形态，依托数字技术和数据要素有效提升经济发展效率、优化产业结构、创新产业升级动力，正在成为推动经济增长和社会发展的新引擎。以数字技术和数据要素为核心的数字经济赋予了旅游产业、文化产业以及文旅融合新的发展活力与动能，数字经济新业态创新和拓展了文旅融合发展的动力与模式。新技术革命拓宽了文旅融合的空间，推动文化内容与符号进一步渗透旅游消费与生产的各个环节。为充分释放数字经济对文旅融合发展的赋能作用，甘肃应加速促进文化、旅游与现代技术相互融合，发展基于 5G、超高清、增强现实、虚拟现实、人工智能等技术的新一代沉浸式体验型文化和旅游消费内容，有效落实文化和旅游部等五部门联合发布的《虚拟现实与行业应用融合发展行动计划（2022—2026 年）》，探索虚拟现实技术在旅游产业中的有效应用，加强利用新技术发掘甘肃特色文化和宝贵资源。① 在甘肃省内举办数字文旅消费体验等活动，促进数字文旅消费。加强非遗数字化技术研究创新，利用数字信息技术实现非遗的转换和复现，探索和发展基于敦煌莫高窟、麦积山石窟、嘉峪关长城等世界文化遗产的数字化遗产，生产出可共享、可再生的数字形态，创新应用场景，创造新需求，实现数字形态的资源展示、保护与传承，激发文化遗产的生机与活力。

（二）交旅融合

交旅融合是旅游产业升级转型的内在要求和重要趋势。随着居民旅游消费等服务消费需求向着个性化、品质化和体验化升级，对旅游产品的质量和整个旅游业的服务供给提出了更高的要求。道路客运作为旅游者空间移动的主要载体，是旅游活动和整个旅游系统的重要组成和关键支撑。交通和旅游融合不仅是产业升级转型的内在要求，还是扩展新的产业发展空间、探索新的旅游发展模式、释放旅游资源价值的关键途径。在新的发展阶段，要求以交通和旅游深度融合来促进旅游产业高质量发展。交旅融合是一个动态的发展过程，能够推动两个产业业态创新和结构升级，显著提升服务质量，匹配新的消费需求变化，促进相关消费规模扩大，实现"1+1>2"的联动叠加效应。

针对旅游与交通跨产业融合发展的新业态，相关政府部门围绕如何促进交旅

---

① 参见《虚拟现实与行业应用融合发展行动计划（2022—2026 年）》。

深度融合进行了一系列规划和部署，出台了若干政策文件。2017年2月，交通运输部等六部门联合发布《关于促进交通运输与旅游融合发展的若干意见》，提出创新产品构建"快进慢游"旅游交通网络，要进一步扩大交通运输有效供给，优化旅游业发展的基础条件，加快形成交通运输与旅游融合发展的新格局。2019年9月，中共中央、国务院印发《交通强国建设纲要》，提出要加速新业态新模式发展，深化交通运输与旅游融合发展，推动旅游专列、旅游风景道、旅游航道、自驾车房车营地、游艇旅游、低空飞行旅游等发展，完善客运枢纽、高速公路服务区等交通设施旅游服务功能。2021年2月，中共中央、国务院印发《国家综合立体交通网规划纲要》，明确要推进交通与旅游融合发展，充分发挥交通的基础性作用，形成交旅协同发展的良性互动格局。

借鉴我国其他省份交通旅游融合发展的实践与经验，甘肃可以采取以下的交旅融合发展模式：一是旅游+服务区或驿站的交旅综合体模式。在原有服务区或驿站的基础上，延伸出旅游休闲、文化展示、商品展销、特色主题等功能，将服务区或驿站等交通服务设施升级为具有休息、观景、餐饮、娱乐等综合功能的全新交旅融合场所。二是旅游+交通道路的旅游风景道模式。道路交通在可达性和路况升级的基础上，为进一步优化乘客在途体验，还朝着旅游风景道、自驾道等方向升级，将道路打造为旅游吸引物，在完成交通运输任务的同时达成自然风景观光，形成旅游+交通道路的旅游风景道模式。三是旅游+交通工具的综合旅游空间模式。推动基于固定运输线路的传统运输工具向具有娱乐休闲等多元功能的综合交通工具发展，如专列客车、观光巴士等，打造综合风景观光、休闲旅游、文化旅游等一体的特色巴士专线，能同时满足旅客的旅游需求、娱乐需求、餐饮需求和文化体验需求等。

为支持交旅融合新模式发展，推动交通业与旅游业高质量融合发展，甘肃未来应加强以下方面的建设：一是深度融入"快进慢游"交通网络，挖掘和释放旅游产业的优势。甘肃省地域狭长辽阔，城市和景区之间距离较远，交通主要依靠道路运输。构建"快进慢游"交通网络需要充分发挥道路交通的运输作用，把道路交通作为整个交通网络系统的重要组成部分，挖掘和释放旅游公路的优势，强化和凸显公路旅游的魅力。二是加速整合旅游与交通资源，培育交旅融合发展新动能。交旅融合并非交通和旅游产业相关要素的简单直接叠加，而是一个动态发展过程，包括理念、产品、功能、技术、服务等多个维度的融合。应基于交通和旅游资源特性、消费者需求、行业高质量发展内在要求等多个方面，推动两个产业的资源有机整合并达成相互促进的协同发展关系。三是创新旅游客运产品供给，发展交旅融合新业态。创新是引领交旅融合和高质量发展的重要动力。未来需要进一步加速创新旅游客运产品供给，促进思维创新、理念创新、产品创新和服务创新等，推动传统的较为单一的旅客运输功能向综合旅游体验功能产品的转变。四是充分利用新兴技术赋能，优化服务内容和质量。数据要素和数字技术是促进交旅融合高质量发展的重要驱动。推动交旅融合发展需要充分利用人工智能、大数据、5G 等新兴技术赋能，持续优化服务内容和质量。[①]

（三）智慧旅游

智慧旅游可以看作由旅游产业与数字经济深度融合发展而成。智慧旅游是旅游者个体在旅游活动过程中所接受的泛在化的旅游信息服务，强调了对旅游个体特殊需求的针对性，是一种泛在化、个性化、互动性、科学性、全时空、全流程的旅游信息服务模式。通过充分运用先进高新技术以服务旅游者，并实现旅游目的地的智慧化运行和管理，为旅游者和当地居民提供美好的观赏体验和生活环境，促进旅游目的地的可持续发展和成长。智慧旅游模式成为解决旅游发展难题和提升旅游产业生产和管理效率的有效途径和新方向。[②]

第一，完善甘肃智慧旅游建设的顶层设计，积极推动现实实践。以《甘肃省"十四五"智慧文旅发展规划》为指导，以甘肃旅游目的地建设及相关文旅企业、游客等实际需要为基准，科学规划设计智慧旅游建设方案，保障智慧旅游建设项目的针对性和实用性，从相关政策措施与建设活动、发展建设环境、数字技

---

① 夏杰长，刘怡君．交旅融合高质量发展的内在逻辑与实施方略［J］．改革，2022（8）：111–122.
② 乔向杰．智慧旅游赋能旅游业高质量发展［J］．旅游学刊，2022（2）：10–12.

术、相关企业和高素质人才资源等关键要素层面对智慧旅游城市建设进行统筹、规划和推进,提供合理充足的资金支持和财政保障,制定配套的规章制度与规划,同时建立积极的评价体系和反馈机制,并在建设过程中不断优化和反馈。

第二,构建和完善旅游一体化公共平台。基于旅游需求的 DPB-S 模式 (Dream-Plan-Booking-Share),发挥网络和信息通信技术的优势,对各类旅游信息进行有机整合,借助甘肃旅游一体化公共平台,实现旅游信息的互联互通,服务旅游需求产生、决策、计划、预订、体验和分享全流程,最终实现旅游信息服务的良性循环。探索建立甘肃省旅游政务、信息和行业等智慧旅游体系,以为旅游者提供高质量旅游体验为根本,打通旅游全产业链,为旅游者提供个性化、泛在化的智慧旅游服务,涵盖全过程、全位置、全方面。根据甘肃省自身特色旅游吸引物、旅游景区和旅游文化等特征,可以设计智慧旅游、智慧景区自助导游,以查询、咨询和互动为三大核心功能板块,每个板块又下设若干子项目。[1] 具体的平台设计构想如表6-2所示。

表6-2　甘肃省智慧旅游一体化服务平台板块规划

板块	项目	内容
查询	景区、线路、旅行社	包括甘肃当地特色文化、旅游景区、美食、购物、住宿、游玩路线和特色美景,同时还可以包括陕西、宁夏、青海、四川等周边省区市的相关旅游和出行信息。以自然遗产、人文遗产、红色文化为特色,下设有敦煌莫高窟、麦积山石窟、嘉峪关长城等。以畅游甘肃为主体,可以包括遗产古迹、休闲娱乐和特色游;还可提供交响丝路主题旅游、黄河文化主题旅游。提供甘肃省内城市一日游、跨城市多日游、跨省联动游、甘肃旅行社、甘肃礼物、甘肃文创产品、景区开放日预约、咨询站和自助导游等便捷服务
	舒适度、酒店、导游、天气、老字号、图片、视频和资讯站	包括简牍文化、长城文化、彩陶文化、伏羲文化、敦煌文化等特色文化,畅游甘肃、旅游手册、甘肃周边、视觉甘肃、环游号和互动咨询,同时在新浪微博、微信、今日头条、抖音、快手和小红书等主流媒体平台建立相应的官方账号,更新旅游相关内容和资讯,与多个互联网社交平台和OTA平台开展广泛和深度合作

① 豆媛媛,颉洁,李思瑶. 数字经济背景下甘肃省智慧旅游高质量发展策略研究 [J]. 市场瞭望,2024 (8):22-24.

板块	项目	内容
资讯	假日去哪儿玩	通过新浪微博等社交平台发布便捷、及时和丰富的资讯与消息,推出丝路季、世界遗产名录地打卡等活动。通过新媒体积极与旅游者和潜在旅游者互动交流,提供基于个体互动的便捷和个性旅游信息及资讯服务
	游玩规划	分为休闲旅游、度假旅游、红色旅游、乡村旅游等多个部分。积极推广和宣传甘肃特色旅游,包括红色旅游、研学旅游、乡村旅游、旅游演艺、生态旅游、休闲度假游、康养旅游、文创艺术游、体育旅游、会展商贸旅游等特色主题旅游类型,以及西部自驾旅游黄金线等线路,提供丰富多样的旅游信息介绍,尽量满足旅游者的多元个性需求
	美食、住宿、购物、娱展演	美食类除了涵盖新鲜及时的美食资讯,还可以包括甘肃传统美食、潮流美食、地方美食和异域美食等多个主题部分,涵盖众多甘肃地道和特色美食,为旅游者提供详尽的图文信息。娱展演栏目包括演出资讯、展览资讯和最具特色美术馆,还可以附有周边地区的文旅资讯等板块,有效推动旅游者向周边地区移动,扩大旅游者的空间范围和停留时间
	旅游行业信用信息、电子政务	电子政务直接关联甘肃省文化和旅游厅。旅游类公共服务包括旅行社名录、星级饭店、红色旅游经典景区、旅游安全实务手册、旅行社官网网址等丰富功能,还应具备政务互动和旅游投诉等功能
互动	社交媒体、论坛、公众号	建立服务于甘肃旅游产业的社交媒体官方账号、论坛、公众号和新媒体平台。发布众多旅游资讯,帮助旅游者了解和掌握最新潮、最流行的旅游信息和模式。鼓励自媒体作者在平台更新旅游资讯和游记信息,鼓励相关主播直播甘肃旅游活动,保证平台信息的时效性和活跃度
	门店信息、App、甘肃礼物、开放日、虚拟旅游、自助导游、一日游	专门设有甘肃礼物销售旅游纪念品、甘肃特色文创产品和甘肃特产,包括传统工艺品、当地特产等多种门类,同时附有线下门店查询功能,方便游客预购和现场购买。加速虚拟旅游建设,争取涵盖甘肃绝大部分A级旅游景区,包括位置信息、景区介绍、自助导游语音等服务,并进一步提高虚拟旅游发展,增强逼真性和互动性,赋予体验者更高的临场感和更好的虚拟体验,进一步促进和激发潜在旅游者旅游意愿;同时也能为进入受限的居民提供旅游服务

第三,加速旅游相关服务的数字化升级。建设泛在化、广覆盖的数字基础设施和网络体系,加强通信信号,保障景区可达区域 4G 全覆盖、Wi-Fi 全覆盖且免费使用,将数字信息技术应用于智慧旅游服务的持续创新。为匹配当前旅游者消费行为的线上化趋势,以及对出行安全性和便捷性的关注,应加速旅游交通、

旅游景区、旅行社等旅游服务主体数字化和智慧化升级，全面普及旅游目的地全要素线上预约和购买方式，加强线上和线下产品和消费场景的联动，推动商业模式从传统线下旅游向线上线下一体化转型。①

第三节　甘肃现代旅游产业生产要素体系建设

一、生产要素市场化配置

生产要素是生产所必需的基本元素，是维系产业运行所必备的基本因素，是经济增长的源泉。生产要素有效配置是生产要素价值充分释放的基础环节，发挥市场配置生产要素的作用、促进生产要素协同是构建现代旅游产业体系关键的制度安排。当省内资源要素向旅游产业倾斜的时候，会对科技等其他产业产生一定的挤出效应，进而导致科技创新能力难以支撑旅游产业及相关产业高质量发展。促进有效市场与有为政府更好结合，可以充分发挥市场在资源配置中的决定性作用，同时有效弥补市场失灵带来的效率损失，更好地配置要素资源。为实现生产要素市场化配置，应进一步破除影响技术、资本、人力、数据等要素自主有序流动的体制机制障碍，加速建设高质量要素市场体系，优化要素市场化配置，提高要素配置效率，推动现代旅游产业结构升级和高质量发展。

二、技术创新

只有坚持科技创新，发挥创新驱动的"乘数效应"，才能支撑旅游产业高质量发展，才能平衡好资源保护与旅游开发的关系。总体来看，甘肃省产业核心技

---

① 向征，丁于思，黎巎．信息技术与旅游：从数字化到信息加速时代［J］．旅游学刊，2020（1）：11-12.

术和创新水平相对薄弱，生产效率较低，区域旅游文化资源分布与经济技术发展错位问题突出，旅游资源丰富的甘南藏族自治州、陇南市等地区经济技术发展水平比较落后，空间错配导致了技术要素的配置低效，一定程度上制约了现代旅游产业体系的建设。

进一步加强科学技术创新，释放数字技术在文旅产业的赋能效应，需要做好以下工作：一是增强互联网、大数据、虚拟现实、增强现实、人工智能等数字技术在甘肃省旅游产业中应用的广度和深度，充分发挥数字技术对旅游产业生产效率的提升作用，加速旅游相关企业数字化转型进程，促进实现旅游和文化线上消费。加快数字技术关键领域布局，推进数字技术在旅游文化产业的创新应用。以技术创新应用为牵引，通过科技扩展服务的边界、范围和主体，提高服务效率和服务体验，形成旅游产业发展新的价值增长点。二是加速建设相关数字基础设施，缓解少数民族和偏远山区等地区数字基础设施滞后的问题。推动研发 5G、大数据、云计算、区块链、工业互联网等新兴技术，促进甘肃地区信息基础设施互联互通。三是加速完善联通旅游各要素和相关行业的一体化和一站式平台，促进数据和信息流通，建立需求端和供给端的有效联通机制，缓解交易双方的信息不对称，促进市场主体信息共享和资源配置优化，促进旅游产业生产效率提升。① 推动企业、高校、科研机构在平台上的产学研合作，帮助相关企业进行价值链、创新链整合。四是促进核心技术区域均衡发展。缓解核心技术区域发展不均衡带来的旅游产业生产效率与发展水平空间异质性，提升甘南、陇南和农村地区的技术创新水平与旅游产业发展速度。

三、资金与金融

资金是现代旅游产业体系构建的基础要素。优化资金配置，支持旅游企业产品研发和技术创新，为有融资需求的企业适时提供资金帮助，是促进旅游产业现

---

① 夏杰长，贺少军，徐金海 . 数字化：文旅产业融合发展的新方向 [J]. 黑龙江社会科学，2020（2）：51-55+159.

代化升级的关键保障。甘肃发展旅游文化产业需要较大规模的资金支持，金融尤其是绿色金融通过引导社会资本从高污染行业退出并流入生态旅游等环保绿色行业，强化企业社会责任，支撑基础建设、科学研究和技术创新，缓解旅游开发和环境保护资金需求对政府财政造成的较大压力，很大程度上可以缓解融资难题。我国金融体系整体上存在着对产业发展支持力度不够的问题，金融体系以传统银行为主，直接融资和间接融资比例失衡，对实体经济的服务功能没有完全释放。除了全国的共性问题，甘肃省当前还存在着金融资源错配和旅游金融服务体系不完善等问题，资本更倾向于流入旅游地产相关领域，而对旅游产品、旅游服务等关键组成的投资不足；资本和金融产品更愿意支持大型旅游集团，中小微旅游企业仍面临着融资成本高、难度大等突出问题，限制了市场主体协同健康发展。

　　资金和金融对构建现代旅游产业体系极为重要，需要从以下着手：一是加强政策支持力度。鼓励金融企业创新开发针对性金融产品，创新基础支撑，破解发展的资金瓶颈制约。加大对旅游产业体系内旅游和文化上市公司、创新创意企业、专精特新等企业的信贷优惠与资金倾斜力度，优化金融服务体系，扶持匹配市场需求、具有高新技术的旅游相关企业发展，增加融资配额，提升金融服务效率和质量。[①] 二是创新和优化相关金融产品。基于甘肃省当前相关金融产品发展情况，借助数据和数字技术等赋能，培育支持技术创新、旅游新业态发展、旅游消费中心建立的现代旅游金融产品，加强旅游消费类金融产品和服务的开发与创新，优化现有优势金融产品和填补欠缺的金融产品，双轮驱动相关金融产品创新。三是建立和完善现代旅游产业金融服务体系。深化旅游产业和金融的联动，加速建立多层次、多渠道、多主体的现代旅游产业投融资体系和金融服务体系，科学合理引导社会资本参与甘肃省内旅游和文化项目建设，搭建政银企服务平台，探索政府融资平台市场化运行模型，加强金融人才队伍培育和引进，释放现代金融的杠杆作用，以优质的服务体系促进金融发展，有效支撑旅游产业健康有序发展。

---

　　① 翁钢民，潘越，杨秀平，等．协同视角下旅游产业与科技创新、现代金融发展格局的时空动态关系[J]．经济地理，2020（1）：214-225.

四、人力资源

人力资源是构建和发展旅游等现代产业体系的关键资源和生产要素。旅游产品作为服务产品，优质的消费体验离不开服务人员和消费者的共同参与，直接和间接服务人员都会对旅游者的旅游体验产生显著的影响。[①] 甘肃省现阶段面临着较为严重的旅游产业人力资源缺乏和错配问题。旅游产业敏感性和季节性较强，容易受到外部环境的影响和干扰，人员流动性较强而就业意愿较低。甘肃省旅游行业对高素质人才的吸引力不足，从事旅游行业的人才数量与素质同其他旅游省区市相比仍有不小差距。旅游产业作为一个典型的综合性产业，涉及的行业、领域和要素众多。建设现代旅游产业体系需要大量的多学科复合型高素质人才，而当前甘肃省旅游产业人才以旅游、地理、经济等单一学科背景的人才为主。

甘肃建设现代旅游产业体系亟须解决旅游产业人力资源缺乏和错配问题。一是加强培育复合型、高质量旅游人才，为构建现代旅游产业体系提供动力支持。在人才培养和外部人才吸引方面，甘肃的人才供给和人才吸引力相比其他省区市还有较大的差距，高等院校和职业学校对人才培育的重要作用还需要进一步释放。提升相关院校对多学科复合型人才的培育力度，强化培育学生综合素质与创新实践能力，为现代旅游产业发展提供人才储备。在以现代化推动旅游产业变革的进程中，应注重人力资本结构与人力资本密集型、知识密集型旅游业的匹配性，稳步推动甘肃省内优质人力资本积累。二是优化人才引进政策，提升对高素质人才的吸引力。出台相关政策解决中青年研发人才的科研基金、居住、子女教育等问题，针对快速涌现的旅游新业态、新模式和由此产生的新岗位，更新和优化社会保障、法律救济、技能认定等适配政策制度。三是重视提升旅游一线服务人员素质。组织开展新技术、新技能培训，提升一线旅游服务人员的服务理念和技能。甘肃应根据旅游产业发展情况和实际需求，组织开展技能培训和服务培

---

① 徐紫嫣，夏杰长，姚战琪. 人力资本对服务消费水平的提升效应：基于城乡居民服务消费差距视角［J］. 经济与管理研究，2024（6）：19-37.

训，提高数字技术使用技能，培育以人为本的服务思维，为甘肃旅游产业高质量发展、打造品质旅游产品积累充足的人力资本和发展动力。

五、数据

数据作为数字经济时代的"石油"，是极其重要的新兴生产要素，是新一轮信息技术革命的关键支点。[①] 数据能够优化使用主体未来的决策和行为，带来以经济利益为主的各类收益。数据要素具备的非竞争性和非消耗性使其能同时被不同主体用于不同场景，并且数据要素几乎不会因此被消耗，反而能实现一定的价值增长。[②] 因此，促进数据共享和流通能够使数据要素价值最大化，促进旅游产业体系协同高质量发展。一是推动旅游目的地相关数据充分利用和共享。利用大数据采集、分析等数字技术推动旅游产业实时监测与数据共享，动态监控热门景区游客流量和流向，智能规划最优游览路线，引导游客游览，控制景区负载，保障游客体验。积极推动数据确权、数据交易、数据隐私与安全、数据滥用等数据要素问题和旅游资源数字化的权属问题与体制机制设计等问题的研究与实践，在现代旅游产业发展中持续优化规制与管理方式。[③] 二是合理采集和使用旅游者数据。在促进旅游目的地数据开放和共享的同时，还需要重视使用数字技术，对数据流动与使用进行科学监管，统筹安全与发展。加强对用户和旅游者数据隐私保障、数字伦理、科技向善、文化和旅游资源数字化的权属问题与体制机制设计、文化和旅游资源数字化的安全封闭需求与价值变现的市场开放需求的平衡等。三是动态关注网络用户生成数据。数字技术和线上社交媒体的发展成熟加重了旅游者对网络渠道的依赖，旅游者出行前会在网络平台对旅游目的地相关信息进行搜索，出行后会在社交平台对旅游体验进行分享和吐槽。网络用户生成数据是一把

---

① 胡东兰，夏杰长. 数据作为核心要素的理论逻辑和政策框架 [J]. 西安交通大学学报（社会科学版），2023（2）：107-118.

② 刘悦欣，夏杰长. 数据资产价值创造、估值挑战与应对策略 [J]. 江西社会科学，2022（3）：76-86.

③ 魏翔. 数字旅游：中国旅游经济发展新模式 [J]. 旅游学刊，2022（4）：10-11.

双刃剑，既可以免费大范围宣传旅游目的地，又可能因为一些负面事件和舆论对旅游目的地造成严重冲击。鉴于此，甘肃相关部门需要动态关注网络用户生成数据，评估旅游者感知的甘肃旅游目的地形象，及时处理负面事件，回应舆论争议，营造良好的网络口碑，利用好免费的宣传渠道，打造旅游者共同认可的优质旅游目的地。

第四节　甘肃现代旅游产业业态与产品体系建设

一、红色旅游

红色资源是宝贵的精神财富，甘肃是红色资源大省，具有浓厚的红色文化和丰富的红色旅游资源。作为红色文化资源大省，甘肃省遍布 720 余处红色遗址遗迹，是"两点一存"的革命圣地，也是新中国石油化工、有色冶金等重工业的摇篮，"南梁精神""会师精神""西路军精神""航天精神""莫高精神""八步沙精神"是宝贵的精神财富，有红色南梁、两当火种、腊子口天险、会宁会师、祁连壮歌等红色旅游品牌，丰富的红色印记、红色遗址使甘肃成为热门红色旅游目的地。① 甘肃省红色旅游资源主要分为以下四类：一是以中共甘肃特别支部为核心的早期中共党组织、党员活动红色文化资源；二是以南梁政权为中心的陕甘边革命根据地红色文化资源；三是以哈达铺、会宁会师和西路军为代表的红军长征红色文化资源；四是以八路军驻兰办事处为代表的抗战红色文化资源。甘肃红色旅游发展潜力巨大、态势良好，未来应以资源转化和品牌培育双轮驱动甘肃红色旅游高质量发展。

第一，促进红色文化和红色资源创造性转化和创新性发展。优化红色旅游景区

---

① 参见中国旅游新闻网 2020 年 4 月 29 日发布的《甘肃"两点一存·红色励志"主题旅游线》。

空间要素布局，加强对现代传播方式、网络媒体和数字平台的使用，利用5G、虚拟现实和增强现实等数字技术推动红色文化和红色资源具象化，设计红色叙事精神内核体验性产品，提升红色文化使用效率，突破博物馆束缚，赋予红色旅游产品现代化属性和价值，增强红色旅游产品的生命活力，释放优秀传统文化的时代价值。

第二，完善甘肃红色旅游产品体系，打造甘肃红色旅游品牌。深入挖掘甘肃红色资源和革命精神文化及其意义性，增强红色旅游产品的红色属性、教育属性和爱国属性，加强代表故事和代表人物叙事，引发旅游者的情感共鸣与价值认同，推动红色文化与影视、动漫、演出等载体创造性结合，促进红色文化和故事传播。加强张掖市全国红色旅游国际合作区、会宁县红军会师旧址等红色旅游基地建设，增强甘肃红色旅游知名度、美誉度和影响力，唱响甘肃红色旅游品牌，形成"红色旅游+"多产业融合发展格局。

二、乡村旅游

农文旅协同发展是实现绿色发展和乡村振兴的重要方式，是乡村生态、农业生产与农耕文化相互渗透融合的产物。乡村文化是中华文化的起源，是乡村旅游的灵魂，乡村景观、文化与旅游融合产生了乡村旅游。乡村旅游作为农文旅融合发展的重要载体，基于特色乡村旅游和文化资源，推进乡村产业从传统单一的农业业态向农文旅协同融合的更高层级发展，促进了乡村资源要素的合理配置与高效流通，显著增加乡村产业附加值，保护和传承乡村文化，实现农业生产与旅游发展的有机融合。

乡村旅游有效带动了农村第一、二、三产业发展，突破传统第一产业发展模式，促进农业、文化产业和旅游业协同融合发展，延伸旅游产业链，增加农业产品和旅游产品的附加价值。甘肃省内有54个民族，其中东乡族等为甘肃特有的民族。甘肃还具有农产品种植、养殖、农牧产品加工、手工艺制作等乡土特色，具备发展乡村旅游的优质资源。《中国·甘肃乡村旅游发展指数报告（2021）》显示，2021年甘肃乡村旅游业发展较好，游客接待量达1.31亿人次，实现乡村旅游收入 390.33 亿元，进入持续发展的快车道，是引领甘肃文旅产业发展的重要驱动。① 在甘肃，乡村旅游已成为乡村振兴的关键抓手。未来，要抓好三个关键点。

第一，发展甘肃特色乡村旅游。以整体有序、特色鲜明为发展指导，基于甘肃自然和文化资源，发展一批具有甘肃文化、有机融入地域特色的旅游乡村，如以"丝路风情、异域民俗"为主题的西部乡村旅游、以"中华始祖、黄土文化"为特色的东南部乡村旅游。利用好桃花节、采摘节、赛马节等节事活动，宣传和带动甘肃乡村旅游。

第二，推进乡村振兴，发展乡村旅游。积极推进乡村振兴和数商兴农，探索农商文旅融合发展模式。农商文旅融合是四维相互关联的整体，是推进农村第一、二、三产业融合发展的重点。发挥乡村旅游产业的连接、互动和聚变等作用，促进农商文旅融合的协同发展、要素融合和生态建设，推动乡村农商文旅融合。促进乡村文旅融合需要强化价值表达，深挖文化内涵，再造地缘空间，满足城市居民前往农村体验农业生产等农村生活的需求。结合文旅产业与数字技术，创造深度交互和沉浸文化体验，优化农村文化旅游消费场景，促进旅游者深度参与和体验乡村文化和旅游，巩固和强化集体认同，增加乡村旅游产品附加值。

第三，构建农文旅融合发展的乡村振兴新格局。进一步基于特色种植、现代农业等发展生态观光农业、创意农业、智慧农庄、乡村民宿、生态康养等"旅游+"产业，发挥乡村产业发展的政策支持优势，以旅游产业链为基础，加强科学技术应用，盘活乡村优质特色资源，整合乡村农业、文化及旅游要素，打造甘肃特色乡村，全面提升协同发展动能，构建以旅游产业推动农文旅融合发展的乡村振兴新格局。

三、研学旅游

研学旅游又称修学旅游、研学旅行，是一项以团队形式外出学习实践的旅游

---

① 参见《中国·甘肃乡村旅游发展指数报告（2021）》。

项目。2013 年 2 月，国务院办公厅发布的《国民旅游休闲纲要（2013—2020 年）》中首次提出"研学旅行"概念，推动中小学生研学旅行规范发展。2016 年 11 月，《关于推进中小学生研学旅行的意见》明确指出，中小学生研学旅行是由教育部门和学校有计划地组织安排，通过集体旅行、集中食宿方式开展的研究性学习和旅行体验相结合的校外教育活动，并提出把研学旅行纳入中小学教育计划。随着一系列政策文件出台和相关实践进行，我国研学旅游研究和产业进入快速发展的新阶段。

基于甘肃省丰富的研学旅游资源，甘肃省较早开始了研学旅游产品开发和设计，甘肃地质博物馆、会宁红军长征胜利纪念馆、张掖湿地博物馆、民勤县防沙治沙纪念馆及天水市博物馆入选 2017 年公布的第一批"全国中小学生研学实践教育基地"。2022 年，甘肃省公布了五个甘肃省职业教育红色文化研学旅行示范基地和五个甘肃省职业教育红色文化研学旅行示范基地。甘肃省研学旅游市场发展迅速，研学旅游开发主体包括旅行社、文旅部门、专业公司等多元主体，形成了包括知识科普型、自然观赏型、红色文化体验型等相对完整的研学旅游产品体系，推出了兰州市"我的家乡在美丽兰州"系列研学旅游产品、嘉峪关市"钢铁是这样炼成的"工业研学旅游产品、张掖市的"行走丝路·品读丹霞""激情户外·品赏丹霞""探秘地球·品鉴丹霞"等高质量经典研学旅游产品。

客观来看，甘肃省研学旅游市场呈现良好的发展态势，但是仍存在着研学资源和产品开发深度不足、资源转化效率和质量不高、产品同质化和形式感较重等问题。未来，需要从以下三个方面发力：

第一，突出研学旅游产品特征，释放研学价值。深入利用和开发相关资源，从研学产品展示与介绍基础功能过渡到系统讲解与深入体验，突出研学旅游产品的教育性、文化性、体验性、成长性与趣味性特征，真正发挥研学旅游学习文化、增长见识、培育爱国精神和社会责任感、加强实践创新等作用。

第二，丰富研学旅游产品，探索多元主体发展模式。开发相关产品时需要充分基于消费主体的需求和特征，合理使用不同地区的相关特色资源，推动多元主体共同参与研学旅游产品开发和优化，形成包括以酒泉卫星发射中心为基地开发的航天知识科普型研学旅游产品、以酒钢（集团）公司为背景的"钢铁是这样炼成的"工业研学旅游产品等多样化、差异化、个性化的研学旅游产品体系。

第三，强化研学旅游产品的教育属性。研学旅游的主体是中小学生群体，以素质教育为本质目的。针对当前存在的弱参与性、弱教育性问题，进一步增强研学旅游的教育活动安排和教育属性，优化课程目标、形式和安排，平衡研学与旅行属性。

四、生态旅游

甘肃的生态旅游产品将成为重要的旅游细分市场，具备很强的发展潜力。甘肃省文化旅游产业正处于快速发展中，生态旅游业也取得了重要突破。甘肃的生态旅游发展和成长空间较大。从发展要素配置效率与关联带动效果上看，在"十四五"期间乃至今后很长一段时期，仍然会面临不小的挑战，如何结合甘肃省旅游产业及相关产业的价值链转化过程与实际发展条件，制定可执行可操作的深入发展举措，以补链优链实现生态旅游与旅游产业体系的协同高效增长是实现生态旅游高质量发展的重要课题。未来，需要从以下三个方面发展甘肃生态旅游业：

第一，推动生态价值有效转化。将生态资源有效开发为旅游产品，建立生态价值的有效转换机制，实现生态价值向经济价值转化，是保护甘肃生态环境，促进生态资源合理开发利用的重要保障机制。

第二，制定生态补偿政策。政府相关部门需要对甘肃的生态资源进行合理补偿，以激励生态资源的保护和合理利用。推动建立市场化、多元化生态补偿机制，以激发生态资源的经济价值，促进生态产业和旅游产业的协同可持续发展。

第三，丰富生态旅游产品。平衡好保护与开发需求，强化"生态旅游"的发展理念。以生态旅游者需求为引导，从产品开发、业态创新、营销宣传、价值转化、产业治理等方面对生态旅游产品进行优化与创新。

五、旅游演艺

旅游演艺活动以地方文化为资源，开发了新的旅游业态和产品，正在成为旅游市场的新热点，还能够促进文化宣传、贸易往来、信息流动和对外交流，显著提升举办城市的知名度和美誉度，推动旅游产业和地方经济发展。[①] 甘肃地处丝绸之路黄金路段，具有厚重的人文历史和奇特的自然风光，为旅游演艺提供了丰富的素材资源。20 世纪 90 年代开始，甘肃旅游演艺业快速发展，成为甘肃旅游产业体系中形态多样、特色迥异、效能显著的重要业态。[②] 甘肃当前的旅游演艺主要有三类：一是康乐县"莲花山花儿会"、甘南藏族地区的林卡节等具有文化要素和精神底蕴的传统民族民间风情游艺；二是形式多样且内容丰富的现代旅游演艺；三是《敦煌盛典》《又见敦煌》等以著名景点为创作背景的大型主题实景演出。旅游演艺发展的核心在于内容，内涵单一、内容同质化、形式感过强、缺乏内在思想的旅游演艺注定难以长远发展，市场需求的变化倒逼旅游演艺必须不断创新，追求高质量发展。

第一，优化顶层设计，推动甘肃旅游演艺业转型发展。深入学习和贯彻习近平文化思想，紧握文旅融合发展背景，根据《关于促进旅游演艺发展的指导意见》，牢固树立精品意识，加强市场调研，坚持文艺为人民服务、为社会主义服务的根本方向，积极调整旅游演艺业的战略定位和发展方向，优化旅游演艺业的资源利用方式、发展路径和体系构建，鼓励旅游产品市场创新，持续打磨和推出有内涵、有质量、有温度、有韵味的精品旅游演艺作品，为广大人民群众提供更丰富、更优质的文化旅游产品。

第二，深挖甘肃文化，多形式展演甘肃故事。深入挖掘甘肃敦煌文化、红色文化等特色地域文化和旅游资源，促进素材资源向产品的创新性转化，建立和凸

---

① 张灿，李婷. 文化演艺产品在旅游产业中再生产的动力与路径［J］. 四川师范大学学报（社会科学版），2022（4）：89-96.

② 李文浩，王炎柃. 旅游演艺业态对甘肃旅游演艺发展的反哺效应：基于 CiteSpace 的知识图谱分析［J］. 西部文艺研究，2023（6）：198-203.

显独特的甘肃文化符号，彰显甘肃精神和文化魅力，打造一系列蕴含甘肃特色的旅游演艺品牌和产品，赋能旅游演艺业高质量发展。

第三，匹配消费需求变化，释放数字赋能效应。赋予传统文化更多的时尚因子和多元化表现方式，强化虚拟现实技术、增强现实技术等新兴数字技术对旅游演艺的赋能作用，推动旅游演艺业高质量发展，提振文旅经济消费，在展演全过程中有机融入数字技术，创新展演形式和宣传渠道，培育具有甘肃特色的沉浸式旅游演艺业态和产品。

第五节　甘肃现代旅游产业市场体系建设

一、旅游市场消费增量提质

旅游市场的消费动力与转化是建设现代旅游产业体系的关键环节。当前甘肃省旅游产品市场仍然面临着突出的供需失衡矛盾，旅游产品有效和高质量供给不足，难以满足和匹配快速增长和变化的旅游需求，旅游人均消费较低，消费潜力尚未释放。整体上，甘肃省旅游产品供给最多的是以观赏自然风光为主要活动的观光旅游和大众旅游，从消费构成看，交通、住宿和门票等基础消费占比超过七成。[1] 甘肃面临着旅游产品个性化和差异化不足，对旅游和文化资源的内涵、特色和优势等开发与挖掘不深入，产品开发处于初级层次，同质化和重复性产品较多，深度体验性和品质化产品较少等问题。此外，旅游业态和产品的跨界与创新发展力度不足，对数字技术应用的层次较浅，如"一部手机游甘肃"智能平台的主要功能为景区介绍、定位、讲解等基础服务，与Z世代等消费者期待的沉浸式一体化旅游体验还有一定的距离。促进甘肃省旅游产品市场旅游消费增量提质

---

① 马婷婷. 文旅融合视域下甘肃文旅产业高质量发展研究［J］. 北方经贸，2023（6）：156-160.

升级，需要以解决供需失衡矛盾为导向，大力培育多层次高品质旅游产品体系，适应消费者需求和偏好变化，充分释放旅游消费潜力。

第一，科学研判旅游消费需求变化，驱动供需高效匹配。针对当前甘肃省存在的部分旅游产品供给和需求错位问题，培育文旅新型消费，提升传统消费效益，加强对数字技术的有效应用，加大市场调研和产品动态优化，推动旅游产品高质量供给，以满足快速变化的旅游者需求，实现产品与市场的准确对接。[①] 例如，近郊休闲和度假游产品需求持续增加，当前旅游产品供给难以有效激发消费潜力，应加大对郊游、周边游、露营、户外运动等"微度假"旅游产品的开发和创新，针对性推出小型化旅游团体和自助游产品，基于原有的以帐篷、运动装备等相关设备供给为主的旅游产品供给模式，进一步探索深入旅游体验的核心部分供给，对相关旅游产品进行有效整合和优化。[②]

第二，匹配数字文旅消费新需求。加强云旅游和数字旅游产品供给。随着数字技术的高速发展和深入应用，我国旅游产品市场开始出现越来越丰富的云旅游和数字旅游产品。目前甘肃省旅游市场上虽有《敦煌盛典》《又见敦煌》《回道张掖》等优秀的沉浸式文旅演艺产品，但整体上产品供给同质化较为严重，产品品类较为单一，数字技术和旅游产品的结合还停留在表面。未来应进一步挖掘文化内涵和地方特色，实现历史文化、旅游和数字技术的有机深度结合。

第三，发展入境旅游市场。随着长线旅游和国际旅游需求迎来新的增长，旅游市场急需相应的旅游产品供给。[③] 旅游产业链较长，节点和参与主体众多，面对旅游需求的快速变化，产业调整具有一定的时滞性，现有的产品类型和结构与旅游需求间存在一定的扭曲和错配。为响应国家"全面发展国内旅游，积极发展入境旅游，规范发展出境旅游"的号召，提速发展入境旅游市场，甘肃相关部门

① 夏杰长，张雅俊. 数字媒介与具身体验：旅游城市品牌的构建路径 [J]. 学习与探索，2024 (3)：87-94.

② 徐紫嫣. 探索休闲街区助力建设高品质宜居城市的路径研究 [J]. 价格理论与实践，2021 (9)：78-81.

③ 徐紫嫣. 旅游业融入"双循环"新发展格局：实施路径与政策思路 [J]. 企业经济，2021 (10)：143-150.

应加速优化目的地入境政策、签证办理、货币兑换等入境旅游手续，加强甘肃省全域旅游的安全性和品质性，根据国际消费者需求和偏好进行动态调整和产品创新，丰富和完善国际旅游产品供给体系。

二、培育多层次市场主体

甘肃现代旅游产业市场体系建设需要培育多元化、多层次的市场主体。

第一，培育旅游产业龙头企业，以"雁阵"发展战略引领旅游产业发展。龙头企业是产业链的组织者、品牌质量的引领者，是打造旅游产业集群的核心力量。应当坚持以龙头企业为引领，打造一批具有国际知名度和竞争力的旅游企业和品牌，培育其自主旅游品牌和关键核心技术，推动跨行业融合和品牌运营，建设一批跨界融合、竞争力强的旅游产业集团和产业联盟，构建龙头企业引领产业和品牌建设的良性发展格局，发挥其国际影响力，以龙头企业带动国际旅游市场发展，以强力龙头企业驱动旅游产业高质量发展。

第二，支持中小微企业和创新创意型旅游企业发展。政府相关部门应以相应的资金补贴、减税降费等政策措施支持旅游企业开展研发活动，鼓励企业积极开发和创新旅游产品，支持"小而精、小而特、小而优、小而新"的中小微企业特色化发展。重视旅游需求侧对科技和产品创新的倒逼功能，加强旅游企业与科研院校的合作联动。

第三，构建完善多元主体协同发展生态系统。为充分释放市场主体活力，提升甘肃省现代旅游产业发展质量与效益，未来应该鼓励、支持和引导各类市场主体积极参与产业发展和协同创新，加强对高素质创新应用主体的培育，以企业需求为导向，创建旅游公共服务平台，搭建销售、信息数据分享等平台，集聚优质资源，支撑企业研发创新活动，以创新生态系统支持多元主体协同发展，构建多层次市场主体相互促进的发展格局。

三、打响甘肃区域旅游品牌

品牌塑造有助于识别和区分产品或服务，实现差异化竞争。旅游作为服务产品，其具备的无形性加强了其对品牌的依赖，在提升经济发展效益和企业竞争力中的作用不断凸显。① 区域旅游品牌是指基于一定地域空间内包括自然、人文等综合旅游资源而建立的品牌，具有经济性、差异性、公共性、人文性和稀缺性等特点，有助于识别和区分旅游产品和服务，实现差异化发展。打响甘肃区域旅游品牌，有利于提升甘肃的旅游知名度和影响力，是发展现代旅游产业体系、实现经济提质增效的有效途径。目前，甘肃省旅游产品开发大多停留在初级阶段，精深开发程度不足，"陇上乡遇"等乡村旅游品牌的品牌效应未充分释放，旅游与地方特色文化、特色民俗、特色食品等资源融合得不充分，甘肃区域旅游品牌的国内外知名度和影响力还不足。打响甘肃区域旅游品牌需要政府、企业、当地居民和旅游者等利益相关主体共同参与，形成具有甘肃特色的旅游产业发展模式，擦亮"世界的敦煌""人类的敦煌""东亚文化之都"等金色名片，唱响甘肃区域旅游品牌。具体而言，需要从以下四个方面发力：

第一，深入挖掘和开发甘肃特色旅游目的地品牌形象。最大程度上保持甘肃特色，发挥甘肃特色资源优势，提升"交响丝路·如意甘肃"的影响力与认可度，打造特色区域品牌，与其他旅游目的地最大限度地区分开，提升自身旅游产业竞争力，打造世界级旅游目的地和国际知名旅游品牌。

第二，相关部门应大力支持甘肃区域旅游品牌的数字化升级，激发品牌活力。借助互联网和数字技术增强品牌的影响力和知名度，重视线上传播渠道和营销新方式，关注旅游者目的地形象感知，加强对相关大数据的分析，增强甘肃区域旅游品牌的有形化、感知力和差异化。

第三，整合线上线下资源，深度挖掘甘肃长城文化、彩陶文化、齐家文化、伏羲文化等区域特色文化，发展红色旅游、乡村旅游、研学旅游、康养旅游等新业态、新产品。

第四，加强旅游产品和服务标准化建设。引导旅游企业树立以产品服务标准

---

① 夏杰长，张雅俊. 数字媒介与具身体验：旅游城市品牌的构建路径［J］. 学习与探索，2024（3）：87-94.

化、品牌化为基础的生产和服务导向，保障产品质量和消费体验。以标准化促进旅游服务质量目标化、服务方法规范化和服务过程程序化，保障优质旅游体验地获取和甘肃区域旅游品牌增值。

第六节　甘肃现代旅游产业治理体系建设

一、治理模式

在技术和经济的多重影响下，旅游产业新业态和新产品持续涌现，产业和市场边界愈发模糊，旅游产业涉及领域和要素众多，内部高异质性特征更加凸显，同时数字技术深入应用带来的平台垄断、大数据"杀熟"等问题越来越普遍，这些变化都为旅游治理带来了巨大的挑战，传统旅游治理模式难以有效适用。① 建设现代旅游产业体系需要有与之匹配的现代化治理思想和治理模式。

第一，推动治理能力和治理模式现代化转变。加速管理去中心化，形成旅游目的地政府、当地居民、客源地、行业协会、旅游者和旅游媒介等多元主体共同参与、相互促进、协同发展的现代化治理制度和发展格局。甘肃相关政府部门需要减少对旅游市场和资源配置的直接干预，修订完善监管政策体系，优化现代旅游产业发展和市场环境，完善相关法律制度，规范旅游市场秩序，充分重视旅游者不良体验与投诉，增强旅游和文化公共服务供给质量。提供优质的在线政务服务，优化政府监管方式和政府治理体系，促进政府信息互联互通和业务协同，简化政务流程，充分利用数字技术赋能监管，实现"放管服"，为新业态发展提供

---

① 陈琳琳，徐金海，李勇坚. 数字技术赋能旅游业高质量发展的理论机理与路径探索 [J]. 改革，2022（2）：101-110.

制度保障。

第二，建设数字政府和数字文旅治理模式。数字政府的发展为旅游企业创造了优质高效的政务环境。建设数字政府和数字文旅治理模式，需要加强省内和国内不同部门间的有机衔接和数据流通，增强旅游产业治理的数字化和智慧化水平，提升政务网办率、全程网办率和满意度，充分利用数字技术和数字平台建立机制灵活、主客共享的公共旅游服务体系，加强旅游公共服务的数字化和智慧化，进一步联动文化、医疗、体育等其他产业资源，拓展旅游公共服务范围，丰富旅游公共服务供给。①

二、旅游目的地管理

旅游目的地是指能够对一定规模旅游者形成旅游吸引力，并能满足其特定旅游目的的各种旅游吸引物、旅游设施和服务体系的空间集合。有效的旅游目的地管理能够吸引更多的旅游者、延迟旅游者停留时间、促进旅游者消费。经济目标并非管理旅游目的地唯一的、首要的目标，为旅游者提供满意的旅游经历、保障目的地居民和利益相关者的长远利益才是旅游目的地管理的核心追求。基于甘肃旅游产业发展情况，甘肃旅游目的地管理可以重点从旅游目的地形象、旅游目的地营销、旅游目的地安全和舆论、旅游目的地法治文旅等方面入手。

第一，打造优质旅游目的地形象，讲好甘肃故事。根据《甘肃省旅游条例》提出的重塑品牌价值、重振消费信心、重塑行业生态的要求，以甘肃文化和甘肃故事明晰和强化甘肃旅游品牌，以优质的特色旅游产品供给和旅游公共服务打造甘肃品质旅游目的地形象，以优质的旅游目的地形象和服务提振旅游消费信心。深度挖掘甘肃乡村和农耕文化，发展甘肃特色乡村旅游，打响"陇上乡遇"乡村旅游品牌。利用数字技术，在构建旅游现代产业的过程中提升旅游目的地的传播度和知名度、监管回应效率和速度及社会责任感，匹配消费者旅游消费需求变化，提高旅游服务质量，促进旅游产业融合和创新发展，释放优质旅游目的地形

---

① 徐金海. 互联网时代旅游治理现代化研究 [J]. 河北广播电视大学学报，2020（6）：70-75.

象感知对国内和国际旅游者的强大拉力。

第二，加强旅游目的地营销，释放品牌和品牌 IP 的价值。加强对事件促销、市场细分、目标游客导向、全民营销、主题形象营销、网络营销等营销策略的应用。在主流社交媒体平台建立官方账号，交由专业人员运营和推广，及时更新旅游信息、资讯和游玩图片，鼓励旅游者在社交平台分享，积极与旅游者互动和沟通，不断更新产品，重视产品个性化和旅游者旅游体验质量。完成城市旅游活动的服务一体化、集成旅游活动全过程，充分利用定位技术、大数据偏好推送和人工智能，积极为旅游者旅游全过程提供个性化产品和服务。促进甘肃等西北部地区旅游知名度持续提升，开展优质个性化的网络推广、信息服务、路线规划和产品设计等针对性营销，尽可能减少旅游者的出行阻力，增强旅游目的地对旅游者的拉力，以智慧旅游为载体，开发更多的潜在旅游者市场。

第三，保障旅游目的地安全，重视网络舆论管理。广义的旅游目的地安全包括游客、当地居民等相关主体的一切安全现象。作为一个具有多边性、不确定性、动态性和冲突性的系统，旅游目的地安全涉及对象和环节众多，造成的影响广泛而重大，同时具有一定的隐蔽性和复杂性，管理难度较大。因此，重视旅游目的地安全是旅游目的地管理不可忽视的重要环节。甘肃省相关部门应加强对旅游安全的宣传和全过程监督，建立省市两级旅游市场综合监管体制，规范省内旅游企业安全经营措施，加强旅游全过程安全保障，完善旅游突发安全事件应急机制，保障旅游者权益。动态关注旅游者和相关人员的投诉、吐槽等网络生产内容，重视相关负面事件和负面舆论，及时解决消费者投诉和需求，缓解负面口碑对旅游目的地造成的冲击。加强对旅游者感知的甘肃旅游目的地形象的评估和分析，营造良好的网络口碑，充分发挥网络这一免费而受众广泛的宣传渠道，提升旅游者安全感知，打造安全、放心、优质的旅游目的地形象。

三、旅游开放合作体系

多维度的旅游产业开放和合作体系是现代旅游产业的应有之义。为此，甘肃需要构建和完善与省内周边市区、国内其他省区市、世界其他国家的多层次旅游开放合作体系，统筹兼顾国内旅游、入境旅游和出境旅游三大市场，实现国内、国际旅游市场的对内对外双向开放。

第一，构建区域旅游开放合作圈。区域合作联动是缩小区域发展差距、实现发展协同互促的有效手段。甘肃西部河西走廊地处丝绸之路和甘青大环线重要节点，陇东南地区地处关中旅游带，甘南地处川藏旅游线，区位优势明显，具有发展区域旅游的优质基础。因此，甘肃省应该充分发挥区位优势，强化兰州西北综合交通枢纽的作用，加强省内市区、周边省区市的合作交流，推动区位优势价值转化，优化区域、城乡旅游产业发展布局，探索与周边省区市、丝路沿线联动发展的新模式，提升省区市交通可达性和舒适性，积极融入"一带一路"对接南向通道建设，促进产品互送、信息共享和要素自由流动，把握"一带一路"、黄河经济带、兰西城市群等发展机遇。

第二，积极发展入境旅游，提升国际竞争力。加快构建以国内大循环为主体、国内国际双循环相互促进的新发展格局，协同发展三大旅游市场，重视潜力巨大的入境旅游市场。坚持开放共赢原则，科学引导和规范入境旅游市场发展，扩大国际旅游市场的消费规模。积极融入"一带一路"建设，借助"丝绸之路（敦煌）国际文化博览会""敦煌行·丝绸之路国际旅游节"等重大国际性节事，促进与丝路沿线国家和地区的文化交流与旅游推广，支持入境旅游发展，构建丝绸之路国际文化旅游枢纽站。加速优化旅游目的地入境政策、签证办理、货币兑换等入境旅游手续，创建和运营 Instagram、YouTube、TikTok 等甘肃文旅新媒体官方账号，制作一系列多语种甘肃旅游主题宣传片和短视频，以甘肃特色文化景观、品质和安全全域旅游特性等亮点吸引全球旅游者，匹配国际旅游者的需求，积极创新旅游相关产品与业态供给，充分释放国际旅游市场需求和国际旅游者消费潜力。

第七章　推进甘肃文化和旅游
深度融合发展

推进文化和旅游深度融合，是实现文旅产业高质量发展的重要抓手。甘肃文化和旅游融合发展有许多天然优势，并已取得初步成效，但同时也面临诸多挑战，需要从强化政策引导和组织领导、促进资源整合和共享、创新发展模式、加强人才培养、推动数字化发展、加强市场推广和营销、坚持绿色发展和可持续发展等方面全力推进，以此构建起甘肃文旅产业深度融合战略框架。

第一节　文化和旅游融合发展的内在逻辑

一、文化和旅游融合的战略必要性

（一）党和政府对文化和旅游融合发展高度重视

文化和旅游的融合已经成为当今旅游业发展的重要趋势，各级政府和学界对此越来越关注。甘肃作为中国西部的重要省份，拥有众多的历史遗迹、自然景观和人文景观，同时也有着独特的民俗文化和地方特色文化，这些得天独厚的资源为甘肃省的文化和旅游业的融合发展提供了坚实的基础。政策支持和引导也为甘肃文化和旅游的融合提供了重要的推动力量。早在 2009 年，我国就提出了文化产业与旅游产业融合发展的政策，《文化部　国家旅游局关于促进文化与旅游结合发展的指导意见》提出，文化是旅游的灵魂，旅游是文化的重要载体，并提出推进文化与旅游结合发展的九大主要措施。党的十九大报告中明确指出，要深化文化体制改革，完善文化经济政策，推动文化与旅游深度融合。2018 年中华人民共和国文化和旅游部正式组建，从宏观组织层面上进一步推动了文化和旅游融合的进程，标志着我国进入了文化和旅游深度融合的新阶段。这一举措将有助于加强文化和旅游业的协同发展，推动文化资源与旅游业的深度融合，为我国文化旅游事业的繁荣发展提供更加有力的组织保障和政策支持。国办发〔2019〕41 号文《国务院办公厅关于进一步激发文化和旅游消费潜力的意见》，也高度重视数字时代的文旅融合问题，并提出"促进文化、旅游与现代技术相互融合""到 2022 年，建设 30 个国家文化产业和旅游产业融合发展示范区"等措施。可以预见的是，如何实现文化和旅游产业深度融合发展，将成为未来一段时间内我国文化和旅游工作的重中之重，亟待学界进行深入和系统的研究。[①] 2021 年颁布的《中华人民共和国国民经济和社会发展第十四个五年规划和 2035 年远景目标纲要》明确提出了推进社会主义文化强国建设的任务，同时也强调了推动文化和旅游融合发展的重要性。党中央一直以来都高度重视文化和旅游业的融合发展，这是以习近平同志为核心的党中央立足党和国家事业全局、把握文化和旅游发展规律所作出的战略决策。

（二）甘肃省在推进文化和旅游融合方面的主动作为

甘肃省政府高度重视文化旅游融合发展，发布了《甘肃省文化旅游融合发展规划（2019—2025 年）》，为甘肃省的文化旅游融合发展提供了指导性文件。政策文件明确了文化和旅游业的融合发展对于甘肃省经济发展的重要性和必要性，

---

① 夏杰长，贺少军，徐金海．数字化：文旅产业融合发展的新方向［J］．黑龙江社会科学，2020（2）：51-55+159.

提出了推进文化和旅游业融合发展的目标和任务，包括加强文化资源的保护和利用、推动文化创意产业的发展、促进文化和旅游的互动发展等。此外，甘肃省还出台了财税支持政策，以鼓励企业投资文化旅游产业。

在过去的几年中，甘肃省的文化旅游产业取得了显著的发展成果。"十三五"期间，甘肃省累计接待游客 13.2 亿人次，全省实现旅游收入 8995 亿元，分别是"十二五"期间的 2.5 倍和 2.82 倍。① 2021 年，五一节假日期间全省共接待游客 1690 万人次，实现旅游总收入 104.5 亿元，分别较 2020 年同期增长 59.4%和 59.7%；分别恢复至 2019 年同期水平的 102.4%和 95%。② 2021 年，国庆节假日期间全省共接待游客 1700 万人次，实现旅游综合收入 102.6 亿元，分别较 2020 年同期增长 17%和 21.7%；分别恢复至 2019 年同期水平的 79%和 68.4%。③ 这些数据充分表明，甘肃省的文化旅游产业已经成为该省的支柱产业，并对全省的经济社会发展做出了积极贡献。

二、文化与旅游的内在耦合性

文化是旅游的灵魂，为旅游提供了深层次的精神追求；旅游是文化的载体，为文化提供了更广泛的市场和推广平台。这两者的深度融合不仅可以提升各自的价值和吸引力，也能够促进地方经济的转型升级和快速发展。随着旅游业的发展，游客对旅游的需求已经从单纯的休闲观光转变为对当地文化、历史和风土人情的探索和体验。这使得文化元素成为旅游业的核心竞争力，同时也使得文化旅游产业成为经济发展的重要力量。

甘肃拥有丰富的历史文化遗产、壮丽的自然景观和浓厚的民族风情，这些独特的资源为甘肃发展文化旅游产业提供了得天独厚的优势。通过推动文化与旅游

---

① 甘肃日报. 甘肃"十三五"实现旅游收入 8995 亿元［EB/OL］.（2021-02-08）［2023-12-07］. https：//szb. gansudaily. com. cn/gsrb/202102/08/c236421. html.

② 甘肃日报."五一"假期全省旅游总收入超百亿元［EB/OL］.（2021-05-07）［2023-12-07］. https：//szb. gansudaily. com. cn/gsrb/202105/07/c248895. html.

③ 甘肃日报. 国庆假期全省共接待游客 1700 万人次［EB/OL］.（2021-10-09）［2023-12-07］. ht-tps：//szb. gansudaily. com. cn/gsrb/202110/09/c276135. html.

的深度融合，既可以进一步挖掘和整合甘肃的旅游资源，提高旅游业的品质和效益，从而带动相关产业发展，又可以助力保护和传承甘肃优秀传统文化。通过文化和旅游的融合发展，还可以增强当地居民对自身文化的自信心和认同感，促进地方文化的传承和发展。

产业之间的跨界融合能够将文化事业和产业价值链有效对接。文化和旅游的融合发展需要依托于文化事业和旅游产业的相互融合。将文化元素融入旅游产品和服务中，可以提升游客的满意度，从而吸引更多游客，增加旅游收入。同时，文化和旅游的发展也促进了对传统文化的关注和保护。

数字化正在成为推动文旅产业融合发展的重要抓手。从人类经济社会发展的历程来看，每一次重大的技术革命都对产业演进的路径产生了深远影响，而伴随着互联网、人工智能等现代信息技术革命的来临，推动产业演进的路径由产业分立向产业融合转变。[①] 以数字化为核心的信息技术革命与以往历次的技术革命不同，此前的技术革命推动产业分立而形成了现代产业体系，而当前的信息技术革命则正在推动产业融合成为产业发展的新趋势。因此，从产业演进的历程来看，数字技术是实现产业融合与产业创新的重要推动力。此外，从文化和旅游业发展的历程来看，现代数字技术的应用与发展，推动了现代旅游业的产生与发展，也让大规模的文化和旅游消费成为可能。而伴随着数字技术在文旅产业的深度渗透，文旅产业逐步实现数字化，逐步打破文化产业和旅游产业的边界，推动两大产业向更广范围、更深层次、更高水平上实现深度融合。

总之，文旅产业数字化是伴随着以数字化为代表的现代信息技术在文旅产业的渗透，利用数字技术对文旅产业进行全方位、多角度、全链条的改造过程，逐渐打破文化和旅游产业的边界，推动文旅产业实现深度融合发展，激活文旅产业内在创新动力。[②]

---

① 陆国庆. 基于信息技术革命的产业创新模式 [J]. 产业经济研究，2003（4）：31-37.
② 夏杰长，贺少军，徐金海. 数字化：文旅产业融合发展的新方向 [J]. 黑龙江社会科学，2020（2）：51-55+159.

第二节　甘肃文化和旅游深度融合发展的 SWOT 分析

甘肃省作为中国的一个内陆省份，拥有丰富的文化和旅游资源。近年来，甘肃省政府高度重视文化和旅游的发展，制定了一系列政策和规划，以推动文化和旅游的深度融合。本节旨在通过 SWOT 分析，探讨甘肃文旅融合发展的内部优势、劣势以及外部机遇和威胁，为文旅产业高质量发展提供深入的思考和建议。

一、甘肃文化和旅游深度融合的优势

（一）历史文化资源丰富

甘肃省，位于中国的西北部，是一个拥有丰富的历史文化的省份。这里曾是古代丝绸之路的重要通道，也是多个民族和多元文化的交会之地，留下了大量的历史遗迹和文化遗产。据统计，截至 2022 年 12 月 31 日，甘肃省国家级非遗代表性项目达到 83 项，省级非遗代表性项目高达 493 项，拥有国家级非遗代表性传承人 68 名，省级非遗代表性传承人 549 名。[①] 其中最为著名的是敦煌莫高窟。敦煌莫高窟是世界文化遗产，被誉为"东方艺术宝库"。敦煌莫高窟的壁画和雕塑不仅展示了古代中国的艺术风格和佛教文化，也反映了中西方文化的交流和融合。此外，甘肃省还有众多的古建筑和遗址，如嘉峪关长城、张掖大佛寺、武威天马山等，这些地方都有着丰富的历史和文化内涵。为了保护和利用这些文化遗产，甘肃省政府出台了《甘肃省长城保护条例》《甘肃省炳灵寺石窟保护条例》等法规，并成立了专门的文物保护机构，加强了对文物的保护和修缮工作。同时，甘肃省还积极开展文物考古工作，且取得了显著的成果。

---

① 参见甘肃省文化和旅游厅官方网站。

（二）自然旅游资源丰富

甘肃省地形狭长，地势复杂，气候多样，这为旅游业的发展提供了得天独厚的条件。甘肃拥有壮丽的自然风光，如张掖丹霞地貌、天水麦积山等，在甘肃的南部地区，还有著名的甘南草原和若尔盖湿地。此外，甘肃省还拥有丰富的温泉资源，地热资源丰富，为旅游者提供了舒适的休闲环境。这些资源为旅游业的快速发展提供了物质基础。据统计，截至 2024 年 1 月 31 日，甘肃省共有 469 家 A 级旅游景区，其中 5A 级 7 家、4A 级 140 家，3A 级 255 家。①

（三）拥有独特的民族文化

甘肃省独特的民族文化是中华民族文化宝库中的重要组成部分。这些民族文化的传承和发展不仅有助于促进甘肃省旅游业的发展，也为全国的文化交流和繁荣作出了积极贡献。甘肃省是多民族聚居的地区，各民族拥有独特的传统文化和民俗风情。藏族文化是甘肃省民族文化的一个重要组成部分。甘南藏族自治州是藏族人民的主要聚居地之一，保存了完整的藏族传统文化。藏族的唐卡绘画、歌舞表演以及藏历新年等传统节日，都为甘肃省的民族文化增添了色彩。甘肃省的藏族人民通过保留传统、弘扬文化，使藏族文化的魅力得以传承至今。同时，甘肃省政府也积极推动民族文化的传承和发展，通过各种方式如举办民俗活动、建设民族村寨等，让更多的人了解和体验甘肃的民族文化。

（四）公共文化服务体系完善

近年来，甘肃省加大了公共文化服务体系的建设力度，新改扩建了图书馆、文化馆和乡镇综合文化站等设施。这些设施为广大人民群众提供了便利的条件和文化服务，推动了全省公共文化事业的发展。同时，甘肃省还积极开展基层综合性文化服务中心的建设工作，覆盖了大部分行政村和社区，进一步提高了公共文化服务的普及率和覆盖率。借助互联网等技术手段，提供数字博物馆等公共服务，使得群众可以更加方便快捷地获取文化信息和服务，提高了公共文化服务的效率和质量。这些举措为甘肃文化和旅游的发展提供了有力的

---

① 数据来源：甘肃省文化和旅游厅官方网站。

支持。

（五）政府对文化和旅游的发展高度重视

甘肃省政府将文化和旅游作为重点发展的项目，出台了一系列政策和规划以推动其快速发展。政府加大了对文化和旅游的投入，从资金、政策、人才等方面给予大力支持。政府通过提供财政资金、减免税费、给予补贴等方式，鼓励企业加大对文化和旅游的投资，推动了文化和旅游的快速发展。2023年，在省委、省政府高度重视和各地、各部门的大力支持下，甘肃省文化和旅游厅联合相关部门组织赴省外开展"聆听交响丝路　走进如意甘肃"等主题推广活动，开展"跟着东方甄选看甘肃"网络宣传等线上活动28场（次），签订"引客入甘"合作协议32份，洽谈引进500强企业4家，签约落地文旅招商项目111个、金额318.8亿元，推动文化和旅游全面复苏，促进文旅市场持续升温，为甘肃文化和旅游的深度融合发展提供了重要保障。[1]

二、甘肃文化和旅游深度融合面临的挑战

（一）交通可达性有待提高

甘肃文化和旅游深度融合所面临的一个主要挑战是交通可达性有待提高。尽管甘肃省有着丰富的文化和旅游资源，但由于地理位置偏远，交通不便，使得一些地区的文化旅游资源难以被外界所了解。

第一，甘肃省的交通基础设施相对滞后，公路、铁路和航空运输等方面的发展还不能满足旅游产业的发展需求。根据交通运输部和甘肃省的统计数据显示，甘肃省的公路密度较低，每百平方千米仅有1.10千米的公路，远低于全国平均水平55.78千米/百平方千米；铁路网密度也不高，每百平方千米仅有36.77千米的铁路，远低于全国平均水平161.1千米/万平方千米。[2] 尤其是一些偏远地区的旅游景点，交通状况更为落后，道路状况差，通行能力低，给游

---

① 甘肃日报.文化和旅游行业推进复苏市场持续升温［EB/OL］.（2023-10-24）［2023-12-07］.https：//szb.gansudaily.com.cn/gsrb/pc/con/202310/24/c118936.html.

② 数据来源：《中国统计年鉴2023》。

客的出行带来了很大的不便。从兰州到张掖、嘉峪关等旅游热门城市，需要乘坐长途汽车或者火车，而且班次较少，或者需要长时间自驾，给游客的出行带来了不便。

第二，甘肃省内的旅游交通网络尚不完善，租车交通时间长，成本高，自驾游安全性不高。各个旅游景点之间的连接不够紧密，缺乏有效的旅游线路和旅游产品，使得游客在游览景点时需要花费更多的时间和精力。

第三，由于甘肃省的地理位置和气候条件特殊，一些地区的旅游季节较短，游客的出行时间会受到一定的限制。例如，一些高海拔地区的旅游季节较短，游客需要在有限的时间内完成游览，这也会给旅游带来一定的困难。

（二）旅游基础设施相对薄弱

甘肃省的一些偏远地区在旅游基础设施建设方面存在的困难也不容忽视。由于这些地区地理位置偏远，经济发展相对滞后，旅游基础设施的建设和维护存在一定的难度。尽管甘肃省的旅游业已经发展了多年，但很多地方的住宿和餐饮设施仍然存在一些问题。一些旅游目的地的住宿条件较差，缺乏高品质的酒店和民宿，也缺乏多样性和高品质的餐饮服务。

（三）文旅品牌知名度有待提高

相较于其他文旅强省，甘肃文化旅游知名度相对较低，需要加大宣传推广力度。比如，张掖丹霞、嘉峪关长城等景点具有很高的观赏价值和历史文化价值，但在全国和国际旅游市场上的知名度仍有待提高。这使得许多潜在游客在选择旅游目的地时，可能会忽略甘肃。甘肃省在旅游品牌的塑造和推广方面也存在一定的不足。相较于一些国内其他热门旅游目的地，如丽江、大理等，甘肃在品牌包装、营销策略等方面相对滞后。这不仅使得甘肃在吸引国内外游客方面处于劣势，也限制了甘肃旅游业的可持续发展。

（四）发展不均衡

甘肃省内各地区之间文化旅游的发展不平衡，城乡差距、区域差距比较显著。一些地区的文旅产业相对较为发达，如兰州市和敦煌市等，而一些其他地区则相对落后。这种不平衡的发展状况导致了文化旅游资源的浪费和旅游市场的分割，影响了甘肃文旅产业的整体发展。不可否认，甘肃拥有丰富的文化和旅游资源，但这些资源的开发利用程度不够，缺乏深度和广度，难以满足游客的需求和期望。文化旅游资源开发不足和文化旅游产品单一，导致文化和旅游产品的供给和需求不完全匹配，与高质量的发展要求存在一定的差距。

（五）全省文旅人才队伍建设滞后

缺乏足够的专业人才支撑文化和旅游的发展，制约了产业的升级和创新。一是甘肃文化旅游人才储备相对较少，尤其是高端人才更是匮乏。这使甘肃在文化旅游资源的开发、旅游产品的设计、旅游服务的提供等方面缺乏专业的支持和指导，影响了旅游业的整体发展。二是甘肃文化旅游人才培养机制不够完善。尽管一些高校和培训机构开设了旅游管理专业，但培养的人才与市场需求存在一定的差距。由于缺乏完善的培训机制和职业发展路径，一些文旅从业人员的专业素质和服务能力有限，影响了文旅服务的质量和水平。三是甘肃在吸引和留住人才方面面临较大挑战。由于经济发展相对滞后，一些优秀的文旅人才可能选择到其他省份发展，导致人才流失。同时，一些文旅企业对于员工的培训和发展不够重视，也难以吸引和留住优秀的人才。

三、甘肃文化和旅游深度融合的机会

（一）"一带一路"倡议下的发展机遇

甘肃作为连接中国与欧亚大陆的重要交通枢纽，位于"一带一路"经济带的核心区域，"一带一路"建设为甘肃的文化和旅游提供了新的发展机遇。这一建设不仅促进了甘肃与其他地区的经济文化交流，也为甘肃的文化和旅游带来了更多的发展机会。例如，可以借此机会加强与沿线国家和地区的旅游合作，开发新的旅游线路和产品，提升甘肃文化和旅游的知名度和影响力。作为丝绸之路的重要节点，甘肃省具有丰富的历史文化资源，可以吸引国内外游客。在主动融入"一带一路"建设的过程中，可以推动甘肃文化旅游品牌走出

去，打造国际协同的丝绸之路文化旅游带，把过境流量转化为落地消费流量。甘肃省政府也着力打造"一带一路"文化制高点，借助丝绸之路（敦煌）国际文化博览会、敦煌行·丝绸之路国际旅游节等国际性节会平台促进文化和旅游的深度融合。

（二）大敦煌文化旅游经济圈的建设

甘肃正在全面推进大敦煌文化旅游经济圈建设，这是实现文化旅游深度融合发展的重要举措。以敦煌市为龙头，充分发挥其丰富的文化遗产和旅游资源优势，引领瓜州县、肃北县、阿克塞县等周边地区形成一体化发展的文化旅游经济核心圈。通过强化资源整合和景区联动，实现文化旅游资源的高效配置和互利共赢；通过实施统一的宣传策略，提升大敦煌文化旅游经济圈的知名度和影响力；通过建立客源共享机制，共同开发客源市场，拓展旅游产业链，推动甘肃省文化旅游产业的全面发展。这将有助于提升甘肃省文化旅游的整体竞争力，吸引更多游客前来体验，加快建成世界文化旅游胜地，促进地方经济的繁荣。

（三）文化和旅游政策的扶持引导

国家对文化和旅游业的发展极为重视，这些年相继出台了一系列政策措施，予以扶持引导。甘肃省委、省政府也高度重视文化和旅游的发展，出台了一系列扶持政策，为文旅产业的发展提供了政策、土地、税收、资金和人才保障。这些举措，极大地推动了甘肃文化和旅游产业的转型升级，全面提升了甘肃文旅产业的竞争力。

（四）数字技术的蓬勃发展

数字技术的蓬勃发展为甘肃的文化和旅游带来了新的发展机遇。借助大数据、人工智能等技术手段，可以实现精准营销和个性化推荐，提高游客的旅游体验。同时，数字技术还可以促进产业内部的融合与协同，推动甘肃文化和旅游的创新发展。例如，通过开发智慧旅游平台，实现信息资源的共享和优化配置，提高旅游服务的质量和效率。

四、甘肃文化和旅游深度融合的外部挑战

(一) 区域竞争压力

随着国内文化旅游市场的不断扩大，各地都在积极推动文化和旅游的发展。甘肃面临着来自其他地区的竞争压力，如何在激烈的市场竞争中凸显特色和优势，是甘肃文化和旅游深度融合发展所面临的挑战之一。甘肃省文化和旅游面临来自其他省份和国家的竞争压力，需要提高自身竞争力。

(二) 自然环境和文化保护的挑战

甘肃拥有许多自然景观和文化遗产，但在文化和旅游快速发展的同时，也面临着自然环境和文化保护的挑战。一些旅游活动可能会对环境和文化遗产造成破坏，例如不规范的旅游开发、过度商业化等。为了保护这些珍贵的资源，需要采取积极的措施，如加强环境监管、推广绿色旅游、加强文化传承等。同时，还需要增强游客的环保意识和文化保护意识，促进旅游的可持续发展。

(三) 文旅消费升级带来的市场变化

随着消费者对旅游的需求不断变化，如果甘肃省不能及时适应市场变化，提供多样化的旅游产品和服务，可能会失去市场份额和客户基础。在快速发展的文化旅游市场中，如果甘肃不能持续创新和提供独特的旅游产品和服务，就可能失去吸引力。缺乏差异化的竞争策略可能导致甘肃文化和旅游的同质化竞争，降低整体竞争力。随着全国居民收入水平的提高和消费观念的转变，旅游消费逐渐成为人们日常生活中的重要组成部分。消费者对旅游品质的要求也在不断提高，他们更注重旅游体验和旅游服务的质量。这为甘肃省文化和旅游的发展提供了更大的市场空间。人民对美好文化旅游需求日益增长，呈现多样化、多层次的特征，个性化、定制化、分众化需求将更为凸显，文化旅游产业将越来越成为人民群众喜闻乐见、参与度高的幸福产业，成为增强人民群众获得感、幸福感的重要领域。甘肃可以抓住这一市场趋势，提供更多个性化的旅游服务，满足游客的多样化需求。

第三节　推进甘肃文化和旅游深度融合发展的政策建议

一、强化政策引导和组织领导

（一）完善文化和旅游政策与发展方向

在推动甘肃文化和旅游的深度融合过程中，强化政策引导显得尤为重要。在用足用好国家层面出台的支持文旅产业发展的各项优惠政策的基础上，还需要建立健全政策落实监督机制，加强追踪落实和督查问责，确保各项政策措施落地见效。一是需要制定和完善文化旅游产业政策，以明确产业发展方向和重点，并为深度融合提供政策支持。这包括制定文化旅游产业发展规划、产业扶持政策、市场监管政策等，以明确产业发展方向和重点，并设立专项资金用于支持重点旅游项目、旅游产品开发、旅游宣传推广等，从而促进文化和旅游的快速发展。二是政府应该引导社会资本投入文化和旅游，鼓励企业与个人参与文化旅游项目的开发和建设。三是加大对文化旅游市场的监管力度，加强对市场秩序的监督和管理，保障游客权益，维护行业健康发展。同时，需要确保政策的连续性和稳定性，以保证政策的贯彻和实施。

（二）构建跨部门的协调机制

全省各地强化责任，主动作为，形成推动文化旅游产业融合发展的强大合力。可成立由相关部门组成的联合工作组，负责协调跨部门、跨行业的文化旅游资源整合和共享工作。这一联合工作组将由各相关部门的代表组成，以确保各部门的利益得到充分的考虑，促进合作共赢。该工作组将负责制定整合资源的具体计划和措施，推动各部门之间的协作，以促进文化旅游资源的有序整合和优化配置。同时，建立跨部门、跨行业的协调机制，以统筹推进文化和旅游的深度融合，解决文旅产业发展过程中的难点、堵点和卡点问题。这一机制将促进各部门之间的信息共享和资源整合，实现资源的互补和共享，提高资源的利用效率。还应建立起健全的信息反馈机制，及时了解各地区、各部门在资源整合和共享方面的需求和问题，从而为解决实际困难提供有力支持。为了推动文化和旅游的可持续发展，还应制定文化和旅游发展的考核评估机制。这一机制将对各市州、各部门的文化和旅游发展情况进行定期的考核评估，并将结果作为政府绩效考核的重要依据。通过考核评估，可以促进各地区和各部门的竞争意识，激励其加大对文化和旅游的投入和支持，推动业态的创新和升级。

（三）规范市场秩序

建立完善的文化旅游市场经营秩序的综合监管机制，通过联合执法和日常监督检查，坚决抵制假冒伪劣文化旅游工艺品，打击涉及低俗色情和封建迷信的文化旅游产品及非法经营行为。同时，还应严厉打击无证经营、强买强卖、价格欺诈、违约失信等违法违规行为，以规范文化旅游市场秩序。为了促进文化旅游企业合法诚信经营，需要建立文化旅游行业失信联合惩戒机制。此外，还需大力开展文明旅游宣传引导，营造文明旅游大环境。与此同时，文旅企业和消费者也需要加入进来。文旅行业应该加强自律，建立行业规范和标准，引导企业依法经营、诚信服务。还要充分发挥行业协会的积极作用，协助政府规范市场秩序，加强与政府之间的沟通协调。消费者应该增强自身的权益保护意识，了解自己的权利和维权途径。

二、促进资源整合和共享

（一）建立文旅资源数据库

甘肃文化旅游资源非常丰富，有必要对其进行全面的梳理和管理。一是组织相关部门和专业机构对全省的文化旅游资源进行全面的梳理，建立资源数据库。这一数据库将包括各类文化旅游资源的类型、数量、分布情况、特色特点等详尽的信息，为资源整合和共享提供基础数据。例如，数据库将涵盖丝绸之路遗址、莫高窟、嘉峪关等重要文化遗产和旅游景点的详细信息。这些数据将为相关机构和企业提供重要的决策支持，有助于优化资源配置，提高资源利用效率。二是对这些数据库进行定期的更新和维护。随着时间的推移，文化旅游资源可能会发生变化，新的景点可能会被发现，原有的景点可能会有新的发展。因此，数据库需要保持与时俱进，确保数据的准确性和完整性。定期更新数据库将有助于政府和相关机构及时了解文旅资源的最新状态，制定相应的政策和规划，确保资源得到合理的开发和利用。

（二）推动跨地区、跨行业的资源整合

甘肃作为一个拥有丰富文化和旅游资源的地区，应当积极推动跨地区、跨行业的资源整合，实现文化旅游资源的共享和优化配置。为了实现这一目标，各地区、各部门应加强合作，共同开发具有地方特色的文化旅游产品和服务，提高资源的利用效率。加强与周边省份的合作，共同开发跨境旅游项目，推动文化旅游资源的跨地区整合和共享。同时，还应该加强与其他行业的合作，如与酒店、餐饮、交通等行业的合作，共同打造全方位的文化旅游服务体系，提高游客的满意度。

（三）搭建文化旅游资源共享平台

为了促进资源信息共享和交流，应搭建专门的文化旅游资源共享平台。平台应包括各类文化旅游资源的介绍、展示和推介等内容，为相关机构和企业提供信息交流和合作的渠道。同时，平台应定期发布相关政策和市场动态信息，为各方参与主体提供全面的信息支持。通过资源共享平台的建设，可以提高资源的利用效率以及文化和旅游的整体竞争力。

三、创新发展模式

（一）探索"文化+旅游+产业"的发展模式

积极推动文化、旅游与相关产业的融合发展，探索"文化+旅游+产业"的发展模式。这种模式强调将文化、旅游与相关产业进行深度融合，通过资源整合、创新和优化配置，推动相互促进和共同发展。在具体的实践中，甘肃可以结合自身的文化旅游资源优势和市场需求，制定相应的产业发展战略和政策。例如，通过挖掘敦煌莫高窟、嘉峪关长城等世界级文化遗产，开发具有国际影响力的文化旅游线路和产品；发挥甘肃独特的自然风光和生态资源优势，推动生态旅游、乡村旅游等绿色旅游业态的发展；利用现代科技手段，开发数字化、智能化的文化旅游体验项目。

（二）创新旅游产品和服务

为了满足市场需求和推动产业升级，应注重创新旅游产品和服务。这包括开发具有地方特色的文化旅游线路和体验项目，提升旅游产品的吸引力。例如，可以开发以丝绸之路文化、黄河文化等为主题的旅游线路，结合地方民俗、节庆活动等，为游客提供全方位、多层次的旅游体验。还要加强旅游服务设施建设，提高旅游服务的整体水平。这包括加强旅游景区、旅游酒店、旅行社等基础设施的建设和管理，提高服务质量和安全性；推广旅游志愿者服务，加强旅游公共信息服务平台的建设等。

（三）推广"文旅+"的发展模式

积极推广"文旅+"的发展模式，鼓励社会资本进入文化旅游领域，推动产业升级和创新发展。通过引导和支持企业、社会组织和个人参与文化旅游开发建设，推动投资主体多元化和经营模式多样化。同时，要注重培育和孵化文化旅游创新企业和项目，鼓励企业进行技术创新和模式创新，提高企业在市场上的竞争力。在推广"文旅+"发展模式的过程中，甘肃省还应加强政策支持和市场监管。政府应出台相应的扶持政策，如税收优惠、财政补贴等，鼓励企业和个人投资文化和旅游。同时，要加大对文化旅游市场的监管力度，规范市场秩序和经营行为，保障游客的合法权益。

具体而言，可以将文化产业和旅游产业与其他产业进行有机结合，以推动产业的融合发展。例如，"文旅+会展"模式可以将文化旅游与会展活动相结合，为游客和参展者提供更全面的服务体验；"文旅+康养"模式可以将文化旅游与健康养生相结合，打造适合老年人和注重健康人群的旅游产品；"文旅+科技"模式可以利用科技手段提升文化旅游的体验度和互动性；"文旅+教育"模式可以将文化旅游与教育相结合，为青少年提供更丰富的实践和学习机会；"文旅+甘味道"模式可以突出甘肃省的美食特色，将美食文化融入旅游中；"文旅+体育"模式可以推动体育与旅游的深度融合；"文旅+商贸"模式可以将商业贸易与文化旅游相结合；"文旅+交通"模式可以提升交通工具的旅游服务功能，让游客在移动中体验当地的文化风情。通过对这些模式的探索和创新，我们可以进一步推动文化产业和旅游产业的多元化发展。

四、加强人才培养

（一）建立完善的人才培养体系

建立完善的人才培养体系，为文化和旅游深度融合提供人才保障。该体系包括职业教育、技能培训、研修交流等多个方面，旨在提高人才培养的数量和质量。同时，要注重人才培养的针对性和实用性，根据市场需求以及文化和旅游的发展趋势，制定相应的人才培养计划。为了加强人才培养体系的建设，甘肃省可以鼓励和支持高校、职业培训机构和文化旅游企业等开展合作。高校和职业培训机构可以开设与文化和旅游相关的专业和课程，提供理论知识和技能培训；同时文化旅游企业可以提供实践机会和实习岗位，让学生和员工在实践中学习和成长。通过政产学研用相结合的方式，推动人才培养体系的建设和发展。通过走出去、请进来等方式，强化文化旅游人才培训，着力提升文化旅游人才队伍的综合素质。以文化旅游为主题，选派全省文化旅游行业的工作骨干赴国外培训。

（二）积极开展国际合作与交流

通过与国际知名高校和职业培训机构建立合作关系，引入国际先进的文化旅游教育资源和管理经验，可以让甘肃文化旅游更好地融入国内国际市场。同时，还可以将本地的优秀人才送到国外进行深造和学习交流，让他们在国际视野下拓展自己的知识和技能。

（三）推动人才交流与智力引进

要通过多种途径引进和留住优秀的文旅人才。一是甘肃省可以积极营造良好的工作环境，提供舒适、便捷的工作条件，以吸引更多的人才在甘肃从事文化和旅游相关工作。二是关注人才的福利待遇，确保他们获得公平合理的薪酬和福利待遇，从而激发他们的工作积极性和创造力。三是搭建人才交流平台和机制，促进文化和旅游人才之间的互动与合作。通过举办学术交流活动、行业研讨会等，让不同领域和层次的人才能够相互学习和分享经验。这样，可以吸引更多的人才参与甘肃的文化和旅游的发展，并促进产业内部的创新与进步。

五、以数字技术推动文化和旅游升级

（一）建设数字化文化旅游服务平台

随着互联网技术的不断发展，数字化文化旅游服务平台已经成为提升旅游服务质量的重要手段。甘肃省应积极利用互联网和大数据技术，建设具备智能化、个性化服务能力的数字化文化旅游服务平台。通过引入互联网预订、在线支付、智能导航、信息推送等技术，平台可实现多项功能，包括但不限于在线预订系统，为游客提供便捷的门票、住宿、餐饮等旅游产品的预订服务，减少游客的出行成本和时间成本；智能导游系统，通过人工智能语音识别、自然语言处理等技术，为游客提供实时语音导览和讲解服务，增强游客的游览体验；线上社区交流平台，为游客提供一个在线交流、分享旅游心得和经验的平台，通过这个平台，游客可以相互交流，分享旅游体验和资源，形成一种旅游社交网络，从而增强游客的参与感和黏性。

（二）推动文化旅游服务的智能化升级

人工智能技术的应用可以极大地提升文化旅游服务的智能化水平，提高游客的满意度和舒适度。例如，可以通过人工智能语音识别、自然语言处理等技术，开发智能客服系统，提高游客的咨询和反馈效率。利用人工智能图像识别、深度学习等技术，可以开发智能安全监控系统，提高文化旅游景区的安全防范能力。这种智能安全监控系统可以通过图像识别技术对景区内的游客行为进行监测和分析，及时发现危险行为和异常情况，保障游客的安全。同时，深度学习技术可以帮助系统自动学习和优化算法，提高安全监控的准确性和效率。

（三）加强文旅市场数据分析

在数字化时代，数据已经成为企业决策的重要依据，应积极利用大数据分析技术，对市场数据进行深入的挖掘和分析。通过对游客行为数据、消费数据等信息的收集和分析，可以深入了解市场需求和游客偏好，为企业的决策提供数据支持。例如，通过分析游客的消费习惯和偏好，可以优化旅游产品设计和营销策略；通过对游客游览行为数据进行挖掘，可以改进景区管理和服务水平。

（四）加强与互联网企业的深度合作

通过与互联网企业合作，引入先进的互联网技术和资源，共同开发新的旅游产品和服务，培养具备互联网思维和文化旅游产业知识的复合型人才。还可以利用互联网企业的渠道和资源优势，拓展市场推广和营销渠道，提高产业的效率和竞争力。除此之外，可以与之展开技术支持合作，引入先进的互联网技术和管理模式，如云计算、大数据分析等。

六、积极推广文旅市场

（一）制定全面的市场推广计划

甘肃省文旅深度融合发展需要制定全面的市场推广计划，打造品牌IP，以提升文化旅游产业的竞争力和可持续发展能力。该计划应结合甘肃省的文化旅游资源和市场需求，制定针对不同客群的市场策略，并充分利用各类媒体和渠道进行宣传推广。例如，可以通过电视、广播、报纸等传统媒体进行广告宣传；可以通过社交媒体、短视频平台等新媒体进行线上推广；可以通过与旅游网站、航空公司等合作进行联合营销，选取适合自身的目标客户群体，并针对不同的客户群体制定不同的推广策略。例如，针对年轻游客，可以重点推广甘肃省的时尚、音乐、艺术等文化旅游产品；针对家庭游客，可以重点推广甘肃省的自然风光、亲子游、户外探险等旅游产品。

利用互联网平台和社交媒体，通过广告投放、内容营销、KOL 合作等方式进行推广。可以与知名的旅游网站合作，开设甘肃省文化旅游专区，在社交媒体平台上发布精美的图片和视频，吸引更多的年轻游客关注。例如，可以通过微信公众号、抖音等社交媒体平台发布旅游攻略、景点介绍、活动信息等内容，吸引更多的游客关注和参与；可以邀请知名网红、旅游博主等在甘肃省的文化旅游景点进行直播或者拍摄短视频，以提高甘肃省文化和旅游的知名度和美誉度。与电视、广播、报纸等传统媒体合作，通过新闻报道、专题节目、广告投放等形式，扩大甘肃省文化旅游的影响力。与旅游类杂志合作，推出特辑和专题报道，为游客提供详细的旅游指南和攻略。

通过举办各种文化活动、节庆活动、旅游展览等方式进行推广。可以在甘肃省的旅游旺季举办文化节庆活动，吸引更多的游客前来参观和体验；可以在旅游景点周边开设展览和演出活动，增加游客的停留时间和消费意愿。加强与其他旅游目的地、景区、酒店等的合作，共同推广甘肃省的文化旅游资源，以吸引更多的游客进入甘肃游览。

（二）制定精准营销战略

科学分析境内外主要客源地和消费群，瞄准共建"一带一路"国家客源市场，强化文化旅游合作交流，开展精准宣传推广。首先对目标市场进行深入的分析，包括目标客群的特点、偏好、消费习惯等方面的调研，了解他们对文旅产品的需求和期望。通过大数据分析客户行为和偏好，可以更精准地了解目标客户，从而制定更有效的宣传营销策略。根据目标市场的特点，制定针对性的营销策略，包括选择合适的宣传渠道、制定个性化的宣传内容和传播方式。

（三）加强旅行商与航空公司的联合营销合作

加强国内外旅行商与航空公司等的合作，开展联合营销活动。通过合作，甘肃省的旅游产品可以更好地融入国内和国际旅游市场，提高市场占有率。此外，还可以与其他地区的旅游目的地展开合作，共同推出特色旅游线路和产品，实现互利共赢。例如，可以与旅行社、酒店等合作推出优惠套餐；可以与航空公司合作推出机票优惠活动。通过合作可以扩大营销渠道和影响力，从而提高市场占有率。

七、打造独特的品牌形象和品牌 IP

文化内涵是品牌形象的基础。甘肃拥有丰富的历史文化、民俗文化、自然风光等资源，这些都是打造独特品牌形象和品牌 IP 的基础。通过对这些资源的深入挖掘和研究，可以找到能够代表甘肃的文化内涵和特色，并将其融入品牌形象和品牌 IP 的打造中。可以选取一些具有代表性的文化符号和形象，如敦煌莫高窟，来构建独特的品牌形象和品牌 IP；可以通过拍摄电影、制作纪录片等方式来讲述品牌故事，引发游客的情感共鸣。在确定文化内涵和目标受众后，可以开始创新品牌形象和品牌 IP。可以利用现代设计理念和手法，将文化元素与现代审美相结合，创造出独特的视觉形象和品牌标识，还可以通过包装、宣传等手段，增强品牌形象和品牌 IP 的识别度。

此外，品牌形象和 IP 的打造不仅局限于宣传和推广，还需要有实质性的旅游产品作为支撑。因此，可以结合甘肃的文化旅游资源，开发具有特色的旅游产品，如文化体验游、自然探险游、民俗风情游等，将品牌形象和品牌 IP 融入旅游产品中，提高游客的参与度和体验感。在品牌形象和品牌 IP 打造完成后，需要加强营销推广。可以利用各种媒体平台和社交媒体，通过广告、软文、短视频等方式进行宣传推广。同时还可以通过与知名旅游博主、网红等合作，进行直播带货、网红代言等线上推广活动，从而提高品牌形象和品牌 IP 的知名度和美誉度。

第八章　促进甘肃"文旅+"融合发展

当前，全球产业发展呈现出融合化、智能化、低碳化的趋势，正在重塑产业结构和产业形态。文旅产业与创意、康养、体育等领域的交叉与融合，是产业演进的必然趋势。文旅产业的产品和服务涵盖面广、综合性强，天然具有良好的联动性。"文旅+"如今已经成为国家和各地区扩内需、促发展、稳增长的关键因素。2023年5月，甘肃省委办公厅、省政府办公厅印发《关于推动文化和旅游深度融合实现高质量发展的实施意见》（以下简称《意见》）。《意见》从"资源融合、产品融合、产业融合、市场融合"四个方面，提出了文旅产业融合发展的思路，为实现甘肃省文旅产业高质量发展厘清了方向。本章拟在甘肃省文旅产业发展基础和产业融合发展现状的基础上，深入剖析"文旅+"融合发展的因素、机理和主要模式，进而提出甘肃"文旅+"融合发展的实施路径。

第一节　"文旅+"融合发展的内涵与模式

一、"文旅+"融合发展的内涵

"文旅+"融合发展是产业或部门融合的一种新现象和新趋势。在产业发展实践中，文旅和健康、体育、创意等相互融合的现象层出不穷，衍生出文化创意旅游、体育旅游、康养旅游等新业态。所谓产业融合发展是指两个或更多的独立产业之间通过科学知识、技术和市场的联结所导致的产业边界模糊的过程。① 例如，国内学者认为，文旅和体育融合发展的本质是文化、体育、旅游产业相互促进、协同共生、向高附加值提升的动态过程。② 目前，学界对 "文旅+" 融合发展的概念并未提出明确的界定。我们认为， "文旅+" 融合发展是指文化、旅游健康、养老、体育等产业或部门在内外部驱动要素的影响下，而形成的产业或部门要素重新整合与交叉融合的过程，这种融合发展的新业态将会对原有业态产生一定的替代或互补效应。

二、 "文旅+" 融合发展的模式

产业融合最早发生在信息技术领域。不同产业之间的融合趋势和程度是不一样的。从供给和需求的视角可将产业融合分为功能融合和机构融合；③ 从构成要素来看，产业融合包括场景融合、企业融合、产品或服务融合、制度融合和技术融合等。④ 从融合范式上来看，文旅和体育产业的融合有渗透型融合、重组型融合和延伸型融合等。⑤ 文旅和体育产业的融合发展还可以归纳为一体化发展、产业重组、产业延伸、产业渗透四种模式。⑥从融合发展的驱动因素和机制上来看，金媛媛等认为促进产业融合的既有外部动力，如市场需求、政府推动和技术驱动，又有内部动力，如企业节约成本和获取竞争优势。周春波从需求驱动、技术带动和政府规制三个维度，提出了文化产业与旅游产业融合的驱动机理。⑦ 刘晓

---

①　MJ Benner, R Ranganathan. Divergent reactions to convergent strategies: investor beliefs and analyst reactions during technological change [J]. Organization Science, 2013, 24: 378-394.

②⑥　尹宏，王苹. 文化、体育、旅游产业融合：理论、经验和路径 [J]. 党政研究, 2019 (2): 120-128.

③　Malhotra A. Firms strategy in converging industries: An investigation of US commercial bank responses to US commercial investigation baking convergence [D]. Maryland: Maryland University, 2001.

④　金媛媛，李骁天，李凯娜. 基于企业成长视角的体育产业、文化产业与旅游产业融合机制的研究 [J]. 首都体育学院学报, 2016 (6): 488-492.

⑤　刘晓明，陈亚萍. 基于一体化的体育旅游价值链整合及产业融合发展的范式创新 [J]. 中南林业科技大学学报（社会科学版）, 2014 (1): 34-38.

⑦　周春波. 文化与旅游产业融合动力机制与协同效应 [J]. 社会科学家, 2018 (2): 99-103.

明和陈亚萍认为合作信任机制、资源共享机制、资本运作机制、高端优化机制和进入退出机制有利于体育旅游价值链的升级优化。

"文旅+"融合发展涉及不同的行业领域，而很多行业领域，例如文化、体育、养老等领域本身均具有准公共物品属性，因此，其跨行业、跨产业的融合更为复杂，面临着市场性和公益性、社会效益和经济效益的矛盾与冲突。因此，在促进"文旅+"产业融合发展的过程中，不仅要努力探索融合发展的模式与路径，更要协调不同产业和部门，构建促进融合发展的机制与策略。从当前来看，我国"文旅+"融合发展尚处于初期阶段，亟须国家和地方政府对融合主体、融合形式以及融合内容等进行系统考虑和制度性安排。

第二节 "文旅+"融合发展的驱动因素

一、从产业业态视角看"文旅+"融合发展

业态创新和升级是产业自身由初级形态发展到高端形态的重要标志。从产业属性来说，文化、旅游、健康、养老、体育等都提供满足人民精神需求的产品或服务，由于其服务对象存在一定的交叉，因此，彼此之间的跨界融合更容易发生。产业链内部之间相互横向拓展、纵向延伸，打破产业边界，交叉重组，创新商业模式，实现功能互补，催生新的产品、服务和业态，赋予了产业新的附加值和更强的竞争力。正是这种"越界"发展促进了不同行业、不同领域的重组与合作，从而有利于文旅产业内部各部类向高端形态升级换代。[1] 厉无畏提出的旅游产业有智增长（Smart Growth）模式中，主要是通过跨越产业边界联动发展和

---

① 金元浦. 三大设计之都引领中国创意设计走向世界 [J]. 中国海洋大学学报（社会科学版），2014（5）：31-38.

跨越区域界限联动发展而实现的。① 产业融合的核心是通过产业链的交叉、渗透、重组，提升资源重新配置效率，形成"文旅+创意""文旅+康养""文旅+体育"等多业态融合的新型价值链。近年来，"大体育""大健康"等概念的提出，也从侧面反映出体育、健康产业拓展和交融的趋势。因此，融合是文旅产业内部实现业态创新以及升级换代的客观诉求。

二、从消费升级视角看"文旅+"融合发展

马斯洛的需求层次理论指出，消费者对商品和服务的需求受其所处阶段特有的技术水平、商业业态和消费环境等因素的制约。随着技术和收入水平的提高，消费者的需求由满足温饱的基本需求向满足享受的服务型需求转变。随着我国经济的发展和居民生活水平的提高，属于精神消费领域的文旅教体消费进入快速发展时期。据统计，2022 年，我国城镇居民教育文化娱乐消费支出从 2012 年的 1779.6 元增长到 2022 年的 3050 元，增长了 70%以上；农村居民教育文化娱乐消费支出从 2012 年的 458.9 元增长到 2022 年的 1683 元，增长了 266%，这反映出了文化消费与经济发展的良性互动。当前，我国社会主要矛盾已经转化为人民日益增长的美好生活需要和不平衡不充分的发展之间的矛盾。三浦展指出，消费的第四个阶段，也就是第四消费时代是回归自然、重视共享的消费时代。② 在这一阶段，消费者不仅关注消费品的外观、价格、性能等有形价值，同时更加在意个性化、体验化、社交化等无形价值。因此，追求文化、愉悦、健康等"综合""复合"体验的产品越来越受到消费者青睐。"文旅+"融合发展是以产品或服务的形式，将文化认知、旅游体验与身心健康植入现代消费，是对需求复合化的现实回应。

① 厉无畏.创意改变中国［M］.北京：新华出版社，2009：168-170.
② 三浦展.第四消费时代［M］.马奈，译.北京：东方出版社，2014：73-89.

三、从技术创新视角看"文旅+"融合发展

以互联网、大数据、智能生产为代表的数字技术通过深度整合供应链资源，建立了 AR 沉浸式体验等线下场景和直播间卖货、云旅游等线上场景。场景是新经济下发展的新逻辑，场景破除了技术与实体经济的供需对接矛盾，成为创新应用的孵化平台，也是促进产业跨界融合发展的依托。对于产业来说，场景是产业升级的新生态载体；对于消费者来说，场景是满足人们需求的新试验空间。在互联网时代，数字技术成功地实现了人与企业的连接以及人与人的连接。未来随着产业互联网的发展，它将进一步深入供应链改造，完成企业与企业的连接，使企业可以围绕用户需求重新组织要素和生产运营模式，更加有效地实现供需匹配，打造更场景化、更高效能的消费生态，创造全新的消费体验。由此，以 5G 为代表的 AR/VR 应用场景将会创造出更多"文旅+"融合发展的新模式和新场景，在互动娱乐、医疗健康等领域得到更加广泛的应用。

四、从政策激励视角看"文旅+"融合发展

产业激励是政府通过直接或间接方式对产业融合发展中的企业或行业进行规制的过程。一般来说，直接出台相关政策培育融合市场主体、促进业态升级是政府常用的做法。近年来，国家相继出台了一系列鼓励"文旅+"融合发展的规划和意见，加大了文旅与其他行业领域融合发展的政策支持力度。特别是 2016 年，国家《"十三五"旅游业发展规划》首次明确提出了促进旅游业与文化、体育、健康医疗等产业深度融合，向区域资源整合、产业融合、共建共享的全域旅游发展模式转变。2018 年 3 月，国务院办公厅发布的《关于促进全域旅游发展的指导意见》提出，推动旅游与科技、教育、文化、卫生、体育融合发展。2018 年 9 月，在《关于完善促进消费体制机制进一步激发居民消费潜力的若干意见》中进一步提出，推动体育与旅游、健康、养老等融合发展，积极培育潜在需求大的体育消费新业态。在各项政策措施中，往往附带行政指导、税收减免、财政补贴、融

资支持、土地供给等优惠政策,为"文旅+"跨界融合发展创造了有利的条件和环境。

第三节 "文旅+"融合发展的主要业态

一、文旅+创意

文化产业领域的创意兴起推动了文化创意和旅游业的融合,形成了创意旅游(Creative Tourism)。创意旅游强调通过对艺术、遗产和地方特色的身心感知,营造出具有参与感和原真性的旅游体验。创意旅游的核心是休闲与审美,它强调回归休闲的本质属性,让旅游者在旅游过程中感到愉悦,产生一种审美体验,进而实现人的自我生产。格雷·理查德指出,创意旅游推动了旅游资源从有形资源(如历史建筑、博物馆、纪念物、海滩、山林)向无形资源(如形象、符号、生活方式、氛围、故事叙事、创意和媒介)的转换。[1]

创意文化或者文化创意如何与地方的资源对接融合?这取决于我们在文化资源开发、文化旅游产品研发中对文化内涵的挖掘。创意旅游开发的地方资源包含有形物质资源、非物质文化资源和人力资源,是一种综合性的资源开发。创意旅游通过深入挖掘地方文化资源,充分运用地方文化资产,创造独特的地方文化风格,促进社会、经济和文化的发展。我们要以创意旅游的休闲之眼和审美之镜来审视地方资源。从内容上,要从地方文化资源的开发和文化旅游产品的研发中深入挖掘文化内涵;从过程上,要促使地方高雅文化旅游(以古迹、博物馆、艺术、音乐等为目的旅游)向地方娱乐文化旅游(以娱乐、休闲、生态、节庆、活动等

---

[1] Greg Richards. Creativity and Tourism:The State of the Art [J]. Annals of Tourism Research,2011,38(4):1225-1253.

为目的旅游）和地方日常文化旅游（以习俗、养生、生活方式、手工艺等为目的旅游）转变，增强文化的体验感，强化旅游者的地方感。

二、文旅+康养

世界卫生组织从身体、心理、社会功能三方面对健康作出了界定，认为只有这三个方面都达到完满状态才是真正的健康。健康是多维度的，健康是一种平衡，也是一种主观的感知状态。随着基于健康目的外出休憩、旅游等活动不断增加，学术界对旅游与健康的融合发展的认识更加深入、系统。国内学者薛群慧等认为康养旅游是一种以生态环境为背景、以休闲养生活动为主题的产品和健身活动。① 从康养旅游的内涵来看，康养旅游不仅关注身体状况是否达到医学上的健康状态，也关注个人心智、精神的健康程度；从康养旅游的受众来看，康养旅游的受众不仅是老龄化人口，还包括具有一定经济基础并热爱自然、懂得养生保健的中青年人群。

《健康中国行动（2019—2030 年）》提出，我国将开展健康知识普及行动，推动全国居民健康素养水平到 2022 年不低于 22%，到 2030 年不低于 30%。据统计，2022 年，我国居民健康素养水平达到 27.78%，距离 30% 的目标越来越靠近。随着老龄化时代的到来，政府、社会以及居民越来越重视健康的重要性，据国家统计局的相关数据显示，截至 2023 年，中国 60 岁以上老年人口达到 2.6 亿，占全国人口总数的 19.8%。随着老龄化进程加快，养老、医疗服务等的需求日益旺盛，各地在依托中国现有医疗资源的基础上，建设医养结合旅居基地，将中国丰富的中医药资源、民族医药疗法与福寿文化相结合，打造养老旅游小镇、温泉养生度假区。同时，以亚健康人群为目标市场，契合健康医学中医治未病的理念，以中医药膳食、民族医药文化为主题，各类保健养生类旅游产品和服务越来越受到消费者青睐。

---

① 薛群慧，邓永进. 论云南少数民族地区健康旅游资源开发战略 [J]. 云南民族大学学报（哲学社会科学版），2011（5）：245-249.

三、文旅+体育

随着全民健身理念深入人心，手机计步 App、运动打卡、运动挑战赛、城市马拉松等活动深受人们的喜爱，为体育与文化旅游的融合提供了条件。近年来，我国文旅+体育为代表的产业融合业态明显，如依托山水旅游资源打造滨水骑行绿道、涉水步道，环山旅游公路、环山栈道等观光康体环道；依托体育赛事活动，开展登山、攀岩、滑翔、低空旅游等专项运动，打造具有影响力的国家级、省级精品体育赛事品牌。基本形成了以体助旅，以旅兴体的良性融合发展态势，并取得了良好的社会效益和较好的经济效益。"文旅+体育"融合发展一方面丰富了旅游产品体系，拓展了旅游消费空间，另一方面，优化了文旅供给质量和结构升级，促进文旅产业高质量发展。

目前，"文旅+体育"融合发展中产生了以赛事资源为核心、以产品创新为核心、以业态融合为核心、以产业生态为核心的四个极具代表性的发展模式。以赛事资源为核心的融合发展模式重在以体育赛事举办权为核心，发展观赛旅游和参赛旅游，按照竞赛表演产业链，通过对文体旅产品和服务进行重新组合配置，满足消费者在运动健身中追求赛事体验、旅游体验和情感体验的需求，进而实现文化、旅游和体育协同发展。其代表性融合模式包括各类品牌赛事、体育场馆旅游功能开发等。以产品创新为核心的融合发展模式重在强化内容资源运营，持续注入新的内容 IP，在主体产品上实现迭代创新。其代表性融合模式包括各类体验性消费场景、文体旅 IP 组合延伸等。以业态融合为核心的融合发展模式，主要是通过产业渗透和产业派生，打破边界促进业态裂变新生，发展文化体育融合型业态，其代表性融合模式包括电子竞技、体育传媒。以产业生态为核心的融合发展模式主要是以构建产业多维网络体系为核心，依托特定的载体空间，以城市生活服务和旅游服务功能为黏合剂，布局影院、剧院、博物馆、书店等文创业态，室内沙滩、冲浪、滑冰等体育休闲业态。

第四节 甘肃"文旅+"融合发展的现状

一、甘肃"文旅+"融合发展基础分析

甘肃历史悠久、文化底蕴丰厚，是中华民族和华夏文明的重要发祥地，拥有高级别、数量多、类型丰富的文化旅游资源。甘肃省"十四五"规划明确提出，以社会主义核心价值观引领文化建设，全面落实举旗帜、聚民心、育新人、兴文化、展形象使命任务，提升华夏文明传承创新区平台功能，加快实现文化旅游资源大省向文化旅游强省迈进。在推动文化旅游资源大省向文化旅游强省迈进的过程中，必须深刻把握产业融合发展内在规律，以深化文化旅游供给侧结构性改革为主线，完善产业链，提升价值链，推动文化旅游与其他产业融合发展，培育具有引领力的文旅新业态。

目前，甘肃在"文旅+"融合发展领域开始探索，结合当地独特资源和旅游产业基础，打造了各种融合发展的业态和模式。例如，在"文旅+康养"领域，依托国家级中医药康养旅游创新示范区重点建设工程，推动康养资源与旅游业融合创新发展，建设一批中医药养生保健旅游产业园、产业基地，打造中医药保健、医食养生、温泉疗养、道家养生、沙疗沙浴等系列养生旅游产品，开发健康咨询、美容矫形、药膳调理、慢病调养等全面系统的中医药养生保健旅游服务。在"文旅+体育"领域，依托全省各级各类体育训练基地，开展滑雪、热气球、滑翔伞、沙漠冲浪、自行车、徒步、登山、漂流、攀岩、户外运动等多元体育旅游产品。持续提升兰州国际马拉松赛、"玄奘之路"戈壁挑战赛、"陇越骑联"穿越丝绸之路国际山地自行车多日赛、嘉峪关国际铁人三项赛等体育赛事活动品质和影响力。在"文旅+创意"领域，依托敦煌研究院、省博物馆、省图书馆、

省文发集团、读者出版集团、兰州创意文化产业园等,开展文化试点工作,积极开发各类文创产品。其中,敦煌研究院与腾讯达成战略合作,启动了"数字丝路"计划,打造了"数字敦煌"新品牌。由其延伸的敦煌数字供养人计划、王者荣耀飞天皮肤、云游敦煌、敦煌萌物等系列数字藏品,成为游客"种草"敦煌的新天地。"敦煌有礼"作为当下最流行的文创产品之一,已培育出多彩敦煌、乐舞飞天、文墨玉关、沙海灵驼、盛世遗风等多个系列,在全国范围内掀起了打卡敦煌文化地标、购买飞天国潮文创的热潮,更成为弘扬丝路文明、讲好敦煌故事的亮丽名片和崭新渠道。

二、甘肃"文旅+"融合发展存在的问题

甘肃省在"文旅+"融合发展中已经开始了初步探索,但是由于文化产业基础仍然薄弱,文旅产业融合发展创造力不足、市场主体不强、数字化程度较低以及知名品牌较少等问题依然突出。

第一,创新活力不足。甘肃旅游发展对资源依赖性较强,缺少文化创新领域的人才,尚未形成文化创新创造发展的活力。近年来,全省打造了不少新的景区和景点,但旅游人次不尽如人意。这些新建景区,包括既有景区要想吸引人、留住人,除了推出各种营销手段外,最重要的是既要让本土特色文化在景区生根、壮大,在游客感官舒悦、味蕾享受的同时,又能体会到更深层次的文化况味。甘肃省尽管已有"天下第一雄关""敦煌妙音""一包如意走丝路"等文旅 IP,但是依旧缺乏高品质的主题乐园、演艺节目等创意产品,对年轻人和高端消费人群吸引力不足,产品同质化、低质化开发问题严重。

第二,市场主体不强。甘肃省文旅文创企业总量较少、规模较小,品牌吸引力不强,影响力较弱。特别是数字、创意等新型企业发展滞后,文旅资源的整体优势还远没有得到充分发挥。截至 2020 年底,《甘肃省文化和旅游企业基本帐》共录入全省文旅企业 5141 家,其中文化企业 1476 家,旅游企业 292 家,文旅融合企业 2208 家,旅行社 784 家,星级饭店 381 家。但是能进入中国旅游集团 20

强、中国文化企业 30 强的企业数量很少。甘肃省的高成长性文化旅游企业数量偏少，中小文化旅游企业培育不足。实施文旅文创融合战略，离不开市场主体力量的发挥，也必须激活市场主体的能动性，在培育和引进市场主体的过程中壮大文旅主力军，加快形成支撑文旅文创融合的"旗舰劲旅"。

第三，文旅产业数字化程度较低。甘肃省在数字文旅建设尤其是景区智慧化方面取得了优异的成绩，但是在数字文旅高质量发展中仍存在一些问题：一是空间发展不均衡，有些区域数字化发展程度高，有些区域则比较落后；二是不同景区数字化发展不均衡，主要表现在，开发比较成熟的旅游目的地和开发不那么成熟的旅游目的地的信息化水平差异非常大；三是文旅文创科技应用程度低，以服务类智慧平台和 App 建设为主，体验式、沉浸式文旅项目和产品较少，虚拟现实景区和数字博物馆建造还未形成常态化。

第四，高品质文旅文创品牌较少。甘肃省文旅产业链还不够完整，产业龙头带动力亟待加强，"有文化、无产业""有名气、低效益"等现象仍然存在。目前除了拥有"丝绸之路（敦煌）"超级文化 IP 外，其他国人公认的文化 IP 在国内外的知名度仍不足，致使文旅文创品牌的传播力、影响力较弱。

第五节　甘肃"文旅+"融合发展的关键举措

一、组织创新：构建"文旅+"融合发展体制机制

目前，我国文旅产业主要归属文化和旅游部门，但产业融合发展中还会涉及到教育部、工业和信息化部、体育总局等部门。不同部门涉及不同的目标和利益诉求，在各方利益的交织下，会出现协同规制、自我规制和正式规制混合的情况，使政府规制难以为市场提供清晰的信号。为此，必须统筹政府部门相关职能

机构，建立跨界治理的协调机构，比如考虑成立文旅教体融合发展委员会或文旅教体产业协同联盟，以加强沟通联系，协调不同部门之间的政策协同。产业协同联盟统筹相关行业的企业、知识机构、服务机构、行业协会等行为主体，通过发布联盟章程、设立产业发展基金、资助融合技术研发、建设大数据共享平台、联合宣传推广等形式，向市场传递明确的激励信号，推进"文旅+"产业融合发展。

充分发挥市政府及各县（市、区）政府统筹协调工作机制作用，定期召开由相关部门参与的联席工作会议，通报文体广电和旅游的工作情况、介绍重大项目的建设进展、协调各方解决困难和问题等；在规划论证、景区开发、赛事（活动）举办、对外宣传、项目建设等工作中，构建多部门联合论证、联合组织、联合推进的工作机制；加强与相关职能部门的工作联系，主动参与交通、城建、生态保护、商贸流通、乡村建设、开发区布局等发展规划和项目建设的前期工作，提出建议、表达诉求，达到相互支持共同促进的目标。打破区域、部门、政策、融资、展示等方面的界限，建立完善的区域、市场主体利益联结机制，引导各方共同建设项目、开发市场、提供服务。

二、载体创新：打造"文旅+"融合示范项目

载体创新是指依托"文旅+"融合示范项目，作为政府推动产业实践的具体抓手，同时带动更多供给主体投身融合的业态创新，更好地满足群众对于美好生活和多元体验的需求。

积极推进"文旅+康养"融合示范项目。依托甘肃重离子治疗中心的落地运营，发展人用疫苗、生物医药、重离子治疗癌症为优势的医疗旅游产品。联合知名中医院、高校、科研院所及专家力量，打造一批高质量中医药健康旅游示范基地。培育中药材种植、药品和养生食品制造加工、医疗美容、养老陪护等康养旅游产业。建成一批智慧型健康医养结合养老示范园区。定期举办岐黄中医药康养文化旅游节等养生及医疗旅游节事活动。

加快推进"文旅+创意"融合示范项目。继续做大做强"数字丝路"文化项目，提升"数字敦煌"品牌知名度和影响力，推进敦煌数字供养人计划，培育王者荣耀飞天皮肤、云游敦煌、敦煌萌物等系列数字藏品，成为游客"种草"敦煌的新天地。依托省博物馆和文创企业联合推出蓝莲系列、彩陶系列、画像砖系列、铜奔马系列等文化创意产品。加快建设 2 个国家级和 104 家省市级非遗扶贫工坊，联动兰州文理学院等 4 所高校参与非遗研培工作。

全力推进"文旅+体育"融合示范项目。结合甘肃地貌地形丰富多样的优势，依托全省各级各类体育训练基地，开展滑雪、热气球、滑翔伞、沙漠冲浪、自行车、徒步、登山、漂流、攀岩、户外运动等多元体育旅游产品。持续提升兰州国际马拉松赛、"玄奘之路"戈壁挑战赛、"陇越骑联"穿越丝绸之路国际山地自行车多日赛、嘉峪关国际铁人三项赛等体育赛事活动品质和影响力。形成以体育产业园区、体育旅游小镇、体育旅游产业基地、特色户外运动基地为主体的高品质体育旅游产业集群。

三、平台创新：促进"文旅+"融合业态转化

平台是促进生产者和消费者进行价值互动的机构，生产者和消费者在其间进行信息、商品、服务的交换。平台创新是指利用互联网平台，增强业态供给主体、技术创新主体与资本主体之间的互动，服务于"文旅+"融合业态的转化。以平台创新促进"文旅+"融合发展重在做好三个方面：首先，依托现有的文化和旅游部数据中心，建设文旅教体大数据应用平台，通过持续跟踪和数据监测建立专项数据库，培育和引领"文旅+"融合业态健康发展；其次，建设"文旅+"融合业态孵化平台，通过项目招标、创意孵化、创新创业大赛等方式，实现政产学研联动，促进融合业态供给方与资本方的互动；最后，建设融合科技服务平台，通过技术标准推广、技术升级服务、技术应用对接等方式，促进"文旅+"融合业态供给方与科技创新主体的互动。

不断完善"一部手机游甘肃"旅游智慧化平台，一站式解决游客"吃、住、

行、游、购、娱"等需求。力争将全省所有景区和景点纳入平台,实现智能导游导览、线路查询、语音讲解、VR全景、分时预约、旅游投诉等功能。加快建设"一网读尽"数字阅读云平台、敦煌石窟数字化推广与展示、"遇见敦煌"AI/AR数字科技艺术特展、文化消费智能综合服务平台、乡村旅游大数据服务平台、智慧流动博物馆、非物质文化遗产数字博物馆等应用平台,有力提升甘肃文化旅游服务的智能化、信息化、便捷化水平。

四、人才支撑:构建"文旅+"融合发展人才体系

"文旅+"融合发展是一项长期、系统、专业性强的工程,需要大量具有创新意识、具备专业技能的复合型人才。产业发展人才体系构建需要从培养和引进两方面入手。在人才培养上,首先,利用高校作为高层次人才培养主阵地的优势,加快高校"文旅+"融合领域的人才培养。建议在旅游管理本科专业设置"体育旅游规划设计""体育旅游运营管理""历史文化遗产旅游""研学旅游"等方向,加大产学研联合培养力度。其次,实施遗产文化、非遗文化进校园、技能人才进课堂等活动,支持企业、工业园区等设立青少年传统文化教育示范基地。举办全国"文旅+"融合创业设计大赛,筛选优秀人才团队,并提供创业计划孵化扶持。最后,鼓励文旅机构、企业与高校共建大学生社会实践基地,进一步加强文旅与院校合作的联系。通过校企协同开发文旅产品推进产学研深度融合,打造与大文旅产业发展需求相匹配的人才培养模式,并组织一系列基于产业发展需求相关的教学实践活动,促进文化艺术资源的创新转化。在人才引进上,重点引进国内外高校、科研机构、文旅体企业在科技研发、产业规划、业态创新等领域的高级人才,组建文旅教体人才智库,并提供人才绿色通道或专项政策,在团队建设、项目孵化、子女入学、就医就业、税收返还等方面给予优惠政策,以更好地发挥人才在服务供给上的协同效应。

第九章　全力推进甘肃文旅品牌建设

文旅品牌作为文旅产业高质量发展的重要象征，是省域文旅产业竞争力提升的强力杠杆。近年来，甘肃以"交响丝路、如意甘肃"品牌塑造为抓手，在"文旅+"上破题，引导全省各州市在对外宣传、文化、经贸、体育等重大活动中以此为文旅形象传播载体，并分别提炼各具特色的区域文旅品牌，基本构建起了以全省文旅品牌为核心引领、以区域文旅品牌为重要支撑、以景区文旅品牌为基础的文旅品牌体系。未来，要充分发挥甘肃地域文化和资源优势，在更大范围、更深层次、更高层次上推动甘肃文旅品牌提质升级，促使甘肃文旅产业在激烈的市场竞争中占据优势。

第一节　甘肃文旅品牌建设成效显著

近年来，甘肃持续放大地形地貌多样、文化资源丰富多样的优势，全力做好文旅融合大文章，强化文旅政策支撑，提升文旅发展业态。省内多地文旅部门聚焦补短板、强优势、创品牌，努力探索文旅融合发展的新路径：酒泉举全力推进大敦煌文旅经济圈建设；武威聚力打造"5+N"文旅产业链体系；陇南加快建设武都万象大景区、秦汉文化产业园、礼县三国文化产业园；兰州用心擦亮"黄河之滨也很美"金字招牌。从整体上看，甘肃文旅品牌建设持续推进，文旅市场呈现出蓬勃生机。多元业态融合创新不仅推动了甘肃文旅产业的发展，也带动了相关产业的繁荣，释放了"一业兴、百业旺"的乘数效应。2023年，甘肃省共接待游客3.88亿人次，同比增长187.8%，较2019年同期提升4%。同时，旅游收入总额2745.8亿元，较上年增长了312.9%，并成功恢复至2019年同期水平的102.4%。甘肃文旅市场数据增幅远超全国平均水平，[①] 文化旅游消费需求旺盛、市场活跃、业态丰富，"交响丝路、如意甘肃"的独特魅力愈发显现。

一、抢抓"一带一路"机遇，"交响丝路"文旅品牌焕发新气象

甘肃有记载的古道达30余条，自古以来便是丝绸之路的关键节点和商贸重地。甘肃地处承东启西、联通南北的战略要地，是物资集散的重要枢纽，更是连接全国并通往中西亚及欧洲的重要通道。[②] 2019年8月，习近平总书记在甘肃考察时强调，甘肃最大的机遇在于"一带一路"。[③] 自党的十八大以来，甘肃积极把握并充分抓住西北丝绸之路文化产业带建设的机遇，主动融入并深度参与"一带一路"倡议。甘肃致力于打造"一带一路"上的文化高地，不仅与陕西、青海、宁夏、新疆、内蒙古等周边省份展开了紧密的区域合作，在"一带一路"建设中也实现了经济与文化的高质量协同发展。[④] 在政策支持方面，2015年出台的《甘肃省参与丝绸之路经济带和21世纪海上丝绸之路建设的实施方案》[⑤] 明确提出要打造"丝绸之路经济带甘肃黄金段"，并细化了重点任务和项目清单。此外，还出台了《保障国际班列稳定畅通运行的若干措施》《甘肃省综合立体交

① 李荣坤. 甘肃：文化和旅游持续提质增效 [N]. 中国文化报，2024-01-31（002）.
② 刘健. 大道通衢任驰骋 [N]. 甘肃日报，2023-10-17（012）.
③ 沈丽莉. 抢抓最大机遇促进互利共赢 [N]. 甘肃日报，2021-09-06（001）.
④ 中国甘肃网. 丝绸古道换新颜——甘肃深度融入"一带一路"建设综述 [EB/OL].（2023-11-20）[2023-12-07]. https：//www.gscn.com.cn/lsys/system/2023/11/20/013058726.shtml.
⑤ 石丹丹. 丝绸古道换新颜 [N]. 甘肃日报，2023-10-17（010）.

通网规划（2021—2050 年）》等文件，持续推进战略通道联运班列、重大项目等工作的实施。同时，高质量举办敦煌文博会、丝绸之路敦煌国际旅游节、兰洽会等节会，持续放大"一带一路"区位优势；持续发挥海外中国文化中心和旅游办事处的窗口与桥梁作用，携手九个海外中国文化中心共同策划并执行了年度部省合作计划，通过开展文艺演出、文化讲座、文旅推介等方式弘扬中华文化，增进海外民众对中国文化的了解与认同；在文化遗产保护大框架下强化"敦煌文化"国际合作，① 全力打造"世界文化遗产保护典范"和"敦煌学研究高地"。② "一带一路"成为宣传甘肃的亮丽名片，为讲好甘肃文旅故事、提升国际传播力赋能添彩。

二、推动"交通+文旅"融合发展，为文旅品牌发展"添翼"

甘肃省长期以来致力于探索破解文旅交通瓶颈，在全国首倡"路衍经济"，全面释放文旅综合效应。在"航空+文旅"融合发展方面，甘肃积极推广"畅游交响丝路·启航如意甘肃"品牌，开通"南京—延安—兰州"和"杭州—恩施—兰州"等航线，显著加快了"引客入甘"的步伐。在"铁路+文旅"融合发展上，甘肃于 2018 年推出了首列"环西部火车游"专列，包含了"省内游"、"经典丝路游"以及"西部环线游"等多元化线路。线路以"一车一景""一车一馆"模式，将地域文化特色、民俗风情、自然风光完美融合，被誉为"陆上邮轮"。近五年来，"环西部火车游"专列持续在服务模式上进行创新，先后推出"环西家之旅"和"环西小时光"等特色主题车厢和星级酒店车厢，为游客提供了更加个性化和舒适的旅行体验。③ 2019 年 12 月，甘肃创新性地推出了结合"铁路+文旅"的"三区三州·旅游大环线专列"，将铁路沿线旅游资源高度

---

① 王睿君. 共谱丝路交响同筑天下文博 [N]. 甘肃日报，2021-09-27（004）.

② 兰州晨报. 抢抓"一带一路"发展机遇 甘肃文旅构筑强磁场"如意甘肃"扩大美誉度. [EB/OL].（2021-01-06）[2023-12-07]. https：//manage.gsei.com.cn/html/1628/2021-01-06/content-308833.html.

③ 中华人民共和国文化和旅游部. 甘肃省多轮驱动助推文旅消费提质扩容增效 [EB/OL]. [2020-10-07][2023-12-07]. https：//www.gov.cn/xinwen/2020-10-02/content_5549073.htm.

串联，成为连接"三区三州"旅游大发展、扶贫大推进、合作大提升的重要交通纽带。2021年，甘肃推出的"三区三州"红色旅行专列标志着全省红色旅游大环线的正式形成。这一专列不仅将红色旅游资源与铁路交通相结合，还融入了乡村振兴、旅游交通等多重要素，进一步展现了甘肃在"铁路+"和"文旅+"领域的深入探索与实践。① 在"公路+文旅"融合发展方面，由于甘肃地带狭长，土地幅员辽阔，民俗风情浓郁，甘南、敦煌、天水、平凉等知名旅游节点城市多，自然景观和文物遗迹密布，适合发展自驾游、环线游。近年来，在"一带一路"倡议下，甘肃深耕"交响丝路·如意甘肃"品牌内涵，不断推出"丝绸之路（甘肃）自驾旅游护照""蜂游丝路·自驾甘肃""有态度的甘肃"等系列活动，以自驾游为抓手，不断提升甘肃文化旅游资源的知名度与影响力。

三、文旅振兴乡村，"陇上乡遇"持续绽放美丽经济

甘肃是中国农业文化的起源地之一，拥有着深厚的农耕文化底蕴。近年来，甘肃抢抓乡村振兴战略机遇，以建设西部知名乡村旅游目的地为目标，大力开展乡村旅游示范县、文旅振兴乡村样板村创建工作，坚持产村融合，推进农文旅融合发展，确定了全省"十四五"时期30个乡村旅游示范县，300个文旅振兴乡村样板村创建名单，② 张掖市坚持"一村一特色、百村百面貌"；甘州区聚焦"塞上江南、戈壁水乡"；武威市力求做到"一村一特色、千村千面貌"，将马头墙、街门楼、郡望匾等传统文化元素融入村庄建设；临夏州成立村庄规划专班，形成"县—镇（乡）—村—设计单位"四级联动机制，编制"多规合一"的村庄规划，③ 以"一村一品"为目标，推动文旅振兴乡村样板村开发重点乡村观光产品，比如以风俗礼仪、民间演艺、乡村赛事、非遗技艺为重点的乡村体验产

① 金蓉.2022甘肃文旅发展报告［J］.新西部，2022（7）：50-54.
② 李荣坤.甘肃：文化和旅游持续提质增效［N］.中国文化报，2024-01-31（002）.
③ 中华人民共和国农业农村部.甘肃省文旅系统深入贯彻落实中央一号文件精神推动乡村旅游提质增效［EB/OL］.（2023-03-09）［2023-12-07］.https：//www.gov.cn/xinwen/2020-10/02/content_5549073.htm.http：//www.moa.gov.cn/xw/qg/202303/t20230309_6422698.htm.

品，以农耕文化、农业科普、农事体验、红色记忆为重点的乡村研学产品，以乡村民宿、乡村客栈、乡村野奢、康养乡居等为重点的乡村特色住宿产品等；积极服务国家脱贫攻坚和乡村振兴战略，以节事节会富民惠民，通过举办"文旅繁荣丝路·美丽战胜贫困"主题论坛、"三区三州"旅游大环线推介，民族文化旅游多元化开发，促进贫困地区在民族文化传承、非物质文化遗产保护、人文自然景观和旅游资源开发等方面挖掘潜力，全面推动"三区三州"旅游大环线建设，使绿水青山变成金山银山，使文化优势变成经济优势，为实现乡村振兴增添新活力。① 2023 年，甘肃乡村旅游市场迎来全面复苏，据相关数据显示，甘肃省 2023 年全年接待乡村游客数量高达约 1.53 亿人次，相较于 2022 年增长了 70.74%，与 2019 年相比增长了 19.84%，乡村旅游也带动了甘肃经济的蓬勃发展，2023 年乡村旅游收入达到 481.93 亿元，② 从整体上看，甘肃美丽的乡村景色催生了"美丽经济"的活力，乡村旅游成为推动共同富裕的幸福产业。③ 甘肃省充分用好村庄资源禀赋释放区位和人力资源优势不断擦亮"陇上乡遇"乡村旅游品牌，美丽乡村正在成为全省绿色经济的新型引擎。

四、科技创新支撑文旅品牌建设成效显著

科技创新通过数据驱动与决策支持、智慧旅游服务提升、文旅融合创新发展、应急管理与安全保障以及品牌宣传与营销创新等多个方面，为甘肃文旅品牌建设提供了强有力的技术支持，共同推动甘肃文旅品牌建设向更高层次、更广领域发展。2017 年以来，甘肃将智慧旅游建设作为旅游强省建设的重要举措，深化"互联网+"融合创新，以全域文旅智慧化为主线，充分发挥资源优势、完善服务体系，汇聚多元数据，全面强化智慧文旅建设。第一，智慧文旅服务、管

---

① 林铎，银燕. 文旅繁荣丝路美丽战胜贫困［N］. 人民日报，2019-08-05（016）.
② 张栎. 甘肃乡村旅游发展指数发布［N］. 甘肃经济日报，2024-04-01（001）.
③ 甘肃新闻网. 打造家门口的诗与远方——2023 美丽乡村国际论坛"游甘肃品甘味"农旅融合发展论坛侧记［EB/OL］.（2023－07－28）［2023－11－30］. http：//www.gsjb.com/system/2023/07/28/030843716.shtml.

理、营销体系初步建成，为文旅品牌提供数据驱动与决策支持。甘肃以"互联互通、信息共享"为核心理念，通过构建"一中心、一平台、三体系、三朵云"的总体框架，成功打造了甘肃省文旅大数据中心。这一中心以"一部手机游甘肃"综合服务平台为核心，涵盖了省级文化旅游大数据中心，以及智慧文旅的服务体系、管理体系和营销体系。还以智慧文旅支撑云、内容云和功能云作为技术支持。该大数据中心纵向实现了甘肃省、市、县文旅部门，以及景区、酒店、旅行社数据的全面贯通，5A级旅游景区的接入率达到了100%，4A级旅游景区的接入率也超过80%，在全国处于领先地位；该平台横向实现了数据对接的广泛覆盖，涵盖公安、交通、铁路、景区、在线旅游代理商（OTA）平台、微信以及其他多个网络平台等共计13类数据资源，极大地提升了入甘游客的实时统计效率，强化了导览导游服务智慧化水平，显著提高了文化和旅游业态在科技成果运用方面的水平，①为文旅品牌的市场定位、产品开发、营销策略提供了科学、精准的数据支持。第二，数字文化产业新业态不断涌现，不断提升文旅品牌竞争力。为了全面展示和共享甘肃丰富的文化资源，甘肃省文化产业发展集团和甘肃省文化产权交易中心共同主导并建设了数字文化展示平台。该平台以全景展示为依托，汇集了全省各大美术馆、艺术馆，以及各市县3A级以上的景区景点、星级酒店和重要节会等丰富的文旅资源，提供了一系列包括720°VR全景、全息投影、3D虚拟场景建模，以及4D/5D沉浸式声光秀等方面先进的数字化技术服务，为甘肃省文旅产业的快速发展搭载了交流共享平台。20世纪90年代，敦煌研究院就提出了前瞻性的"数字敦煌"理念，试图通过利用先进的信息技术，实现对敦煌石窟这一珍贵文化遗产的永久保存与永续利用。②多年以来，敦煌研究院持续打造多元化的文化弘扬体系，形成了"文化+科技"传播业态，不仅提升了游客的旅游体验，也增强了甘肃文旅品牌的竞争力，为甘肃文旅品牌的宣传和下沉推

① 甘肃省文化和旅游厅.甘肃省文化和旅游厅打造"一平台、一中心、三体系、三朵云"促进文旅与科技深度融合［EB/OL］.（2023-05-28）［2023-11-30］.https：//www.mct.gov.cn/wlbphone/wlbydd/xxfb/qglb/gs/202305/t20230518_943844.html.
② 数字技术赋能公共文化服务［N］.人民日报，2023-03-31（020）.

广拓宽了路径。

五、文化遗产保护创新利用力度增强，如意甘肃焕发时代光彩

甘肃文化遗产保护与传承工作是"交响丝路、如意甘肃"文旅品牌建设的重要组成部分。甘肃地处黄河上游，是连通新疆、陕豫、川渝、青藏地区的枢纽地带，是华夏文明的重要发祥地，在长期的发展过程中逐步形成了以丝路文化、石窟文化、古人类文化、黄河文化、民俗文化为主要代表的文化类型，也是史前文化的发祥地和历史文化的富集地。[1][2] 文化遗产的独特性和稀缺性使得甘肃文旅品牌在品牌市场上具有不可替代的优势，近年来，甘肃文化传承工作高位推进。2019 年 8 月 19 日，习近平总书记在敦煌研究院主持召开座谈会并发表重要讲话，强调"要努力把研究院建设成为世界文化遗产保护的典范和敦煌学研究的高地"。[3][4] 甘肃将习近平总书记这一重要指示精神深度融入全省发展的整体规划之中，2020 年 12 月，敦煌研究院建立的国内第一个文物保护领域的多场耦合实验室正式投入使用，实验室承担了来自全国各地的岩土质文物劣化机理与保护技术方面的研究课题，为珍贵的文物得以永久保存和广泛传播提供了科研支持平台，也为文物保护领域树立了新的标杆。[5] 目前，敦煌文物保护团队已经构建了一套成熟且全面的技术体系，承担了敦煌壁画修复、抢救保护、文物数字化处理以及基础设施改善等多项重点文物保护工程，这些成功的经验和技术不仅在甘肃省内得到了广泛的推广和应用，而且在全国，乃至世界范围内也产生了积极的影响。[6] 在文化遗产得到有力保护的基础上，甘肃通过深入挖掘文化遗产的内涵和价值，有力地推动了文化遗产数字化转型，建立了"数字敦煌·开放素材库"，

① 张健，向仲怀. 丝路文化价值探究 [C] //中国蚕学会，国家蚕桑科学技术专家工作委员会，江苏科技大学. "一带一路" 战略与蚕丝行业发展研讨会论文集. 重庆：家蚕基因组生物学国家重点实验室，2015：8.
② 宋喜群，王冰雅. 甘肃：让文化遗产焕发时代光彩 [N]. 光明日报，2023-09-14（004）.
③ 习近平. 在敦煌研究院座谈时的讲话 [J]. 求是，2020（3）：6.
④ 向清凯，施雨岑，王鹏，等. 习近平的敦煌情 [N]. 人民日报，2024-01-29（001）.
⑤ 王美莹. 扎根大漠戈壁守护璀璨华光 [N]. 光明日报，2024-06-04（008）.
⑥ 施秀萍，朱茜. 让宝贵历史文化遗产绽放新时代光彩 [N]. 甘肃日报，2022-05-12（001）.

并携手腾讯公司联合打造了全世界首个融合了超时空和沉浸式体验的"数字藏经洞"博物馆，还与腾讯新文创联手推出了"敦煌诗巾"小程序，将造景层次丰富、富丽庄严的结构融入互动，用户在小程序中能利用千变万化的敦煌风格元素设计出专属自己的"敦煌诗巾"。

利用数字化技术不仅丰富了甘肃文旅产品的内涵，也提升了如意甘肃的知名度和美誉度。甘肃还以敦煌壁画、武威铜奔马等文物为灵感，打造了一批具有知名度和影响力的文创产品。例如，甘肃省博物馆以丝绸之路文化符号"铜奔马"为原型开发的"绿马"玩偶在市场上受到了热烈的欢迎，这些文创产品不仅展现了甘肃丰富的历史文化遗产，也让厚重的历史以更加生动、鲜活的方式走进大众的生活，更好地实现历史文化的活态传承。

六、多元业态融合创新，释放文旅品牌新动能

甘肃坚持以自然景观、人文景观、世界遗产地为基础，按照"以省带市、以市带县、以大带小、层层推动"的工作思路，创新旅游景区发展模式，成功创建了包括嘉峪关文物景区、张掖市七彩丹霞景区、平凉市崆峒山景区、临夏州炳灵寺景区、天水麦积山景区、陇南市官鹅沟景区、敦煌月牙泉景区共计7家具有独特性、代表性和国际影响力的国家5A级旅游景区和133家国家4A级旅游景区，全省A级旅游景区达到440多家。①

甘肃以创新引领，从单一景点、景区建设向旅游综合目的地服务转变入手，积极探索独具特色的全域旅游发展道路，加快推进国家和省级全域旅游示范区创建工作。敦煌市、嘉峪关市、平凉市崆峒区成功创建了国家级全域旅游示范区，张掖市临泽县、酒泉市玉门市、陇南市两当县和康县、白银市会宁县、天水市秦州区、武威市凉州区、临夏州临夏市等22个县区成功创建了省级全域旅游示范区。同时，加快文化旅游与农业、工业、交通、体育、康养等领域的融合发展。

---

① 甘肃正加快建设文化兴、生态美、百姓富的文旅强省［EB/OL］.（2023-07-21）［2023-10-21］. https：//www.mct.gov.cn/whzx/qgwhxxlb/gs/202307/t20230721_946110.htm.

全省自驾车旅居车营地和高速公路旅游驿站服务网络日趋完善，体育旅游示范基地建设和冰雪旅游活动成效显著，鸣沙山·月牙泉景区荣获"国家体育旅游示范基地"称号，兰州兴隆山、和政法台山、积石山大墩峡、定西渭河源等一批冰雪旅游项目蓬勃发展。

坚持业态融合，以满足游客休闲生活和旅游度假需求为目标，发挥全省文化遗产、城市休闲、乡村旅游、生态旅游、精品演艺、医养康养、历史街区、特色商业餐饮、精品民宿等资源优势，加快推动旅游度假产业和现代服务产业融合发展，做大富有文化内涵的旅游度假区和旅游休闲街区。先后创建了张掖芦水湾、临夏州黄河三峡、兰州兴隆山、定西渭河源、天水青鹃山、天水清水温泉、武威天祝冰沟河等省级旅游度假区和临夏八坊十三巷、兰州老街、张掖临泽丹霞口、天水秦州印象·文景园步行街、嘉峪关白鹿仓丝路风情街、敦煌夜市、兰州新区中川园林园、张掖甘州区明清街等国家级和省级旅游休闲街区，度假休闲文化旅游要素体系进一步完善，国际一流旅游目的地建设初显成效。

第二节　甘肃文旅品牌建设面临的挑战

近年来，甘肃深入践行"以文塑旅、以旅彰文"的发展理念，推动文化和旅游深度融合发展，旅游经济展现出了强劲的恢复势头，七彩丹霞的"沉浸式"旅游体验、鸣沙山下的万人星空演唱会以及永靖刘家峡旅游度假区的"黄河"主题多功能综合游等一系列新活动、新模式、新业态不断涌现、频频出圈，不断擦亮"交响丝路·如意甘肃"这一金字招牌。尽管甘肃地区近年来文旅品牌建设取得了长足进步，但也存在着一些短板和不足，制约着文旅文创高质量融合发展。因此，如何进一步消除制约甘肃文化旅游品牌建设的关键障碍，做好文化旅游深度融合大格局，推动甘肃文旅品牌在文旅市场中"出圈"，是摆在甘肃高质量发展道路上的一道待解课题。

一、要素配套不全，品牌对文化旅游经济的促进效应不明显

甘肃文旅发展不平衡、不充分的矛盾仍较为显著，城乡之间、区域之间的发展差距仍然存在，文化和旅游产品的供给与市场需求之间尚未实现完全匹配。这些问题都制约了甘肃省文旅产业的全面发展和潜力释放，品牌效应对于文旅经济的促进效应尚需进一步提升。首先，文化产业发展基础依然薄弱，尽管各旅游景区的基础设施建设相对成熟，但围绕"食、住、行、游、购、娱"六要素布局上来分析，甘肃作为旅游目的地城市的要素配套整体上看还不够齐全，特别是"行""购""娱"存在明显短板，从"行"上看，甘肃生态环境复杂多样，地形地貌富密度高，由于区位的原因，主要旅游景点分布分散，部分地区地形险峻，部分景区面临交通不畅等问题。加上甘肃铁路和公路交通网线稀疏，机场数量少，吞吐能力十分有限，河西走廊地区的交通通道相对集中，而陇东南和甘南地区的交通网络化水平亟待提高，交通网络的通达性和覆盖广度有待加强。陇东南地区缺乏具有引领作用的枢纽城市，民航航线的密度较低，省内机场间的串飞服务尚未实现，交通枢纽布局不均衡。再者，旅客中转换乘时间较长，客运的便捷程度需进一步优化，公路货运量占比过高，铁路和航空运输的潜力尚未得到充分发挥，交通运输在生态产业链、供应链和价值链的延伸与提升中的支撑作用有限。地理与交通的双重壁垒在一定程度上降低了游客的吸引力和可达性，制约着文旅品牌发展。从"购"和"娱"上看，高档次的旅游集散中心尚未建设，景区景点之间的旅游交通标识还不完善，缺乏集多种功能于一体的高档次度假村和文化旅游主题公园或游乐城，更缺少具有地方特色的综合性的文化旅游娱乐节目，文旅结构性矛盾较为突出。

二、资源利用效率不高，文旅品牌的整体性和联动性不强

甘肃历史遗存和文化资源十分丰富，但是由于各地区间旅游资源禀赋的差

异，导致文旅资源在空间分布上具有显著的不均衡性，形成了陇东南、河西走廊沿线地区文旅发展劲头强势、而其他地区相对弱势的旅游发展空间差异格局。河西走廊地区囊括了全国优秀旅游城市中的 5 座，占总数 8 座的六成以上；同时，还拥有全省 4 座国家历史文化名城中的 3 座，在景区方面，河西走廊的 5A 级景区和国家级风景名胜区的数量均占据全省 1/3 的比例，足见其旅游资源的丰富性，甘肃省内的 7 处世界文化遗产中，有 5 处位于河西走廊西部的酒泉嘉峪关地区；陇东南的天水、平凉地区拥有全省数量 2/3 以上的 5A 级景区和国家级风景名胜区，① 而经济发展却主要集中在兰州等沿黄河地区，这些地区游客数量多、人群流量稳定，政府也更愿意大力支持该区域高品质景区的发展；一些市场化的旅行机构在辅助开展甘肃文旅品牌的推广时，也更加愿意对文旅品牌相对更成熟的区域进行投入，随着文旅市场竞争的日益激烈，品牌建设中的马太效应的作用也越来越明显。此外，甘肃内部各地区之间的文化和旅游合作发展程度不高，尚未形成系统性发展的体系。旅游资源丰富的地区，由于交通不便和基础设施不完善，无法充分利用资源，旅游业发展受限。而经济相对较发达的地区，由于旅游资源匮乏，无法实现旅游业对经济的带动作用，导致了文旅资源利用效率低下，对文旅品牌提质增效造成了一定程度的阻碍。

三、文化旅游产业创新能力不强，高品质供给不足

创新是文旅产业发展的第一动力。但甘肃在这方面还存在很多短板，创新能力不是很强。一是多元化、高品质的文旅配套不足，文化旅游产业发展项目聚集效应不足，旅游融合带动能力不强，文化旅游潮汐现象严重，文化旅游受季节、假期影响较大。主要体现为全省文化旅游人才队伍建设滞后，跨界、融合、复合型人才严重缺乏，文旅市场主体较小，具有品牌影响的文化产业园、酒店、民宿等文化旅游骨干企业较少，市场主体带动能力不强，整体上缺乏创新创意所需的

① 每日甘肃．「游甘肃・来敦煌」一趟甘肃之旅，能游完它的 7 处世界遗产和 7 家 5A 景区［EB/OL］．（2022−12−29）［2023−10−22］．https：//baijiahao．baidu．com/s？id=1753517906417940791&wfr=spider&for=pc．

空间环境和政策支持。二是甘肃智慧文旅建设取得了阶段性成效，但仍处于起步阶段，项目储备较少，投入力度不够。甘肃文旅数字化、智能化应用力度尚需进一步提升，特别是在智慧景区、智慧场馆、智慧酒店等领域的普及程度不足。三是公共文旅服务的信息化建设进展缓慢，大数据对产业发展的联动作用有待进一步加强，需交由专门的运营企业进行市场化运营，并将建设、运营、监管等各个方面责任理清、机制理顺。随着移动互联网内容生产的井喷式增长，网络宣传推广投入力度需要进一步加大，甘肃文旅宣传推广渠道需进一步向移动互联网平台倾斜。四是与景区景点相匹配的旅游商品、旅游饮食、旅游娱乐等发展较为缓慢、特色不够鲜明，甘肃文旅产业链条当前面临附加值偏低的问题，部分地区缺乏足够的娱乐性、参与式以及体验式消费项目，难以满足游客的多元化需求，大部分游客到甘肃都是过站式旅游，过夜游客比例低，省内旅游市场长线游比例低，短线游的旅游消费不足，旅游收入规模低于人数增长规模。文化旅游同质化、低品质开发，文化内涵挖掘和转化不足，旅游经济效益不明显。

四、文旅品牌营销推介初见端倪，但品牌效应整体力度不足、认可度不高

近年来，甘肃充分发挥"一会一节"的龙头牵引作用，持续放大文化旅游综合效应，通过"论、展、演、游、贸、创"等活动形式举办了一系列文旅节事活动，有效提升了地区文化品位。但文旅品牌核心价值不清晰、缺乏个性和稳定性，对消费者吸引力持久性不强的问题仍然存在。从本质上看，甘肃现行旅游营销的基本模式还没有形成"品牌营销""目的地营销"的理念，城市营销滞后，缺乏完整的城市定位。由于历史和生态的原因，甘肃地区自然、经济、社会条件难以吸引战略投资商和知名品牌入驻，高成长性文化旅游企业偏少，本土企业"走出去"动力不足，多停留在"圈山圈水圈门票"的初级阶段。文化旅游市场投资运营主体整体偏弱，项目投资运营市场化水平不高，项目融资渠道较为单一，制约了投资和生产性投入及投资市场的形成，重大文旅项目辐射带动效应有待提升。

第三节　全力推进甘肃文旅品牌建设的路径选择

一、　提高品牌战略地位，强化文旅品牌引领作用

第一，加强对文旅品牌相关政策执行的宏观引导，持续发挥文旅品牌建设在地区品牌建设中的引领作用。应明确文旅品牌政策的目标和导向，通过制定具有前瞻性和可操作性的政策，确保政策与甘肃文化旅游产业的发展战略相契合。需根据各地区的资源优势和产业特色，以品牌思维来优化资源配置，明确优先发展的品牌产品，进一步促进产业结构的优化和布局的合理化。此外，政府还应鼓励和支持企业积极参与文旅品牌的建设和推广。通过提供政策扶持、资金支持、人才培训等方面的帮助，激发企业的创新活力，加大对文化旅游市场主体自主创建品牌的关注和支持，完善市场主体品牌创建的申报、认定环节流程，提供更周到的服务；研究制定信贷、税收、社保等方面的优惠措施，通过各类激励政策提升文旅市场主体的品牌建设意识和能力，推动文旅品牌的快速发展。

第二，强化各部门协调作用、提升板块联动效应。甘肃文旅品牌建设是一项涵盖广泛、深度细致的整体性工程。强化各部门的协调作用是实现甘肃文旅品牌建设目标的重要保证。各级政府、文化机构、旅游企业等各方力量要加强合作、形成合力，通过建立健全的协调机制，明确各部门的职责与任务，确保各项政策、资源、信息在各部门间高效流通，克服因制度不顺畅、产业趋同等造成的品牌建设低效现象，在对各区域文化旅游子品牌的定位上，要以敦煌为龙头引领，打造"大敦煌文化旅游经济圈"产业集聚区，辐射带动酒泉、嘉峪关等河西地区文化旅游产业集聚发展；以兰州为核心打造"中国黄河之都"都市文旅产业集聚区，辐射白银、定西、临夏、兰州新区文化旅游发展；以天水为核心打造

"陇东南始祖文化旅游经济区"，辐射带动陇南、平凉、庆阳文化旅游发展；以临夏、甘南城镇群打造"绚丽民族风特色国际文化旅游经济区"，[①] 实现资源优化配置。文旅品牌的建设不仅是对单一的文化或旅游产业的发展，更涉及多个产业板块的联动，必须加强各产业板块之间的沟通与协作，通过打造多元化的旅游产品、丰富旅游体验、提升服务质量，实现相互促进、共同发展，推进品牌建设成效最大化。

第三，强化文旅品牌建设人才保障。明确甘肃推动文旅品牌建设所需的创新思维、市场营销、项目管理、产品开发等核心能力，制定具体、明确的文旅品牌建设人才培育标准，并根据品牌策划、品牌传播、项目管理、产品开发等不同领域和层次进行分类、分层培养，制定出一套完整的文旅品牌建设人才培育标准。此外，要加强与高校、企业、政府等各方的合作与交流，共同打造文旅品牌建设人才培养的生态圈。通过与高校的合作，引入先进的教育资源和师资力量，为人才培养提供坚实的学术支撑。通过与企业合作，更好地了解市场需求和行业趋势，为人才培养提供实践平台和机会。不断提升文旅品牌建设人才的专业性和适应性。

二、做好文化遗产活化文章，增强文旅品牌的影响力

第一，加快完善文化遗产管理的顶层设计，健全立法保护。加快建立起文化遗产保护管理的统筹协调平台和机制，进一步细化保护的法规和标准，加强对文化遗产活化利用的规范和监管，在激发文化遗产的旅游潜能时，避免对文化遗址的过度开发和不合理开发。甘肃各相关市州要主动融入国家文化公园发展战略，以"交响丝路·如意甘肃"整体形象为统领，放大"一区三园"建设综合效应，抓住"十四五"规划中期评估调整机遇，积极争取在年度预算中安排专项资金用于补助华夏文明传承创新区和长征、长城、黄河国家文化公园等重点项目的建

---

① 韦德占，安志鹏，杨唯伟，等．提振信心加快推动文旅融合发展［N］．甘肃日报，2023－05－29（001）．

设。深入挖掘地域文化特色，将文化内容、文化符号、文化故事融入国家文化公园建设，打造以始祖文化为代表的华夏文明发祥地文化旅游体验甘肃地标、以河陇文化为代表的黄河文化旅游带。围绕长城、长征、黄河国家文化公园建设，推出一批文化遗产特色旅游线路，以项目串起国家文化公园甘肃段周边的文化遗产，充分展示甘肃省地域辽阔、历史厚重的文化底蕴，提升"万里长城""万里长征""九曲黄河"等文化品牌在甘肃的辨识度。

第二，推动文化遗产资源数字化。推动文化遗产资源数字化和完善文化遗产大数据管理，是优化文化遗产科技创新布局的重要举措。要用科技助力文旅创新创意，让遗产生动有致地"活起来"，成为具有现代感和互动性的文旅体验产品。创新文化遗产活化的内容与形式，将遗产资源转化为可观、可感、可玩的文旅项目，增强遗产的故事性、产品的体验感以及参与的挑战性和获得感。要将传统艺术、传统工艺等非物质文化遗产元素融入产品开发，积极推进文物和文化资源数字化展示，加大文化遗产的数字化保护、旅游场景化开发，建成推出一批大遗址、古建筑、石窟寺、革命文物、地质奇观等自然、文化遗产数字化保护、旅游化体验新样板，大力宣传推介国家文化公园甘肃段特色旅游产品，围绕传统节日、重要时间节点和重大活动，推出一批满足游客需求、特色鲜明、产品互补的文化遗产特色旅游线路，着力在景区提升、联通共建、市场推广、品牌共塑、人才培训、行业服务等方面开展多种形式的务实合作，不断提升区域合作成色，全面呈现长城、长征、黄河国家文化公园甘肃段线路亮点，打响国家文化公园甘肃段文化遗产特色旅游主题品牌，让历史文化"活起来"。

三、补齐基础设施短板，激活文旅创新与发展的潜能

第一，构建多元投资主体，突破文化旅游产业发展瓶颈。从当前甘肃文旅产业市场化运作的发展实践来看，资金短缺是制约甘肃文旅产业发展和文旅品牌全面提升的主要瓶颈。因此，要以构建多元投资主体为引领，建立好文化旅游产业发展融资平台，深入贯彻落实"放管服"改革，创新招商引资的途径和举措，

协调各方力量，降低准入门槛和融资难度，优化投资经营环境，引导企业通过重组、并购等方式组建文旅投资公司，基于甘肃独特的资源特色和生态环境优势，合理开发红色带动型、景区辐射型、城郊休闲型、田园风光型、传统民俗型、养生度假型等各类旅游项目，利用具体项目为载体进行资源整合，提升文化旅游产品的全面性。

第二，加强景区基础设施建设，提升旅游者的便利度和舒适度。一是提升景区通达性，充分利用国家"一带一路"建设中有关西部交通投资建设的内容，加强内外联结的旅行沟通通道建设，构筑若干条极富内涵和品质的精品旅游线路，完善集公路、铁路、航空等于一体的立体化交通网，优化"大甘肃"网络圈层结构。推进主要景区与主要旅游节点之间实现机场、高铁站、火车站、客运站的有效衔接，扎实做好文旅产业延链补链文章，推动航旅深度融合。二是在规划建设完善旅游景点景区时，注意加强交通设施、旅游标识、导游服务等各类旅游配套设施的软硬件建设，注重住宿餐饮等基础设施的改造升级，以优质的住宿及餐饮环境提升游客过夜率和消费转化率。加强对省域旅游资源优化整合，充分发挥智慧旅游公共服务平台的核心作用，力争尽快实现 A 级及以上景区 5G 网络全覆盖，构建更加智能、便捷、高效的旅游服务体系，解决旅游空间组织松散、旅游要素和环节衔接不畅、旅游效率不高等难题，使旅游行程更加便捷、高效与舒适。

四、创新品牌传播形式，强化文旅品牌形象感召力

第一，在甘肃的营销策略上，应坚持科学策划为核心，采取整合营销战略，汇聚各方资源力量，全方位拓宽传播渠道。在品牌传播体系建设方面，要构建以省级文旅主管部门为引领，各市县区乡、企业及相关机构、旅游景区等多层级参与的网状协作格局，策划一批特色鲜明、吸引力强的复合型文旅项目，同时，紧跟市场趋势，致力于打造一批具有品牌影响力的地标式文旅亮点，培育一批创新性的沉浸式文旅产品，以多业态赋能，做强城市文旅品牌，借助文化、工信、外

宣、商务、体育等交流渠道形成营销合力，加大客源市场宣传力度，推进全员、全要素、全系统、全方位、全过程文旅品牌传播矩阵的构建。

第二，在营销手段上，甘肃省应当塑造更加鲜明的文旅品牌文创形象，实施精准营销。针对"交响丝路、如意甘肃"的品牌定位，深度挖掘与丝路、如意、石窟等文化元素相匹配的符号或形象，通过向社会征集、网络票选等方式，设计出一个能将甘肃文旅元素相结合、呈现出独特地域文旅特征的标识，并推动各类文创产品开发，利用大数据分析指导旅游产品创新优化，布局融媒体传播，通过短视频矩阵推介、直播带货、线上云游、宣传片拍摄等多种模式，让甘肃文旅品牌形象在各种文化旅游的硬件配套设施中进行全方位的运用，进一步加深甘肃文旅品牌印象。

第三，构建层次分明、相互补充的节会品牌体系，通过利用节庆会展、民俗活动积极营销，强化甘肃文旅形象感召力。甘肃要以"交响丝路、如意甘肃"为品牌建设的重要抓手，对甘肃现有的节会活动进行系统性的梳理，深入了解每个节会的起源、特色及参与群体，确立能够作为甘肃节会活动的核心标识、承载甘肃文化精髓与节会活动精神的主品牌，并围绕主品牌设立多个具有独特魅力与特色的副品牌，通过主副品牌的结合，构建层次分明、相互补充的节会品牌体系，从活动策划、宣传推广到执行实施都以品牌为核心，确保活动的整体性与统一性，加强"节事+"的联动效应，办好"敦煌行·丝绸之路国际旅游节"和"丝绸之路（敦煌）国际文化博览会"等重要节会，因时制宜举办如甘南赛马会、庆阳香包节等具有地方特色的节事活动，实现以旅游搭台、各地唱戏、一地举办、辐射周边，实现以节聚势、以节赋能，提升甘肃文旅品牌的广度和深度。

五、提升数字旅游服务效能，增强文旅品牌发展动力

第一，进一步完善文化旅游"云、网、端"基础设施。推进"5G+智慧旅游"应用落地，全面完成4A级以上旅游景区智慧化建设。提升甘肃文旅大数据中心融合归集能力，指导市县级文旅大数据中心建设。引进战略性投资主体，进一步拓展"一部手机游甘肃"综合服务平台智慧旅游服务架构，提升适应新时代需要的游客体验端、市场运营端和政府管理端垂直细分平台功能。

第二，培育壮大甘肃文旅品牌的数字内容，深入挖掘敦煌文化、长城文化、长征文化、黄河文化、始祖文化内涵，打造具有国际影响力的数字文化IP品牌，加快数字文化产业业态创新，支持甘肃省文化场馆、文娱场所、景区景点、街区园区开发数字化产品和服务，在文化、旅游、民俗、美食、电商等领域与5G、短视频、音频、虚拟现实、在线直播等新技术业态相结合，打造"线上引流、线下转型"的发展新模式。

第三，推动数字国家文化公园建设。建设国家文化公园数字云平台，数字化采集长城、长征、黄河甘肃段的珍贵文化文物及生态资源，通过数字孪生技术建立遗址遗迹、生态景观的"数字档案"，打造长城、长征、黄河文化数字场馆矩阵及数字展示网络，建设一批数字文化体验厅、数字文化体验馆、数字文化体验园，构建数字国家文化公园体系。发展智慧乡村旅游，以数字乡村建设为抓手，以乡村旅游示范村为重点，挖掘乡村旅游资源特色，打造一批数字文旅示范村镇，拓展文旅数字营销渠道，持续抓好乡村旅游、民宿客栈、民俗演艺及"一包如意走丝路"文创、"甘味"农特产营销，打响"厚道甘肃·地道甘味"品牌，推进"一村一品"产业建设专项工作。推动更多脱贫地区旅游业商户"触网"。以"数字敦煌"为引领和示范，推进全省文化文物资源数字化建设，建设丝绸之路文化遗产数据中心、敦煌文化艺术国际交流与创新中心、大敦煌丝路数字人文基地、敦煌研究院档案馆及附属设施为主的敦煌文化遗产保护传承科技创新基地。

六、强化文旅品牌管理和公共服务，打造文旅发展的玉如意

第一，加强文旅生态资源保护。必须坚持生态文明理念，对自然文化遗产进行保护和合理利用，推进建设公路自驾游房车露营系统、绿色旅游公路建设，以文化和旅游业的绿色发展，提高文旅生态文明价值，为甘肃绿色发展贡献力量，建设体系完整、功能齐全、类型多样的生态旅游产品体系，提升文旅资源开发利

用的可持续性。

第二，推动公共文化数字化转型升级。建立全民艺术普及云平台，加快数字图书馆、乡镇数字文化驿站、村数字文化服务点建设，优化"陇上飞阅"数字文化资源，构建各级公共文化机构互联互通的云平台服务体系，推进"互联网+群众文化活动"，鼓励公共文化机构与数字文化企业对接合作，拓宽数字文化服务应用场景。

第三，构建多方力量参与的品牌监督体系。通过明确监督体系的目标与原则、构建多方参与的监督主体、完善监督手段与机制以及加强品牌宣传与推广等措施的实施，确保文旅品牌建设的全面性和实效性，推动甘肃文旅事业高质量发展。要明确监督体系的目标，确保"交响丝路，如意甘肃"文旅品牌的建设与发展符合甘肃省的文化旅游发展战略，满足游客需求和市场期待。在此基础上，政府部门作为文旅品牌监督的主要力量，应发挥主导作用，通过媒体、网络等渠道，实现与市场多元主体之间的信息互通和共享，提高监督工作效率，确保文旅市场平稳有序。旅游行业协会作为行业自律组织，应完善行业标准和规范，引导企业诚信经营，通过邀请文化、旅游、经济等领域的专家学者参与品牌监督，提高品牌建设的科学性和前瞻性。游客和市民是文旅品牌的直接受益者，应拓宽游客和市民参与监督的渠道，鼓励积极建言献策，推动"交响丝路·如意甘肃"文旅品牌建设更接地气，持续走深走实。

第十章　数字技术赋能甘肃文旅产业高质量发展

当前，以云计算、物联网、人工智能、大数据等为代表的新一代数字技术为文旅产业高质量发展提供了新动能，正在全面提升文化和旅游运行效率与消费体验，加速推动文化和旅游发展方式、治理方式变革。因此，在数字时代，推动甘肃文旅产业高质量发展，需要充分发挥数字技术的赋能作用，认清甘肃文旅产业数字化的发展现状，找准制约甘肃文旅产业数字化发展的主要问题，把握数字技术赋能甘肃文旅产业高质量发展的主要着力点，明确数字技术赋能甘肃文旅产业高质量发展的保障措施。

第一节　甘肃文旅产业数字化成效初显

甘肃作为文旅资源大省，紧跟时代步伐，推动数字技术与文旅产业融合，通过数字技术拓展文旅消费新空间，积极探索一站式解决游客吃住行游购娱的方式，提升文旅产业的服务力，培育数字文旅消费新业态，促进文旅产业高质量发展，文旅产业数字化成效初显。

一、文旅产业数字化顶层设计不断优化

(一)甘肃省"十四五"相关规划融入文旅数字化内容

甘肃省高度重视文旅产业数字化顶层设计,甘肃省"十四五"相关规划,积极融入文旅数字化内容。甘肃省文化和旅游厅印发的《甘肃省"十四五"文化和旅游发展规划》提出,构建文化和旅游科技支撑体系,以大数据支撑文旅产业质效提升,打造甘肃文旅品牌IP核心数字营销矩阵,提升"一部手机游甘肃"市场化运营水平,创新文化旅游智慧化公共服务,丰富数字产品体系。[①]《甘肃省"十四五"旅游业发展实施方案》提出,完善科技创新体系,重点实施智慧旅游景区建设工程、智慧旅游公共服务提升工程、智慧旅游产品供给工程、旅游数字营销矩阵建设工程、旅游创新链综合效能提升工程。[②]《甘肃省"十四五"数字经济创新发展规划》提出,深入挖掘甘肃特色文化资源,提升旅游企业数字化、智慧化水平,建设市场运营端、游客体验端和政府管理端垂直细分平台,推进"信息全覆盖、产品全覆盖"的全域旅游特色工程建设。[③]构建以新媒体平台为核心的网络营销体系,实施"短视频上的甘肃"行动,进一步提升"一部手机游甘肃"平台服务能力,打造文化旅游甘肃名片。

(二)编制"十四五"智慧文旅发展规划

为把握新一轮科技革命和产业变革发展新机遇,抓住文旅产业数字化发展新趋势,甘肃省编制了《甘肃省"十四五"智慧文旅发展规划》,全面提升甘肃省文化和旅游智慧化发展水平,强化"交响丝路·如意甘肃"品牌影响力。[④]该规划明确提出,推动5G、大数据、人工智能、云计算、物联网、区块链等技术对

---

① 甘肃省文化和旅游厅. 甘肃省"十四五"文化和旅游发展规划[EB/OL]. (2021-12-29), https://wlt.gansu.gov.cn/wlt/c108571/202111/1900655/files/8e868241b97546aab0b5b6a2e0cd7a70.pdf.

② 甘肃省文化和旅游厅. 甘肃省"十四五"旅游业发展实施方案[EB/OL]. (2022-05-30), https://wlt.gansu.gov.cn/wlt/c108593/202206/2056897/files/5266087e14d943e6b9635dcd0754a101.pdf.

③ 甘肃省人民政府办公厅. 甘肃省"十四五"数字经济创新发展规划[EB/OL]. (2021-09-21), https://www.gansu.gov.cn/gsszf/c100055/202109/1829631/files/75457191f4314de1a05269345f722ece.pdf.

④ 甘肃省文化和旅游厅. 甘肃省"十四五"智慧文旅发展规划[EB/OL]. (2022-01-11). https://wlt.gansu.gov.cn/wlt/c108593/202201/1947939/files/80fedbc10cc84097898fb4b259be2157.pdf.

甘肃省文旅产业全链条智能化提升，推动文化旅游创作、生产、消费、服务、管理全面智慧化，并提出"十四五"时期甘肃智慧文旅的发展目标为智慧文旅架构体系更加完善，智慧文旅基础建设基本完成，智慧文旅产业体系逐步健全，文化旅游品牌影响力进一步提升。同时，明确了甘肃"十四五"智慧文旅发展的九大重点任务，重点打造"一部手机游甘肃"综合服务平台，全面升级甘肃文化旅游大数据中心，完善智慧文旅服务、管理、营销体系，提升支撑云、功能云、内容云提升智慧文旅基础支撑能力，完善智慧文旅业态基础建设，推进公共数字文化建设进程，壮大数字文化产业，促进智慧文旅融合发展。

（三）各地级市（州）加速文旅产业数字化布局

各地级市（州）积极响应省政府统一部署，加速文旅产业数字化布局。比如，《兰州市"十四五"文化和旅游发展规划》提出，加快推进智慧旅游建设，不断丰富旅游新业态，提高旅游智慧化水平和服务品质。利用物联网、5G通信、大数据、人工智能等技术，加快旅游"新基建"项目建设步伐，扩大无线网络覆盖范围。① 《天水市文化旅游发展"十四五"规划》提出，完善智慧文旅基础网络，建设文旅大数据中心，搭建智慧文旅体系，提升智慧文旅服务体系，实施智慧文旅工程，推动实现智慧文化旅游现代化。② 《定西市"十四五"旅游业发展实施方案》提出，加强旅游信息化和文化消费大数据平台建设，加快建设以手机导览、手机预订和支付为重点的智慧旅游服务系统。推动停车场、旅游集散中心、游客中心、景区内部引导标识系统等数字化与智能化改造升级，创新智慧旅游公共服务模式；在保护与传播优秀传统文化、改进服务水平等方面大力创新应用5G与人工智能、高清视频、AR/VR等先进技术，提升智慧文化旅游水平。③

---

① 甘肃省文化和旅游厅. 甘肃省"十四五"文化和旅游发展规划［EB/OL］.（2021-12-29），https：//wlt. gansu. gov. cn/wlt/c108571/202111/1900655/files/8e868241b97546aab0b5b6a2e0cd7a70. pdf.

② 甘肃省文化和旅游厅. 甘肃省"十四五"旅游业发展实施方案［EB/OL］.（2022-05-30），https：//wlt. gansu. gov. cn/wlt/c108593/202206/2056897/files/5266087e14d943e6b9635dcd0754a101. pdf.

③ 甘肃省人民政府办公厅. 甘肃省"十四五"数字经济创新发展规划［EB/OL］.（2021-09-21），https://www. gansu. gov. cn/gsszf/c100055/202109/1829631/files/75457191f4314de1a05269345f722ece. pdf.

二、数字文旅产业新型基础设施不断完善

(一) 升级公共数字文化服务平台

促进公共文化服务与现代科技融合发展，加快数字图书馆、乡镇数字文化驿站、村数字文化服务点建设，提高公共文化数字化服务水平。建立全民艺术普及云平台，打造全民阅读和全民艺术普及资源库群。优化"陇上飞阅"数字文化资源，构建各级公共文化机构互联互通的云平台服务体系，提升平台的覆盖范围和传播效率。推动公共图书馆、文化馆实现智慧分析、智慧评估和辅助决策等功能，构建数据反馈平台，为差异化服务提供数据支撑。推进互联网与群众文化活动相融合，丰富群众文化活动，积极培育数字文化服务品牌，如重点培育"云上乡村春晚"。完善各种激励措施，为公共文化机构与优秀数字文化企业合作创造良好条件，进一步拓宽数字文化服务应用场景。

(二) 建设数字文旅新型基础设施体系

重点打造"一平台"，将"一部手机游甘肃"数字化体验产品的扩容增建与市场化运营有机结合，有效提升公共旅游服务水平，为游客提供全新的旅游服务模式。全面升级"一中心"，提升甘肃文旅大数据中心融合归集能力，不断丰富甘肃文旅大数据资源，拓展数据采集维度，提高数据质量。建立甘肃文化旅游数字资源库，依托全省文化旅游资源及素材基础，统筹文化旅游资源普查工作。完善智慧文旅服务体系，打通数据接口，实现多码合一，推动各平台与省级平台的数据对接；完善智慧文旅管理体系；完善旅游统计系统，建立统一的旅行社、星级饭店、旅游景区等数据填报统计系统；完善智慧文旅营销体系，构建以新媒体平台为核心的网络营销体系，实施"短视频上的甘肃"工程。提升以数据为中心的支撑云，加快形成全省上下联动的文化旅游数据体系；优化以服务为中心的功能云，为游客出行提供智能化服务；丰富以游客为中心的内容云，实现内容消费的供需精准匹配，构建科学友好的内容服务体系，促进数字文旅消费的快速发展。

(三) 搭建智慧服务平台

为提升游客的体验感，甘肃充分利用大数据、区块链、人工智能等数字技术，

根据游客的行为习惯，重点在景区景点、游客集散中心、城市游憩街区等场所，扩大无线网络覆盖范围，改善旅游信息化服务，为解决游客的问题提供及时的响应。建设旅游资源动态数据库，定期根据旅游产业发展的最新动态，实时更新与维护旅游资源数据库，让游客得到精准的数据服务。在全省范围内积极引入 AR 导览、数字导游等新技术，推进新技术与旅游深度融合，在重点景区景点加强智慧终端建设。为构建适应数字经济时代的旅游产业运行管理新模式，积极推进智慧系统建设，实现行政审批、行业监管、人才培训、公共服务的在线化，建立全面覆盖可查、可控、可管、可追的分时预约平台，提升旅游行业运行效率。

三、数字文旅产品体系不断丰富

（一）数字内容品牌发展壮大

深入挖掘敦煌文化、长城文化、长征文化、黄河文化、始祖文化内涵，大力发展数字艺术、网络音乐、网络出版等新兴产业形态，结合甘肃文化特色，创建数字文化 IP 品牌。建设敦煌、兰州两个动漫创意脚本基地，促进动漫企业与VR/AR、MR、裸眼 3D 等前沿科技结合。建设具有鲜明动漫产业形态的特色聚集区和动漫文化体验馆。推进动漫 IP 与老字号跨界合作，互相赋能。开展甘肃文旅短视频传播创新"云创意"工程，制作和推广若干具有突出传播力和影响力的甘肃特色文旅短视频精品。运用 AI 创意制作等智慧媒体技术，打造甘肃文旅精品纪录片产品。策划创作"云游丝路"系列融媒体娱乐文旅产品，开发线上线下相结合的 VR 旅游项目，打造甘肃文旅新亮点。

（二）推动文旅与科技深度融合

重点依托玉门油田、钢城嘉峪关、镍都金昌、铜城白银、酒泉航天城等工业科技重地，整合甘肃冰川冻土、沙漠化防治、生物医药、重离子科技等重大科技成就，利用甘肃工业文化遗址，创新开发工业科技旅游景点，将工业锈带打造成生活秀带。开展自驾游、房车、登山露营、户外运动、沉浸夜游等旅游装备自主创新研发，加快建设一批科技含量高、具有孵化衍生功能的科技型文化产业园区和沉浸式旅游消费基地。强化智慧景区和"一部手机游丝路"综合服务平台建设，利用虚拟现实、生成式人工智能等数字技术，开发新一代沉浸式文旅产品，提升旅游景区、产品、产业链的科技化水平，推进科技赋能文旅产业融合发展。加强国家和行业两级文物科研基地建设，积极申报创建文化遗产领域国家研究中心或重点实验室，高质量完成一批国家自然科学基金项目和科技部国家重点研发计划项目。开展丝绸之路沿线遗址生物损害机理与防治研究、敦煌石窟文物本体保护和预防性保护研究、古代壁画与土遗址保护材料作用机制与效果研究，力争突破相关领域关键技术。以"数字敦煌"为引领和示范，推进全省文物资源数字化建设。

（三）推进公共数字文化建设

打造公共文化数字服务体系，建设甘肃特色文化信息库，整合全省图书馆、文化馆、美术馆、剧场等资源数据，搭建线上资源管理和应用平台，建成一批特色城市书房。在4A级以上景区建设一批文旅信息阅读服务点，配置数字阅读及旅游信息服务设备。推动公共场馆智慧化建设，提升公共文化服务设施的数字化、智慧化水平，鼓励建设智慧博物馆、智慧图书馆、智慧文化馆、智慧美术馆、数字档案馆及乡镇数字文化驿站和村数字文化服务点。充分利用数字技术，提供数字化服务和云游览服务，为游客提供虚拟讲解和交互体验，提升旅游服务质量。推动公共图书馆、文化馆、美术馆实现智慧化运营，优化数据反馈模式，精准用户画像，为差异化服务提供数据支撑。

四、数字赋能甘肃文旅产业创新发展

（一）数字营销推动甘肃特色文旅产品"出圈"

在数字时代，"酒香也怕巷子深"，文旅产业也不例外。为了进一步打造"交响丝路·如意甘肃"旅游品牌，推动甘肃旅游从全国走向世界，甘肃省文化和旅游厅与网易、抖音、快手、携程、马蜂窝等十个网络平台签订合作协议，通过多渠道、多方位的合作，针对甘肃文旅资源特色，制定个性化的数字营销方案，促进甘肃文旅消费扩容提质。特别是随着移动互联网时代的到来，甘肃文旅厅主动抓住移动互联网发展的机遇，根据网民的特点，选择恰当的网络宣传平台，利用现代数字技术开展数字营销，实现数字营销的精准化、科学化和个性化，营销方式更加灵活、更显特色、更有实效。除了甘肃的多元历史文化，甘肃多类的自然风光和多样的民俗风情，都在数字营销的方式下受到游客追捧，甘肃特色的文旅产品频频出圈，近年来甘肃更是成为国内最受欢迎的休闲度假旅游省份之一。另外，前往甘肃旅游观光的游客还呈现出年轻化的趋势，根据数据显示，目前"90后""00后"占比超过65%，亲子游占比20%，来甘肃旅游的热门省份，不乏北京、上海、广东等经济发达地区的游客。①

（二）数字赋能文旅产品供给品质提升

甘肃是国内较早建成"一机游"平台的省份，甘肃推出的"一部手机游甘肃"平台被文化和旅游部评为年度文化和旅游信息化发展典型案例。该平台功能强大，以"金牌导游、贴心管家、文化导师、全能导购"为目标，基本能够满足游客的大部分需求，特别是甘肃省境内的4A级和5A级旅游景区，基本实现了智能导游导览、线路规划、语音讲解、门票预订、数字阅读等功能，提升了游客体验，受到了游客一致好评。甘肃除了打造"一部手机游甘肃"平台，还多渠道加强了与重点机构的合作，推动了甘肃文旅数字化转型，如与旅游信息融合处理与数据权属保护文化和旅游部重点实验室、支付宝合作，围绕"如意甘肃·绿色出行"主题，开发了文旅数字纪念票和支付宝出行皮肤，成为全国首个将数字文创与绿色出行结合推广的案例。与此同时，甘肃还联合腾讯游戏，将受到年轻人追捧的《王者荣耀》这一经典IP与兰州牛肉面有机结合，打造了既有《王者荣耀》标识又体现甘肃文化特色的牛肉面文创产品，为数字赋能文创产品乃至整个文旅产业数字化转型奠定了良好开局。②

（三）数字文旅新生态初步形成

在移动互联网时代，能不能推动文旅相关业态实现数字化转型升级不仅关乎

---

①②　为甘肃文旅产业高质量发展提供数字动能　甘肃省文旅厅10个网络平台签订合作协议［EB/OL］．（2023-04-28）．https：//baijiahao.baidu.com/s？id=1764380790320094595&wfr=spider&for=pc.

旅游需求侧，也会影响到旅游供给侧。随着短视频平台的发展与迅速崛起，短视频成为文旅产业数字化转型升级的重要渠道。甘肃省抓住文旅产业数字化转型升级的新趋势，加强与快手、抖音、腾讯视频等平台积极合作，推动甘肃数字文旅发展呈现出新生态。比如，为了提升甘肃作为国际旅游目的地的知名度和影响力，将甘肃建设为数字文旅新高地。2023 年，甘肃省文化和旅游厅与抖音合作，举办了 2023 甘肃文旅抖音生态大会，推出了"生态共建计划"，明确提出了"千、百、十、双十亿"核心目标，即创建 1000 个文旅账号矩阵，举办 100 场文旅内容主题培训，开展 10 大生态营销与全民内容共创活动，扶持如意甘肃 IP 核心信息曝光量达到 10 亿次以上、甘肃文旅本地生活营销产值超过 10 亿元。①

第二节　甘肃文旅产业数字化面临的挑战

一、线上优质文旅产品供给不足

凭借甘肃省丰富的文旅资源，借助数字技术，甘肃省打造了一些叫得响的数字文旅产品。然而，与东部沿海等经济发达地区相比，与人民群众对高质量文旅产品的需求相比，甘肃省高质量文旅产品和优质服务还不够多。

（一）数字文旅产品内容生产质量整体不高

在数字时代，数字技术作为产业转型升级的重要手段，可以突破文旅资源开发的空间限制，打造新型的数字产业生态，然而要注意不能把技术泛化，数字文旅产业的核心依然是内容生产，没有一流高品质的内容，单纯依靠先进的技术手

---

① 为甘肃文旅产业高质量发展提供数字动能　甘肃省文旅厅 10 个网络平台签订合作协议［EB/OL］.（2023-04-28）. https：//baijiahao.baidu.com/s？id=1764380790320094595&wfr=spider&for=pc.

段难以取得成功，因此数字文旅必须突出内容，强化文化创意。[①] 在数字文旅开发过程中，不少数字文旅产品只是单纯地借助技术开发产品，没有根据特定的景区、博物馆等实际文化特色开发出具有文化特色的文旅产品，千篇一律，存在较为明显的模板化与公式化现象。此外，还有不少数字文旅产品上线了却没有及时根据产业发展最新的实践及时更新，也不注意内容深度挖掘与推广，因此很多开发出来的数字文旅产品并不为广大游客所知，也没有形成实际的消费，导致数字文旅内容生产开发后存在利用率不高的问题。

（二）线上文旅产品尚不成熟

数字技术只有与文旅产品实现深度融合，才能生产出优质的线上文旅产品。然而，从当前甘肃省数字文旅产品发展的现状看，数字赋能文旅产品还停留在初级阶段，尚未实现深度融合，线上文旅产品发展尚不成熟。这主要有两方面原因：一是文旅融合的体制机制还不健全，文旅融合还停留在比较浅层的层面。二是数字技术与文旅内容的融合不充分，支持技术与内容融合的体制机制不健全。[②] 从实际情况看，由于在发展起点及发展进程上，数字技术与文旅产业有着不同的基础和手段，在短时间内推动两者实现深层次融合还存在较大困难，特别是在结合甘肃省特色文旅资源方面，开发出成熟的系列线上文旅产品，还需要克服重重挑战。

（三）数字文旅产品创新能力还需提升

当前，基础研究和产品研究不足是制约甘肃省数字文旅产业高质量发展的主要问题之一。人工智能、大数据、5G 等技术还处于初级发展阶段，不少共性技术瓶颈有待突破，其与文旅产业的融合创新发展还需提升。智慧文旅公共服务体系是推动数字文旅产品创新的重要支撑，但从甘肃的建设情况来看，还需要进一步完善功能，推动各个地级市（州）智慧文旅公共服务均衡发展。此外，甘肃

---

① 张玉蓉，蔡雨坤. 数字文旅产业高质量发展的契机、挑战与对策研究 [J]. 出版广角，2022（7）：53-57.

② 郑恳. 加快推进数字文旅产业高质量发展 [J]. 宏观经济管理，2020（12）：63-68.

省传统的文化和旅游业存在产品结构欠佳、发展方式粗放、科技应用不足、产业结构失衡、综合效益不高等问题，成为数字时代制约甘肃省文化和旅游业提质增效、转型升级、高质量发展的重要阻碍。

二、数字文旅资源与数据要素利用程度不足

（一）数字文旅资源利用效率不高，供给与需求存在不平衡

数字文旅产业作为数字经济产业、文化产业和旅游产业多元产业融合形成的新兴综合性产业，利益相关者众多，政府、企业、个体商户等供给者和游客等消费者都会影响数字文旅产业的发展进程与发展质量。除了主体多元，数字文旅产业还涉及诸多要素和部门，各个要素和部门间相互影响与作用，协同推动数字文旅产业发展壮大。然而，甘肃省目前数字文旅产业发展面临各主体"单打独斗"的问题，主体间联系和合作较少，各地级市（州）普遍存在一定的"数据烟囱"困境，文旅资源利用程度不高，开发不充分，导致文旅资源浪费，造成了市场重复投资。如果对数字文旅产业和市场缺乏正确科学的判断和了解，那么市场主体对相关产品和服务、市场发展趋势和投资风向的认识容易产生偏颇。此外，市场主体联系和交流的缺乏，进一步阻碍了信息等要素流动，导致数字文旅产业的市场结构不优，资源和产品供需间存在一定的错配，极大地影响了游客体验。

（二）数字文旅产业数据共享机制尚未形成

随着互联网和大数据技术的发展，数据共享现象日益普遍，数据共享是一种重要的数据利用方式，也是数据流通和数据产业发展的重要基础。[①] 要充分发挥数字技术赋能产业高质量发展的作用，需要推动实现数据共享，让数据流通起来。目前，甘肃文旅产业数字化发展面临的一大问题是，没有形成数字文旅产业数据共享机制，因此数字技术发挥的作用受到了一定程度的限制。原因在于，文化和旅游产业涉及主体众多，数据来源很分散，同时数据统计的标准和指标口径尚未达成完全统一，数据整合难度较大，数据应用和共享程度不深，各主体间数

---

① 王利明. 数据共享与个人信息保护［J］. 现代法学，2019（1）：45-57.

据流动不充分，对数据的开放和利用程度不高，存在一定的数据孤岛问题。

（三）文旅数字资源价值挖掘不够

无论是对数据进行简单统计建模支持业务决策，还是对市场信息进行深度挖掘发现潜在市场机会和风险管理，数据的商业价值不断被挖掘、释放和证明。[①] 从数字文旅发展的实践来看，其存在着泛数字化的倾向，甘肃省不少市（州）上线了文旅相关 App，重建设轻运营，上线了但没在线。要解决此难题，就需要充分挖掘文旅数字资源价值，大力推进文旅数据价值化，充分释放数据要素的协同效应和倍增效应，探索数字文旅资源资产化的可行模式与路径，逐步完善数据要素市场，使实践与理论协同推动文旅数据资源有序高效流动。

三、数字文旅产业人才依然匮乏

随着中国经济数字化转型的不断深入，对拥有专业数字技能人才的需求正在急剧增长，数字人才日益成为我国创新驱动发展、企业转型升级的核心竞争力。[②] 数字文旅产业亟须拥有数字经济、旅游管理等综合背景的复合型人才，高质量复合型人才是文旅产业数字化和高质量发展的重要支撑和动力。数字技术与文旅行业的深度融合也对数字文旅人才提出了新需求。甘肃省为提升智慧文旅基础支撑能力，提出要加强智慧文旅智库建设和人才培养，着力培养数字文旅产业人才。然而，与数字文旅产业高质量发展的需求相比，甘肃省数字文旅产业人才依然匮乏。

（一）交叉融合型人才培养不足

长期以来，无论是旅游产业还是文化产业，都以培养专业化人才为主，对数字化转型过程中的融合型人才培养重视不够。[③] 在文化和旅游产业深度融合发展

---

① 韩海庭，原琳琳，李祥锐，等. 数字经济中的数据资产化问题研究 [J]. 征信，2019（4）：72-78.

② 陈煜波，马晔风. 数字人才——中国经济数字化转型的核心驱动力 [J]. 清华管理评论，2018（Z1）：30-40.

③ 夏杰长，贺少军，徐金海. 数字化：文旅产业融合发展的新方向 [J]. 黑龙江社会科学，2020（2）：51-55，159.

的过程中，不仅需要掌握文化知识和旅游专业知识的人才，还需要掌握数字化知识的复合型人才。当前，在我国劳动力市场中数字技能类人才较为短缺，主要表现为拥有顶尖数字技能的人才供不应求，具备数字技术与行业经验的跨界人才供不应求，初级数字技能人才的培养跟不上需求增长。这些现象在甘肃省文旅领域表现得较为突出，交叉融合型人才培养不足，导致数字文旅人才欠缺。

（二）产教融合校企双元育人格局尚未形成

从目前人才培养模式来看，学校教育脱离经济发展和社会需求，院校培养的学生与社会、企业脱节，难以对接产业转型升级等问题，导致人才培养与企事业单位供需不平衡。另外，在校企合作办学过程中，有时两双为追求合作形式的新颖，忽视了实际育人平台的操作和方法；为追求短期需求，忽视了双主体育人价值的长效性。① 数字文旅人才的培养，不仅需要有数字文旅专业的知识储备，还要对现代信息技术应用能力提出新要求，对文旅人才综合职业素养也有更高要求。因此，产教融合校企双元育人培养模式，是推动数字人才培养的重要途径。从甘肃文旅人才的培养来看，为把握数字时代对文旅人才提出的新要求，甘肃省做了提前布局，但并未形成产教融合校企双元育人新格局。

（三）文旅人才培养难以满足市场需求

数字经济时代的到来对旅游人才培养提出了新的挑战，然而现在文旅人才培养机制尚未改变，培养的人才难以满足市场需求，② 制约了数字技术赋能甘肃省文旅产业高质量发展。从旅游教育来看，以甘肃省本科和职业类旅游教育为例，在新文科建设背景下，各个高校都在探索如何将旅游理论与数字技术相结合，但目前还处于起步阶段，如何将旅游人才培养与行业需求相结合需要进一步深入探索。从当前文旅行业的专业从业者来看，多数人的母学科以经济或地理为主，数字技能欠缺，数字战略管理和数字化运营能力不足。从目前旅游行业专门从事数

---

① 方颖，王伟麟. 产教融合背景下基于校企"双主体"育人机制的创新与实践［J］. 经济研究导刊，2018（7）：165-167+171.

② 陈琳琳，徐金海，李勇坚. 数字技术赋能旅游业高质量发展的理论机理与路径探索［J］. 改革，2022（2）：101-110.

据分析的岗位来看，其发展也不够成熟，多以信息化部门为运维数据中心的主体，其更多拥有的是系统、网络、数据库维护的能力，缺乏较为专门的业务数据分析能力。

四、文旅产业数字治理水平较低

文旅行业发展为数字技术提供了丰富的应用场景，数字技术在文旅行业的全场景渗透正在赋能文旅行业，推动甘肃省文旅发展方式变革，为文旅产业高质量发展注入新活力和新动能。另外，我们也应该看到，数字技术在文旅行业的应用，存在侵犯公民的信息权利，个人的隐私得不到保障等问题也日渐突出。[①]

（一）在线文旅平台监管亟待规范

随着我国在线文旅行业的快速增长，在线文旅企业和平台数量不断增多，面临着因监管不规范带来的一系列问题，市场上侵害消费者权益的案例层出不穷，不合理低价游、大数据杀熟等问题不断出现，甚至形成了社会热点事件，给文旅行业带来了较大负面影响。为规范在线文旅市场秩序，解决在线旅游平台监管不规范问题，我国也做了一些初步探索，如文化和旅游部出台的《在线旅游经营服务管理暂行规定》，为在线旅游平台的监管提供了依据。甘肃也严格执行《在线旅游经营服务管理暂行规定》，但数字新技术发展迅速，仅仅通过暂行规定不可能解决所有发展中的问题。要推动甘肃省文旅产业高质量发展，未来需要进一步结合甘肃文旅资源特色，推动在线文旅平台监管规范化。

（二）政府数字化治理能力有待增强

在数字时代，数字政府建设是政府治理现代化的升级。构建"用数据说话、用数据管理、用数据决策"的有效运行机制体制是突破传统制度束缚、提升数字治理能力的重要手段。相较于数字技术和应用在市场中的蓬勃发展与广泛渗透，我国政府的数字化程度相对滞后。[②] 从甘肃省政府数字化治理能力的实际来看，

---

① 张晨，张新颜．数字治理、治理质量与经济增长［J］．统计研究，2023（7）：123-133.
② 北京大学课题组，黄璜．平台驱动的数字政府：能力、转型与现代化［J］．电子政务，2020（7）：2-30.

还有待进一步增强。一方面，相关政府部门的政务信息化建设进程还相对滞后，政府数字化和服务智能化水平有待升级，大数据、人工智能等新兴数字技术在日常监管、统计监测和决策分析等活动中的应用不足、程度不深，尚未充分释放数字技术和数据要素的赋能效应。另一方面，文旅产业数据利用效率不足，政务数据公开程度不高，文旅领域"数据孤岛"现象较为突出，文旅领域数据安全有待加强，进一步制约了甘肃省数字时代文旅产业高质量发展。

（三）未形成适应数字时代文旅市场监管的新机制

在数字时代，要推动甘肃省文旅产业高质量发展，需要适应数字时代文旅市场监管的新机制。然而，目前全国范围内的文旅市场监管新机制还处在探索阶段，甘肃作为西部省份，数字经济与东部地区相比，发展相对滞后，因此在探索数字时代文旅市场监管新机制方面也比较滞后，主要表现为尚未建立完善的政府、平台、企业、行业组织和社会公众多元参与、有效协同的数字经济治理新格局，治理比较分散，并未形成合力；社会监督、媒体监督、公众监督的良好氛围没有形成，多元治理、协调发展的旅游新生态还有待完善；尚未建立全方位、多层次、立体化的文旅市场监管新机制，文旅领域违法犯罪行为仍时有发生。

第三节　数字技术助力甘肃文旅产业高质量发展

一、完善智慧文旅公共服务体系

（一）推动公共文化服务数字化

积极布局公共文化领域"新基建"，努力建设基于"城市大脑"的智慧文化服务。[①] 有序推动智慧图书馆等公共文化场馆统一平台建设，加强各类文化云平台之间的互联互通，不断以"城市大脑"提升智慧文化服务水平。积极开展公共文化数字化服务创新案例评选、推广活动，通过合作共享，实现公共文化服务与社会服务的深度融合，满足群众多样化、个性化、品质化的文化需求。

（二）加快建设智慧文旅体系

深入对接"一部手机游甘肃"平台，实现便利服务、精准营销、精细管理。依托甘肃省旅游产业运行监测与应急指挥平台，完善旅游集散地、机场、高铁站、酒店等涉旅场所网络化、智能化建设，加强旅游安全监测，提升旅游领域突发事件的预警和应急处理能力，提升全省旅游智慧服务、智慧营销、智慧管理水平。运用5G、大数据、云计算、物联网等技术，积极推进智慧文旅城市建设，建设一批智慧文旅景区、智慧文旅场馆、智慧文旅企业、智慧文旅乡村。到2025年，全省4A级以上旅游景区、省级及以上旅游度假区基本实现智慧化转型升级。

（三）构建文旅大数据体系

抢抓国家"新基建"重大发展机遇，对接甘肃省"丝绸之路信息港"和"数字甘肃"建设，有效整合文化和旅游、公安、交通运输、气象等部门的相关数据信息，依法依规推动政府与企业间相关数据资源共享。推动与华为、阿里等技术先进的企业不断加强合作，建设云计算大数据中心，通过"5G科技+人工智能"手段，推动甘肃构建大数据体系，加强科学技术应用平台建设，引导科技场馆、科技景区、科技酒店建设，推广科技导览。探索建设一系列多层次的星级示范智慧酒店和智慧旅行社，探索在文旅全程服务中引入智能服务机器人等智慧服务，提升游客消费体验。推进一批智慧博物馆建设，基于"5G+AR"与AI技术，将展品背后的文化内涵以"手持终端+数字内容"的形式进行展现，同时打造一批AR文创产品，提升博物馆数字化服务水平。

---

① 李德国，陈振明．高质量公共服务体系：基本内涵、实践瓶颈与构建策略［J］．中国高校社会科学，2020（3）：148-155+160.

二、培育先进安全的数字产业体系

（一）推动数字产业能级跃升

协同培育壮大人工智能核心电子元器件、关键软件等核心数字产业发展，不断提升数字产业发展量级和质量，增强经济发展和产业融合的动力。瞄准产业基础高级化，加快基础材料、关键芯片、高端元器件、新型显示器件等关键核心信息技术成果转化，推动产业迈向全球价值链中高端。开展软件价值提升行动，持续打造软件名城、名园、名企、名品，引导软件产业加快集聚发展。

（二）提升核心产业竞争力

着力提升基础软硬件、核心电子元器件、关键基础材料和生产装备的供给水平，强化关键产品自给保障能力。实施产业链强链补链行动，加强面向多元化应用场景的技术融合和产品创新，提升产业链关键环节竞争力，完善5G、集成电路、新能源汽车、人工智能、工业互联网等重点产业供应链体系。深化新一代信息技术集成创新和融合应用，加快平台化、定制化、轻量化服务模式创新，打造新兴数字产业新优势。

（三）加快培育新业态、新模式

推动平台经济健康发展，引导支持平台企业加强数据、产品、内容等资源整合共享，扩大协同办公、互联网医疗等在线服务覆盖面。深化共享经济在生活服务领域的应用，拓展创新、生产、供应链等资源共享新空间。发展基于数字技术的智能经济，加快优化智能化产品和服务运营，培育智慧销售、无人配送、智能制造、反向定制等新增长点。完善多元价值传递和贡献分配体系，有序引导多样化社交、短视频、知识分享等新型就业创业平台发展。

三、加快推动文旅产业数字化转型

（一）加快文旅企业数字化转型升级

引导文旅企业强化数字化思维，提升员工数字技能和数据管理能力，全面系统推动文旅企业研发设计、生产加工、经营管理、销售服务等业务数字化转型。支持有条件的大型文旅企业打造一体化数字平台，全面整合企业内部信息系统，强化全流程数据贯通，加快全价值链业务协同，形成数据驱动的智能决策能力，提升企业整体运行效率和产业链上下游协同效率。[①] 实施中小文旅企业数字化赋能专项行动，支持中小文旅企业从数字化转型需求迫切的环节入手，加快推进线上营销、远程协作、数字化办公、智能生产线等应用，由点及面向全业务、全流程数字化转型延伸拓展。

（二）实施文旅产业数字化战略

实施文旅产业数字化战略首先要明确文旅产业数字化的战略目标和定位，在此基础上充分考虑自身资源禀赋，制定具体可行的战略规划和实施路径。一方面，加强数字技术研发和应用创新。支持数字技术企业和文化旅游企业合作交流，协作开发和推广数字化文旅产品和服务，将虚拟现实、5G 等新一代数字技术应用于沉浸式文旅产品服务和体验。另一方面，利用物联网、大数据、云计算等技术对文化旅游资源、基础服务设施等进行数字化升级改造，提升旅游目的地的智能化服务水平和游客体验质量。利用社交媒体、移动应用等数字媒介，大力宣传和推广文化旅游，不断扩大甘肃文旅品牌影响力和市场份额，持续增强旅游吸引力，提升文旅产业的核心竞争力。

（三）培育转型支撑服务生态

建立市场化服务与公共服务双轮驱动，技术、资本、人才、数据等多要素支撑的数字化转型服务生态，解决企业"不会转""不能转""不敢转"的难题。面向重点行业和企业的转型需求，培育推广一批数字化解决方案。聚焦转型咨询、标准制定、测试评估等方向，培育一批第三方专业化服务机构，提升数字化转型服务市场规模和活力。支持高校、龙头企业、行业协会等加强协同，建设综合测试验证环境，加强产业共性解决方案供给。建设数字化转型促进中心，衔接

① 陈琳琳，徐金海，李勇坚．数字技术赋能旅游业高质量发展的理论机理与路径探索［J］．改革，2022（2）：101-110．

集聚各类资源条件，提供数字化转型公共服务，打造区域产业数字化创新综合体，带动传统产业数字化转型。

四、加强文旅科技型人才培养

（一）大力培养科技领军型文旅人才队伍

高素质、综合性人才是文旅产业数字化和高质量发展的重要支撑。因此，未来甘肃应加强对综合性、复合型、科技领军型人才的培育和引进力度。针对文化和旅游产业的综合属性，重点培育和支持复合型、跨界型、学科融合型人才，配合人才强国战略，不断探索适合甘肃自身的文旅人才发展和培育机制。支持各类相关院校和企业培养或联合培养相关人才，加强理论与实践的协同，鼓励相关主体设立创新人才培养基地和实训基地，健全相关职业技能认定，构建产科教研一体化的文旅人才培育体系。

（二）健全文旅人才发展体制机制

切实摸清全省文旅行业人才底数，找准人才建设的发展瓶颈和短板弱项，做好有针对性的工作。加强人才平台建设，重点支持兰州大学文化和旅游部重点实验室、敦煌研究院、省文化艺术研究院、甘肃旅游智库等机构，依托平台发挥人才聚集效应，创新机制，培养、引进高层次急需紧缺和骨干专业人才。建立符合文化和旅游行业特点的人才培养模式，优化同新发展格局相适应的文化旅游人才培养结构。加强文化和旅游领域新经济组织、新社会组织从业人员的政治引领和政治吸纳。

（三）优化人才培养机制

着力培育信息化领域高水平研究型人才和具有工匠精神的高技能人才。通过搭建国际合作交流平台，开展世界级大科学项目研究，推动科研人才广泛交流。深化新工科建设，建设一批未来技术学院和现代产业学院，打造信息化领域多层次复合型人才队伍。持续开展各类专项创业技能教育与培训计划，健全、完善职称制度、职业资格制度、职业技能等级制度等，提高人才评价的针对性和有效性。加强领导干部网信教育培训，大力推动领导干部学网、懂网、用网，提升各级领导干部获取数据、分析数据、运用数据的能力，不断提高对信息化技术的驾驭能力。

五、推动智慧文旅创新发展

强化自主创新，集合优势资源，加快推进以数字化、网络化、智能化为特征的智慧文旅发展，扩大新技术应用场景。

（一）加快新技术应用与技术创新

加快推动大数据、云计算、物联网、区块链、虚拟现实、增强现实等新技术在文旅领域的应用和普及，以科技创新提升甘肃省文旅产业发展水平。大力提升文旅服务相关技术，增强文旅产品的体验性和互动性，提高文旅服务的便利性和安全性。鼓励开发面向游客的具备智能推荐、智能决策、智能支付等综合功能的旅游平台和系统工具。推进全息展示、可穿戴设备、服务机器人、智能终端、无人机等技术的综合集成应用。推动智能旅游公共服务、旅游市场治理"智慧大脑"、沉浸式旅游演艺等技术研发与应用示范。

（二）推动数字文旅产业与其他产业跨界融合发展

产业融合发展是新时代产业发展的重要趋势。未来要进一步以数字文旅产业为主体，探索产业跨界融合发展的机制与模式，实现"1+1>2"的产业协同效应。重点依托工业科技、生物医药、重离子科技等重点领域，创新开发矿山公园、酒文化博览园、火星基地等科技旅游景点。开展房车自驾游、登山露营、户外运动、沉浸夜游等旅游装备自主创新研发，加快建设一批科技含量高、具有孵化衍生功能的科技型文化产业园区和基地。推进高速公路服务区与旅游智能化融合，继续实施网络"后备箱"工程。

（三）推动数字国家文化公园建设

逐步实现国家文化公园主题展示区 5G 网络全覆盖。加强对国家文化公园数字云平台的规划和建设，实现文博资源的数字化创新性展示，赋予历史名人、诗词歌赋、典籍文献等传统文化现代活力与魅力，丰富文化传播渠道。实施国家文化公园数字化再现工程，数字化采集长城、长征、黄河（甘肃段）的珍贵文化文物及生态资源，通过数字孪生技术建立遗址遗迹、生态景观的"数字档案"，打造长城、长征、黄河文化数字场馆矩阵及数字展示网络，建设一批数字文化体验厅、数字文化体验馆、数字文化体验园，构建数字国家文化公园体系。

六、构建文化和旅游科技支撑体系

（一）完善文化和旅游科技创新体系

提升产学研相结合的文化和旅游技术创新体系，完善文化和旅游创新成果的评价方法，形成体系完善、相互支撑的科技创新新格局。发挥市场和政府在资源配置中的优势，树立企业在创新决策、研发投入、成果转化中的主体作用。大力培育壮大文化和旅游领域的科技型龙头企业和高新技术企业，推动形成一批具有示范性、引领性的品牌。支持地方升级产业链，促进产业聚集，推动文化和旅游科技特色产业与国家重大新兴技术相融合。

（二）打造甘肃文旅品牌 IP 核心数字营销矩阵

每年优选 10 家以上网络宣传及 OTA 平台，开展线上线下宣传，实现甘肃文旅核心信息年曝光量在 20 亿次以上。抓好"微游甘肃"公众号等自媒体运行，用好快手、抖音、西瓜视频、火山小视频等平台，以"图文+视频+全景"聚合方式打造核心 IP。实施甘肃文旅内容云三期项目建设，填补博物馆、文化馆、非遗、演艺等方面空白。加强网络宣传与自驾游、电子竞技、中秋赏月活动、火星基地体验、体育赛事、微视频大赛等活动的跟踪伴随服务。

（三）创新文化旅游智慧化公共服务

推进以在线办事、行政审批、人才培训、行业监管、游客流量监测和风险隐患防控为主要内容的旅游产业运行管理系统建设，建立全面覆盖可查、可控、可管、可追的分时预约平台。开发电子政务系统、游客流量监测系统、旅游安全监管系统、导游服务系统等，实现重点景区旅游设施监控全覆盖，强化客流量安全监测，推动旅游行业监管从传统被动处理、事后管理向过程管理和实时管理转变。

七、完善在线旅游监管治理体系

（一）强化在线旅游平台治理体系

完善在线旅游平台监管法律法规体系，明确在线旅游平台对其发布内容等应承担的责任。压实平台主体合规责任，提升平台治理规则透明度，加强对平台不正当竞争、不正当价格的监管。完善违法内容举报与处理披露机制，引导在线旅游平台企业及时主动公开违法违规内容自查结果，及时预警排查重大风险隐患。不断加强和改进反垄断、反不正当竞争监管，维护平台经济领域的公平有序竞争，保障平台内经营者和消费者等各方主体的合法权益。

（二）提升在线旅游市场信息化监管水平

加强旅游业大数据应用，推进旅游数据规范化、标准化建设。落实"放管服"改革要求，发挥技术手段在优化审批服务、加强事中事后监管中的作用。加强甘肃旅游监管服务平台、甘肃文化市场技术监管与服务平台的数据归集、信息整合，构建旅游市场监管业务全量覆盖、监管信息全程跟踪、监管手段动态调整的智慧监管平台。持续加大文化旅游市场监管和执法力度，依法履行文化旅游市场监管职责。健全旅游投诉处理和服务质量监督机制，开展不合理低价游等专项整治活动，严厉打击侵害游客利益的违法行为。

（三）强化协同治理和监管机制

探索建立与甘肃省数字经济发展水平相适应的文旅产业治理方式，制定更加灵活有效的政策措施，创新协同治理模式。明晰主管部门、监管机构职责，强化跨部门、跨层级、跨区域协同监管，明确监管范围和统一规则，加强分工合作与协调配合。深化"放管服"改革，优化营商环境，分类清理、规范不适应数字经济发展需要的行政许可、资质资格等事项，进一步释放文旅市场主体创新活力和内生动力。强化以旅游信用为基础的数字经济市场监管，建立完善的信用档案，实现事前事中事后全链条、全领域监管，完善协同会商机制。加强跨部门、跨区域分工协作，推动监管数据采集和共享利用，提升监管的开放、透明、法治水平。

（四）完善多元共治新格局

建立完善政府、平台、企业、行业组织和社会公众多元参与、有效协同的在线旅游监管治理新格局，形成治理合力，鼓励良性竞争，维护公平有效市场。加快健全市场准入制度、公平竞争审查机制，完善在线旅游公平竞争监管制度，预防和制止滥用行政权排除限制竞争。进一步明确平台企业主体责任和义务，推进行业服务标准建设和行业自律，保护平台从业人员和消费者合法权益。开展社会监督、媒体监督、公众监督，培育多元治理、协调发展新生态。鼓励建立争议在线解决机制和渠道，制定并公示争议解决规则。

八、优化发展环境

（一）健全文旅市场的安全综合监管体系

实行旅游安全预警信息发布制度，制定并演练应急处置预案，提高文旅行业突发事件应急处置能力。推进全国旅游监管服务平台、全国文化市场技术监管与服务平台的应用推广，提高文旅市场监管信息化水平。[①] 强化联合执法，落实"黑名单"联合惩戒机制，健全完善长效管理机制。持续开展文化旅游市场各类专项行动，依法查处各类文旅违法违规行为。形成线上线下联动、高效快捷的旅游投诉受理、处理、反馈机制。规范旅游景区门票价格管理，整顿旅游市场秩序，树立规范、安全、健康的旅游形象。全力改善项目投资服务环境，大幅压缩工程建设项目审批时间，推行企业投资项目承诺制，对重大文化和旅游招商引资项目实行跟踪服务、协调推进机制，加大招商引资项目帮办服务力度，积极帮助企业做好各项前期工作，确保大企业、大项目顺利落地实施。

---

① 任晓刚. 数字政府建设进程中的安全风险及其治理策略 [J]. 求索，2022（1）：165-171.

（二）统筹用好旅游发展专项资金

探索设立文化和旅游科技专项项目与资金，采取直接补贴、先建后补、以奖代补等丰富多元的激励方式，促进文化旅游领域的科技创新与技术应用推广。支持和引导社会资本进入文化旅游产业，探索文旅专项债券，为文旅产业高质量发展提供充足的资金支持。合理保障文旅产业发展的用地需求。各地在编制国土空间规划时，坚持智慧旅游规划与国土空间规划有机衔接，与土地利用、林地耕地保护、生态保护红线充分对接，要为智慧文旅发展预留充足空间。推进文化和旅游用地政策改革创新，保障智慧文旅项目用地需求。

第十一章　甘肃文旅产业积极融入 "一带一路" 建设

　　"一带一路" 倡议是构建新发展格局背景之下，中国建设高水平社会主义市场经济体制、实施更加积极主动的开放战略、维护多元稳定的国际经济格局和经贸关系的重要渠道。自 2013 年 "一带一路" 倡议首次提出以来，"一带一路"建设在基础设施互联互通方面取得了明显成就，"六廊六路多国多港" 建设为中欧班列的成功运行及推动欧亚地区的贸易畅通、人员往来和经济增长作出了重要的贡献。[①] "一带一路" 倡议已成为国际上广受欢迎的公共产品，通过 "一带一路" 倡议增强与我国的政策沟通、设施联通、贸易畅通、资金融通、民心相通已成为全球大多数国家的共识。[②] 甘肃既是古代丝绸之路的关键节点，也是 "一带一路" 陆上通道的主要组成部分和我国向西开放的重要门户。2019 年 8 月，习近平总书记在甘肃考察时曾做出过明确的指示，强调甘肃主要的机遇在于 "一带一路"。[③] 文旅业是 "一带一路" 建设的重要推手和实践平台，从我国与共建 "一带一路" 国家和地区的旅游业发展来看，在共建 "一带一路" 的 65 个国家中，近 50 个国家在 2013~2019 年入境旅游收入呈正向增长，其中 "中国—中

---

　　① "硬联通" 与 "软联通" 互促互进［EB/OL］. (2019-09-10). https：//www. gov. cn/xinwen/2019-09/10/content_5428692. htm.

　　② 我国已与 152 个国家、32 个国际组织签署共建 "一带一路" 合作文件［EB/OL］. (2023-08-25). http：//www. xinhuanet. com/mrdx/2023-08/25/c_1310738375. htm.

　　③ 抢抓最大机遇　促进互利共赢——甘肃省深入推进 "一带一路" 建设综述［EB/OL］. (2021-09-06). https：//m. thepaper. cn/baijiahao_ 14373473.

亚—西亚经济走廊"国家的增长率最为显著。① 甘肃是我国西北河西走廊的重要组成部分，拥有深厚的文化底蕴和独特的旅游资源，如何更好地推动甘肃文旅业融入并服务国家规划，谋划用好这一"机遇"，在"一带一路"建设的宏伟蓝图中进一步发挥甘肃文旅业的优势、实现文旅业高质量发展，是甘肃省建设"一带一路"通道枢纽新高地的重要课题。

第一节　甘肃文旅产业融入"一带一路"建设的现实逻辑

"一带一路"倡议深深植根于历史文化土壤，紧密依托中国与相关国家现有的双多边机制。文旅产业既是"一带一路"建设的重要推动力与实践平台，也是实现政策沟通、设施联通、贸易畅通、资金融通、民心相通的重要抓手，文旅业通过有效利用这一既有的、经实践检验的区域合作平台，能够为国家及地区在政治、经济、文化等多元领域的深度合作开辟崭新路径，注入新活力。

一、文旅产业融入"一带一路"建设具有良好的政策基础

2015年3月，国家发展和改革委员会、外交部和商务部联合发布《推动共建丝绸之路经济带和21世纪海上丝绸之路的愿景与行动》，文件指出，深化旅游合作、扩大旅游规模，联合打造具有丝绸之路特色的国际精品旅游线路和产品，推动沿线地区旅游业蓬勃发展。② 2021年，文化和旅游部发布的《"十四五"

---

① 中国社会科学院旅游研究中心.2023~2024年中国旅游发展分析与预测［M］.北京：社会科学文献出版社，2024.
② 中华人民共和国外交部.推动共建丝绸之路经济带和21世纪海上丝绸之路的愿景与行动［EB/OL］.（2015-03）.http：//new.fmprc.gov.cn/wjb_673085/zzjg_673183/gjjs_674249/gjzzyhygk_674253/ydylfh_692140/zywj_692152/201503/t20150328_10410165.shtml.

"一带一路"文化和旅游发展行动计划》对"十四五"期间"一带一路"文旅交流与合作进行了全面规划和任务部署，为推进"一带一路"文化和旅游工作的高质量发展提供了纲领性指导。① 在地方政府层面，共建"一带一路"国家和地区积极响应党中央的号召，紧密结合地方实际情况相继出台一系列政策措施，深入挖掘与整合文化旅游资源，促进地区从单一旅游带向综合经济群转变，持续放大"一带一路"的文旅发展红利。我国通过构建合作机制、拓展市场开发、加强互联互通等，为"一带一路"文旅发展创设了良好的政策环境。截至 2023 年 9 月，中国与共建"一带一路"国家和地区双向旅游交流规模超过5000 万人次。② 在签证政策整体宽松的大环境下，"一带一路"文旅市场有望迎来爆发式增长。

二、文旅产业发展与"一带一路"建设具有深度契合的使命及愿景

"一带一路"倡议遵循共商、共建、共享的原则，旨在通过加强国际合作与交流，促进共建国家的经济繁荣，提升人民福祉。在过去的十余年中，"一带一路"已从中国倡议走向国际实践，从理念转化为行动，从愿景转变为现实。文旅产业是美丽事业，是幸福产业，从我国经济社会发展的深刻实践来看，文旅发展能实现社会福祉的整体提升，是推动脱贫攻坚、缩小区域发展差距、实现经济均衡发展的重要引擎。从文旅产业的功能演进视角来看，当前人民群众对美好生活的追求与向往催生了文旅产业在满足精神文化需求方面的新使命，文化旅游功能已从单一的经济功能逐渐拓展为更深层次的社会功能。旅游所蕴含的幸福本质与文化的幸福根源相互交融，不仅有助于更好地发挥旅游的社会功能，还树立了人们对社会价值观的认同感，推动了富民惠民乐民的综合效应形成，这与共建"一带一路"的初衷与目标高度契合，共同构筑了文旅产业融入"一带一路"建设

---

① 文化和旅游部《"十四五""一带一路"文化和旅游发展行动计划》制定印发［EB/OL］.（2021-07）. http：//www. rmzxb. com. cn/c/2021-07-22/2910659. shtml.

② "一带一路"朋友圈不断扩大　旅游交流合作走深走实［EB/OL］.（2023-09-14）. http：//www. ctnews. com. cn/dwjl/content/2023-09-14/content_149392. html.

的坚实基础。

三、文旅产业融入"一带一路"建设激活了区域空间的发展潜力

旅游外交能够增进彼此的文化理解，具有天然的"和平属性"，文旅发展是国际上处理双边和多边关系的重要途径。共建"一带一路"国家和地区拥有极为丰富的文化旅游资源，其世界文化遗产约占全球总量的80%，[①] 为我国文旅业在区域空间结构上的广泛布局与国内外市场的深度发展带来了战略机遇。在区域空间结构布局上，共建"一带一路"国内沿线省份所构成的"点"，与铁路、公路、能源管道等构成的"轴"，以及新亚欧大陆桥、中蒙俄、中国—中亚—西亚、中国—中南半岛、中巴、孟中印缅经济走廊等形成的"面"，共同构筑了一个多元且复杂的空间体系，使共建"一带一路"国家和地区的文化旅游资源呈现出散点式的多元分布特征。同时，文旅业作为推动共建"一带一路"国家和地区经济发展的关键切入点，在促进不同产业间跨地区、跨部门、跨行业深度融合方面发挥着至关重要的作用。文旅资源的有效整合与利用，能够推动各地区生产要素的自由流通与互补，提升整个区域经济的协同发展水平。[②] 文旅业不仅能够增强地区自身的竞争力与影响力，还能发挥显著的聚集力和扩散效应，有效带动沿线其他地区协同发展，共同构建更为紧密、高效的合作与发展体系。

四、文旅产业融入"一带一路"建设推动了我国与共建"一带一路"国家和地区双边关系的发展

"一带一路"倡议为各参与国家及地区打破了文化壁垒，为推动文旅资源的共享与优化、文旅产品的交流与创新构建了一个国际性、公共性的合作平台。

① 历史在这里传唱——"一带一路"的文明火种［EB/OL］.（2023-10-17）. http：//www.zgqxb.com.cn/wh/whtp/202310/t20231024_5844357.html.
② 毛丽娟，夏杰长，谢伟伟. 江西融入长三角旅游一体化策略研究［J］. 江西社会科学，2024（3）：59-67.

同时，结合"一带一路"倡议，各地能够因地制宜、灵活制定发展策略，实现本国文旅产业多层次、多形式融合，推动不同民族的文旅元素互通互融，从而增加成员国通过该倡议可能获得的收益，提升民族自信和尊严。此外，良好的双边关系对外国游客赴中国入境旅游具有促进作用。积极的外交关系有助于实现出入境游客的便利往来，游客在选择旅游目的地时，往往会偏好更加安全、更便利的环境，积极的双边关系为文旅业的进一步发展注入了新的动力。

第二节　甘肃文旅产业融入"一带一路"建设成效初显

随着我国"一带一路"建设的深入推进，甘肃在整个"一带一路"建设中的"承东启西，南拓北展"的大通道地位日益突出。自"一带一路"倡议提出以来，甘肃与共建"一带一路"国家和地区的贸易额占比从 2013 年的 62.2%升至 2022 年的 66.3%。① 为便于共建"一带一路"国家和地区的人员沟通和物资往来，自 2013 年以来，甘肃累计开通运营国际班列线路 21 条，"兰州号""天马号""嘉峪关号""金张掖号"等国际货运班列实现多式联运常态化运营。2022 年，甘肃与共建"一带一路"国家和地区的进出口值 376.3 亿元，同比增长 24.3%。截至 2023 年 8 月，甘肃在"一带一路"合作伙伴境内开展实际投资的境外企业共 53 家，累计实际投资额占全省对外累计实际投资总额的 16%。② 日益加深的经贸往来与经济联系，为甘肃文旅业融入"一带一路"建设奠定了扎实的基础。

---

① 丝绸古道换新颜——甘肃深度融入"一带一路"建设综述［EB/OL］.（2023-10-18）. http：//www.lzxg.gov.cn/system/2023/10/19/030894099.shtml.

② 抢抓机遇　甘肃锚定建设"一带一路"黄金通道 | "一带一路"十周年　连通世界谱新篇［EB/OL］.（2023-09-15）. https：//finance.eastmoney.com/a/202309152849046730.html.

一、顶层设计不断优化，甘肃文旅融入"一带一路"倡议的路径日渐明朗

自 2014 年起，甘肃充分发挥文化旅游资源丰富的禀赋优势，对照党中央对甘肃在新时代的定位要求，围绕"一带一路"倡议相继制定了一系列顶层设计文件（见表 11-1）。从整体上看，这些文件不仅涵盖了不同年份的短期目标，还包含了中长期的战略规划，形成了系统性和连贯性的战略体系。政策文件高度重视资源整合与产业联动，通过打破行政区划限制、优化整合联动线路体系等方式，致力于整合全省、周边地区及共建"一带一路"国家和地区的文旅资源，形成产业联动效应。另外，政策文件高度突出文化与旅游的双轮驱动，无论是兰州新区、敦煌国际文化旅游名城等战略平台，还是"一带一路"文化遗产资源数据云平台，都体现了甘肃省在推进文旅融合、促进国际文化交流方面的决心，为甘肃省文旅业融入"一带一路"倡议、推动"中国元素"随"一带一路"走向全球奠定了清晰的战略指引。

表 11-1　甘肃省文旅业融入"一带一路"建设的主要顶层设计

时间	规划名称	主要内容
2014 年	《"丝绸之路经济带"甘肃段建设总体方案》	着力构建兰州新区、敦煌国际文化旅游名城和"中国丝绸之路博览会"三大战略平台；推动甘肃成为丝绸之路的黄金通道、向西开放的战略平台、经贸物流的区域中心、产业合作的示范基地、人文交流的桥梁纽带
	《甘肃丝绸之路经济带建设大景区总体规划纲要》	建成 20 个大景区，打造精品丝路游、黄河风情游、华夏寻根游、民族风情游、中医药养生游、红色旅游 6 条主题品牌线路，把旅游业打造成全省战略性支柱产业
2015 年	《甘肃省参与丝绸之路经济带和 21 世纪海上丝绸之路建设的实施方案》	提出"13685"发展战略，即围绕一大构想（丝绸之路经济带甘肃黄金段），构建三大平台（经济、文化和经贸合作），打造六大窗口（新亚欧大陆桥经济走廊、中蒙俄经济走廊、中国—中亚—西亚经济走廊、中国—中南半岛经济走廊、中巴经济走廊、孟中印缅经济走廊），发展八大节点城市（兰州、张掖、酒泉、嘉峪关、敦煌等），推进五大重点工程（基础设施互联互通、经贸产业合作、人文交流、生态建设、金融创新支持）建设

续表

时间	规划名称	主要内容
2019 年	《新时代甘肃融入"一带一路"建设打造"五个制高点"规划》	将甘肃省建设成文化遗产研究保护、传承弘扬、创新利用的新高地，丝路精神和时代精神融合的新典范；打造"一区一圈"文旅融合创新发展平台、"一会一节"国际交流合作平台、"一带一路"国际旅游枢纽站平台。力争到 2025 年，文旅业成为推动甘肃绿色发展崛起的首位产业和支柱产业
	《新时代甘肃融入"一带一路"建设打造文化制高点实施方案》	利用河西走廊的文化优势，打造"一带一路"文化遗产资源数据云平台，建设河西走廊国家遗产线路三个重大项目，将敦煌文化建成"一带一路"文化制高点示范工程等"六大文化工程"、"一会一节"国际交流合作平台、"一带一路"国际旅游枢纽站平台
2021 年	《甘肃省"十四五"文化和旅游发展规划》	构建"一个龙头"（敦煌）、"两大枢纽"（发挥兰州省会城市和中国西北综合交通枢纽的作用，把敦煌建设成丝绸之路国际旅游集散中心和目的地）、"四区集聚"（以敦煌为核心打造"大敦煌文化旅游经济圈"产业集聚区，以兰州为核心打造"中国黄河之都"都市文旅产业集聚区，以天水为核心打造"陇东南始祖文化旅游经济区"，以临夏、甘南城镇群为依托，打造绚丽民族风特色国际文化旅游经济区）、"四带拓展"（以"交响丝路"为品牌 IP 的丝绸之路黄金段文化旅游示范带、以"锦绣黄河"为品牌 IP 的黄河文化旅游示范带、以"壮美长城"为品牌 IP 的长城文化旅游示范带和以"追梦长征"为品牌 IP 的红色文化旅游带）的文旅发展新格局
	《甘肃省"一带一路"文化和旅游发展行动计划（2021—2025 年）》	搭建"空中丝绸之路快线"；与中国铁路兰州局集团合作联袂打造"环西部火车游"陆上丝绸之路品牌，开通"三区三州"旅游大环线专列、"三区三州"红色文旅专列，连接联通"海上丝绸之路"和"陆上丝绸之路"大环线。坚持"走出去"，加强与"一带一路"沿线国家文化交流合作；坚持"请进来"，启动实施在华外国人入境游行动；推动敦煌文化研究服务共建"一带一路"，认真筹备第五届"丝绸之路（敦煌）国际文化博览会""第十届敦煌行·丝绸之路"国际旅游节

二、交通枢纽建设持续推进，中欧班列开通为甘肃文旅融入"一带一路"建设注入新动力

中欧班列是深化我国与共建"一带一路"国家和地区经贸与文化合作的重要载体。自 2011 年正式运行以来，凭借比海运快、比空运便宜的比较优势，中欧班列得到快速发展。2016~2021年，中欧班列开行数量年均增速高达55%，目前运输货物的种类已经扩展到5万余种，运输货值由80亿美元提升至749亿美元。从线路来看，中欧班列有东、中、西3条通道。其中，东、中通道直接走俄罗斯西伯利亚铁路到达欧洲，西通道也有三条线路，但西2通道和西3通道尚处于规划阶段，现有的西1通道由新疆出境，经哈萨克斯坦与俄罗斯西伯利亚铁路相连，途经白俄罗斯、波兰、德国等国家，通达欧洲其他各国。随着"一带一路"倡议的推进，国内各地开往欧洲国家的铁路班列迅速增加。截至2024年4月，中欧班列已累计开行超8.9万列，通达欧洲25个国家223个城市。[①] 从国际局势来看，全球产业链深度重塑已不可避免，欧洲作为全球经济的重要一极，和我国产业结构具有很大互补性，维持中欧班列正常运行，有助于我国和共建地区的资源和市场互补，提高新发展格局下我国在全球进行资源配置的能力。

甘肃是我国河西走廊上的重要交通节点。自中欧班列开通以来，甘肃先后开通"兰州号""天马号""嘉峪关号""金张掖号"国际货运班列，中欧班列成为甘肃参与"一带一路"建设的重要载体。自2014年起，甘肃成功开拓了四向五条国际货运班列，分别连接中欧、中亚、南亚，涵盖公铁联运、陆海新通道及"中吉乌"中亚新通道。截至目前，这些班列已累计运输货物145.6万吨，货值高达26.4亿美元，为稳定全球贸易供应链贡献了重要力量。尤其是2016年，兰州陆港正式揭牌成立，兰州南亚国际班列公铁联运和中吉乌公铁联运服务"中欧班列"国内国际双循环多式联运成为两个国家级多式联运示范工程，国际班列让兰州这座不沿边、不靠海的内陆城市，一跃成为国家向西、向南开放的前沿阵地。整体来看，通过交通枢纽建设，甘肃已经成为目前"一带一路"建设中重要的国际物流中转枢纽和国际贸易物资集散中心，这为甘肃文旅业融入"一带一路"倡议奠定了扎实的基础。

---

① 中欧班列跑出"加速度""中国好货"高效出海［EB/OL］．（2024－05－24）．http：//www.xinhuanet.com/20240524/1bf610d41d924275bc67659b08f84400/c.html.

三、打造"一带一路"文化制高点，甘肃文旅国际知名度和影响力不断扩大

甘肃地处陆上丝绸之路黄金段和"一带一路"的枢纽位置，是古代中西方文明交流的重要通道，拥有七处世界文化遗产，位居全国第二。① 作为中华文明和世界其他文明长期交流融汇的结合点，甘肃境内的敦煌文化在全球文化交流与文明互鉴中作用巨大。在敦煌研究院考察期间，习近平总书记强调，要推动敦煌文化研究服务共建"一带一路"，加强文化交流，增进民心相通。要加强敦煌学研究，广泛开展国际交流合作，充分展示我国敦煌文物保护和敦煌学研究的成果。② 受益于这些极为丰富的文旅资源，"十三五"期间，甘肃全省累计接待游客 13.2 亿人次，实现旅游收入 8995 亿元，接待游客人数和综合收入分别年均增长 24% 和 30%，文旅产业已经成为甘肃全省十大生态产业中的首位产业。③

随着"一带一路"倡议的深入推进，甘肃以大敦煌文化旅游经济圈为龙头，推动"三区"建设提档升级。围绕"十三板块"，坚持文化遗产保护优先，科技赋能文物保护成效明显。借助丝绸之路（敦煌）国际文化博览会、敦煌行·丝绸之路国际旅游节等活动，积极推进与丝路沿线国家和地区的文化交流与旅游推广，积极参与和承接国家重大对外交流项目。根据《甘肃省"十四五"文化和旅游发展规划》，在"十三五"期间，全省实施对外和对港澳台文化交流合作项目 481 起，参与人员达到 4138 人次，入境游人次和旅游外汇收入分别同比增长 13.8% 和 50.4%，年均增长 38% 和 43%。④

自"十四五"规划开始，甘肃积极落实共建"一带一路"国家和地区游客入境免签权、外籍人士 144 小时落地免签政策，同时推动实施敦煌文化工程，通

---

① 让宝贵历史文化遗产在新时代熠熠生辉——写在甘肃省文物工作会议召开之际 ［EB/OL］. （2024-02-22）. http：/www. ncha. gov. cn/art/2024/2/22/art_722_187218. html.

② 习近平在甘肃考察时强调　坚定信心开拓创新真抓实干　团结一心开创富民兴陇新局面 ［EB/OL］. （2019-08-22）. https：//www. gov. cn/xinwen/2019-08/22/content_5423551. htm.

③ 构建敦煌文化制高点　打造丝路旅游枢纽站 ［EB/OL］. （2021-08-17）. https：//www. gswbi. gov. cn/a/2021/08/17/10513. html.

④ 中华人民共和国文化和旅游部. 甘肃省"十四五"文化和旅游发展规划 ［EB/OL］. （2021-11）. https：//www. mct. gov. cn/whzx/qgwhxxlb/gs/202111/t20211130_929437. htm.

过加强文物保护，发挥敦煌文化的独特优势和地位，以国际化视野打造"一带一路"旅游大环线，用文化事业引领文旅产业，推动大型文旅企业"引进来"和"走出去"，统筹推进文化事业、文化产业和旅游业协同发展。从入境游数据来看，近年来甘肃国际旅游外汇收入和接待游客人数逐年增加，甘肃文旅在全球的影响力与日俱增，甘肃已成为服务共建"一带一路"民心相通的新样板、丝绸之路国际文化旅游枢纽站及中国文化旅游走向世界的"中国品牌"。

第三节　甘肃文旅产业融入"一带一路"建设面临的挑战

近年来，在"一带一路"建设的稳步推进下，甘肃依托丰富的文旅资源优势，成为"一带一路"黄金段上的一颗耀眼的明珠，文旅市场持续发力、频频出圈。受制于资源禀赋约束和发展阶段，目前甘肃文旅业在自身建设融入"一带一路"倡议中还存在着以下短板。

一、交通通达性仍然有待提升

甘肃的地理区位是西北—东南的狭长走向，东西蜿蜒1600多千米，由于地处黄土高原、青藏高原和内蒙古高原的交会地带，境内地形复杂、山脉众多，四周被群山环抱，有着全国最为复杂的地貌。独特的地理位置和地形地貌，决定了甘肃交通基础设施的建设难度较大。目前，甘肃已经建成了以省会兰州为核心，以兰新和陇海铁路为枢纽的纵贯全省的铁路交通网络，但武威、金昌等地的快速铁路运力仍然不足。省内高铁网络布局不足，导致外地游客在甘肃旅游的体验感下降，这反过来影响了景点的游客数量。在一些著名的景点，如雅丹魔鬼城，目前游客到达的方式只能是到达敦煌后再乘坐汽车前往，较长的耗时大大降低了景点对游客的吸引力。对于敦煌来说，目前也只开通了北京、上海等少数几个城市的航班，并且数量非常有限。外地游客尤其是共建"一带一路"国家和地区的游客，到达甘肃省内旅游景区的时间较长、费用较高。整体来看，由于受到地形和交通条件的限制，目前甘肃丰富的文旅资源效率并没有完全得到发挥。

二、游客接待能力还较为有限

甘肃全省虽然文旅资源非常丰富，但是客流呈现出很强的季节性特征，如"五一"小长假、"十一"黄金周、暑假等时间较为集中，这导致热门旅游景区"一床难求"和"吃泡面的热水没抢上"，停车难、行车难、打车难、如厕难、住宿难等"老大难"问题较为集中。受制于文物保护和地理环境限制，一些热门景区，如敦煌莫高窟、鸣沙山月牙泉、麦积山石窟、玉门关遗址、雅丹魔鬼城、嘉峪关等景区，并没有大规模的接待能力，接待能力的匮乏，导致餐饮、住宿的消费不足，这大大降低了文旅消费对当地居民收入的拉动效应。此外，甘肃政务服务网公开数据显示，就国际游客而言，目前全省的五星级酒店只有两家，分别是位于省会兰州市的甘肃阳光大酒店和位于敦煌市的阳光沙州大酒店。四星级的酒店在全省的分布也不均衡，其中省会兰州有四星级酒店 13 家，嘉峪关市有 3 家，金昌市有 3 家，酒泉市和敦煌市有 8 家，酒泉市瓜州县和肃州区及玉门市等有 12 家，张掖市有 16 家，天水市有 10 家，平凉市有 2 家，庆阳市有 1 家，武威市有 4 家，白银市有 6 家，定西市有 2 家，陇南市有 6 家，甘南市有 5 家。酒店接待能力是衡量文旅产业国际化的重要指标，尤其是星级酒店。从目前省级层面的横向对比来看，甘肃全省的酒店接待能力确实还有较大的提升空间。随着共建"一带一路"倡议的深入推进，作为陆上丝绸之路经济带黄金段的甘肃正在从内陆地区变成对外开放的前沿，境外游客势必会越来越多，住宿接待能力，尤其是按照行业国际标准打造的酒店数量的不足，可能会对甘肃文旅产业融入"一带一路"建设造成掣肘。

三、文旅资源产业化开发不够

2023 年，甘肃全省共接待游客 3.88 亿人次，实现旅游收入 2745.8 亿元，分别较上年同期增长 187.8% 和 312.9%，分别恢复到 2019 年同期的 104% 和 102.4%，增速远超全国平均水平，但从游客人均贡献的旅游收入来说，全年的人均数只有 707.68 元。① 相关配套产业的发展滞后，游客消费场景不足，文旅消费产品同质化现象较为普遍，是造成旅游收入贡献较低的主要原因，而这一现状背后的深层次原因在于文旅资源产业化开发的水平较低。具体来看，文旅资源产业化开发不够体现在三个方面：其一，景区周围由于地理条件和生态环境的限制，无法为游客过夜提供足够的住宿条件；其二，文旅产品的特色化开发不足，高附加值的文旅产品不多；其三，大型文旅开发需要较多的资源投入，目前甘肃省已经成立了甘肃文旅产业集团来统筹全省的文旅资源开发，但全省的文旅资源依然存在碎片化开发的现象，没有形成合力。国际经验显示，推动文旅产业高质量发展的关键在于文旅产业的深度开发，提高文旅产业的附加值。甘肃文旅融入"一带一路"建设的关键，就是要把甘肃文旅产业放到全球竞争的高度来通盘考虑，不断提高甘肃文旅产业的产业开发水平，不断提升文旅产业的附加值与对当地居民增收和就业的带动效应，以文旅产业深加工为切入口，深入参与到"一带一路"建设中去。

四、在沿线国家的推介能力不强

随着经济全球化进入 4.0 时代，多元文化和多元价值观互融成为这个新阶段的突出表现，这提高了跨语言文化传播在提升文旅资源价值认知中的重要性。从一些全球著名旅游景点全球推介的做法来看，其大多是通过宏观层面的跨国文化传播和微观层面的商务咨询和品牌建设渠道来实现的。甘肃文旅资源丰富，在全

---

① 去年甘肃省共接待游客 3.88 亿人次　实现旅游收入 2745.8 亿元［EB/OL］.（2024-05-08）. https：//gansu.gansudaily.com.cn/system/2024/05/08/030997641.shtml.

球都具有独特的符号，但从目前甘肃境外游客的数量来看，甘肃文旅的全球推介能力，尤其是在共建"一带一路"国家和地区的推介能力不足，这大大制约了甘肃文旅资源价值最大化。

第四节　甘肃文旅产业融入"一带一路"建设的践行路径

一、补齐基础设施短板

第一，加强省内高等级公路和高速铁路网络建设。在甘肃"三廊六通道"综合立体交通网建设的基础上，重点推动以省会兰州为中心的横贯东西、联通南北、陆海空联动的放射状快速交通网建设。稳步推进省内城市群之间的高速公路建设，畅通地级市和与外省的高速通道，有序推动城市交通繁忙路段、共线路段的扩容改造，多举措提升省内交通的便利性。

第二，提升与共建"一带一路"国家和地区的交通通达性。目前，甘肃省境内拥有兰州中川国际机场、敦煌莫高国际机场、嘉峪关酒泉机场、庆阳机场、张掖甘州机场、金昌金川机场、天水麦积山机场和甘南夏河机场等。但是，从航班量来看，仍然以国内航班为主，国际航班尤其是与共建"一带一路"国家和地区的航班数量相对较少。因此，推动甘肃文旅更好融入国家发展大局，一个重要的抓手就是要加快推进现有机场的扩建、迁建和改造提升工程，加快建设一批平急两用的支线机场。此外，要加强与国内重要航空枢纽（如北京、上海、广州等机场）的合作，增加国际航班到甘中转航班的数量。同时，考虑到"第五航权"对机场发展的巨大作用，相关主管部门也应该推动甘肃境内的更多机场获批"第五航权"，从而为甘肃与共建"一带一路"国家和地区人员和物资的运输网络提供更加便利的交通条件。

第三，提升重点旅游景区的住宿接待能力。甘肃文旅呈现出较为明显的季节性特征，大量层出不穷的网红"打卡地"，对甘肃文旅业在面对大流量客流时的接待能力提出了很高的要求。提升住宿接待能力需要有创新的思维，需要政府、行业协会和企业协同发力：一是政府监管部门要加强执法检查，维护外地游客的合法权益，坚决打击针对游客的违法犯罪行为，确保各场所安全运营，打造安全稳定的文旅环境；二是行业协会要充分发挥好培训作用，如制定标准化的服务体系，完善预订、接待、住宿、导览、餐饮、娱乐等全流程的服务标准，加强对旅游从业人员的专业化培训；三是企业需要加强硬件设施的维修保养，优化现有景区的全景图、导览图、指示牌等标识系统，延长开放时间或设置弹性化的预约观赏服务，加强对停车场、卫生间、休息设施和援助中心等基础设施的建设，切实提升游客的游览体验。

二、推动沿线国家（地区）居民交流合作

第一，在政策层面寻求国家支持，扩大支持"落地签"的受理地点和受益人群。人员往来的便利化是推动甘肃文旅积极融入"一带一路"建设的重要手段。自2023年8月28日起，甘肃省公安厅出入境管理局正式开启口岸签证业务的受理工作，旨在为有特定紧急需求的外籍人员签发包括乘务、访问、团体旅游、商务、探亲、人才交流及私人事务在内的七种口岸签证。该措施实施之后，特定外籍人员可在兰州中川国际机场享受"落地签"服务。下一步，甘肃省可进一步扩大特定外籍人员的范围，加强与境内外旅行社的合作，对在甘跨国企业、商务人员和外籍游客，提供"落地签"服务，多方面吸引外籍游客到甘旅游，为来甘游客提供便利化的服务。

第二，在加快与沿线国家人员往来的基础上，推动甘肃文旅"引进来"与"走出去"。为此，甘肃省可采取三方面举措：一是提升甘肃文旅资源的全球推介能力，充分利用传统媒体与新媒体平台，将中华优秀文化进行创造性转化、创

新性发展，利用数字技术打造多维度、立体化和沉浸式的文旅资源传播话语体系。大力推广敦煌文化"走出去"，实现共情、共鸣、共赢的目标，提升共建国家民众对敦煌文化的认同和信任，加快与共建国家的权威媒体建立跨国层面的沟通联系交流机制。二是加强与境外旅行社和文旅开发企业、教育部门及全球文旅组织的合作，以文化保护为主线，策划组织一批宣传推广活动。三是高度重视文化的国际传播，避免因文化差异造成误会和冲突。需要特别强调的是，文旅"引进来"与"走出去"还涉及文化的跨国传播问题，要高度重视文化的国际传播，树立我国良好的大国形象。在加强与共建国家的交流互动中，要特别注重舆论话语权的掌握，尤其是文旅企业，要制定声誉风险和舆情管理策略。文旅企业必须要强化风险意识、责任意识，进一步加强自身的风险管控能力；在经营中熟悉当地的社会文化、价值观和行为准则，避免因文化差异造成误会和冲突；加强对当地法律体系，尤其是劳工法、环境标准、土地法和财税等与对应业务密切相关的法律法规制度的了解与掌握；遵守国际通用的防腐败和反贿赂条款，做到守法经营，合规运营，不落人口实；制定好相应的预案和应对机制，一旦发生舆情风险，能够迅速应对。

三、创新产业开发的模式

第一，创新合作模式。可以以敦煌文化为载体，精心挑选一批重点项目，与共建"一带一路"国家和地区共建文化产业园区和文旅融合示范区。通过这类园区建设，夯实合作基础，形成利益共同体，力求实现双方互促共赢。

第二，创新文旅业务的传播方式，加强对甘肃文旅资源的数字化开发，利用数字技术为文旅资源的传播和保护赋能。大力推动甘肃文旅资源"上云用数赋能"，为甘肃文旅插上数字化和智慧化的翅膀。比如，利用数字化技术，推动敦煌文化在全球范围内的传播和共享，扩充"数字敦煌"资源库，把本地文化要素与热门游戏、影视作品结合起来，推动甘肃文旅资源出圈。

第三，提升甘肃文旅产业附加值。在文旅产品的开发中，要进一步推动文旅融合发展。在产品开发上，要注重知识产权保护，将地方文化与现代设计相结合，设计一批实用功能与观赏功能兼具的文创产品；在拉动效应上，要把文旅产业化开发与当前的乡村振兴等国家战略结合起来，鼓励当地农户参与文旅资源开发；在打造文旅品牌上，要打造一批生态环境优良、文化符号突出、产业附加值较高和辐射带动力较强的精品示范工程和爆款 IP，最终形成多点支撑、多元参与和多业融合的文旅产业生态体系。

四、加强对甘肃文旅的全球推广

第一，丰富当前各类境外投资服务平台的功能，既需要大力推广世界文化遗产保护的"中国经验·敦煌模式"，广泛开展国际交流合作，带动共建"一带一路"国家和地区的文化交流和增进理解，还需要加强政企合作，由文化和旅游部门牵头，以政府购买的方式，引入社会力量或第三方机构提供推广服务。这也需要主管部门主动作用，加强跨部门的协调合作，如在商务推广、招商引资、境内外教育合作、民间合作等场合加强对甘肃文旅资源的全球推广。

第二，讲好甘肃文旅故事，扩大"交响丝路·如意甘肃"品牌的全球影响力。甘肃是"一带一路"建设的重要文化载体，肩负着高举文旅外交发展旗帜的重要使命。因此，要以讲好甘肃文旅故事、提升国际传播力为切入点，以扩大甘肃文旅的国际知名度与美誉度为着力点，深入剖析国际市场，全面把握国际旅游市场对甘肃形象的认知与期望，充分发挥学术界、文旅企业及相关部门的共同力量，对甘肃的历史文化、自然景观、民俗风情等进行系统梳理和深入研究，提炼出具有全球吸引力的文化元素和旅游亮点，利用元宇宙、虚拟现实等现代科技手段对甘肃文旅资源进行数字化创新转化，打造独具匠心的品牌特色与产品优势，通过与国际知名旅游机构、国际知名品牌、媒体的跨界合作，共同开发跨境旅游线路和产品，实现品牌传播效果最大化。

第三，高效运维甘肃文旅的海外融媒体矩阵，丰富线上内容，推动线上引客。社交媒体平台不仅是高效的内容传播渠道，还是收集、反馈用户意见与建议，助力内容、服务和产品改善的重要平台。保持甘肃文旅在海外融媒体矩阵的活跃度，不仅是加强甘肃国际交往的重要方式，更是吸引潜在国际游客的高效途径。要加强国际媒体账号的管理与运营，持续优化图文与视频的全媒体传播体系，紧跟社会热点、敏锐洞察国际舆论走向，推动文旅宣传工作在内容与形式上不断创新，精准把握宣传的维度，确保信息的时效性，同时加强内容的故事性和互动性，以真挚的情感传递文旅的温度，积极回应国际用户的关切与期待，精心策划并推出一系列高质量、有影响力的短视频作品，以丰富的内容助推线上引客。

后　记

　　呈现在读者面前的这部著作，是中国社会科学院国情调研甘肃基地的阶段成果。我在 2022 年接手中国社会科学院甘肃国情调研基地工作后，通过多种形式与甘肃省社会科学院的领导和专家保持密切联系，一起协商调研方案和研究主线。基于甘肃的资源和产业优势，以及我们团队的研究特长，我们决定把"文旅产业高质量发展"作为中国社会科学院国情调研甘肃基地 2023 年重点调研内容。自 2023 年以来，我多次带队去甘肃兰州、天水、张掖、武威、甘南、临夏、敦煌、肃州实地调研，这些实地调研有力支撑了我们的研究工作。甘肃地域广阔，如果没有甘肃省社会科学院的支持和协调，我们无法开展深入的实地调研，尤其是甘肃省社会科学院科研处长刘玉顺同志，不仅全程参加了调研，而且每次调研前都帮助我们策划调研方案和搜集有关素材。甘肃省社会科学院还为我们组织了多场专家、企业家座谈会。座谈会上，甘肃省社会科学院的专家和甘肃文旅领域的企业家提出了很多中肯的意见，对我们的研究工作启发颇多。中国社会科学院科研局和财经战略研究院的领导对我们的国情调研工作非常重视，要求研究人员扎根实践写出接地气的科研成果。所有这些，都是我们的调研和写作工作顺利推进的重要保障。我在此表达最真诚的敬意和感谢！

　　在 2023 年 9 月甘肃第三次调研结束后，我召集课题组讨论写作大纲，明确写作要求与具体分工。参与本书稿写作的人员包括：夏杰长、张颖熙、刘诚（中国社会科学院财经战略研究院）；徐金海（国家开放大学经济管理学院）；张雅俊、叶紫青、刘睿仪、丁雪怡（中国社会科学院大学商学院）；肖宇（中国社会科学院亚太与全球战略研究院）；王鹏飞（洛阳师范学院地理与旅游学院）；徐紫嫣（上海社会科学院应用经济研究所）；刘诗逸（华东师范大学经济与管理学院）。具体分工如下：序言（夏杰长）；第一章（夏杰长）；第二章（夏杰长、王鹏飞）；第三章（叶紫青、肖宇）；第四章（叶紫青、徐金海）；第五章（夏杰长、刘睿仪、王鹏飞）；第六章（张雅俊）；第七章（丁雪怡）；第八章（张颖熙、徐金海）；第九章（刘睿仪、刘诚）；第十章（徐金海、徐紫嫣）；第十一章（刘睿仪、夏杰长、刘诗逸）。本书初稿完成后，由夏杰长、徐金海和张雅俊负责统稿修改、定稿成书。

我们基于扎实的实地调研，完成了有学理支撑的国情调研报告，并顺利成书出版，倍感高兴。本书既是对我们在甘肃多次开展文旅产业高质量发展调研的全面总结，也是我们理论紧密联系实际治学理念的成果展现。我们深知，三次实地调研肯定不足以全面掌握甘肃文旅产业的发展情况，很多问题还亟待深入调研和剖析。我们期待在甘肃开展更加深入、更有针对性的实地调研，拿出更高质量的研究成果回馈中国社科院甘肃国情调研基地的资助，也恳请学界同仁和文旅部门的实际工作者对我们这部著作多提宝贵意见，以帮助我们在这个领域作出更高水平的研究成果。

夏杰长

2024 年 5 月 28 日